BAEDEKERSMART

Florida

Verlag Karl Baedeker – www.baedeker.com

Wie funktioniert der Reiseführer?

Wir präsentieren Ihnen Floridas Sehenswürdigkeiten in vier Kapiteln. Die Einteilung entnehmen Sie bitte der unten stehenden Karte. Jedem Kapitel ist eine spezielle Farbe zugeordnet.

Um Ihnen die Reiseplanung zu erleichtern, haben wir alle wichtigen Sehenswürdigkeiten jedes Kapitels in drei Rubriken gegliedert: Einzigartige Sehenswürdigkeiten sind in der Liste der *TOP 10* zusammengefasst und zusätzlich mit zwei Baedeker-Sternen gekennzeichnet. Ebenfalls bedeutend, wenngleich nicht einzigartig, sind die Sehenswürdigkeiten der Rubrik *Nicht verpassen!* Eine Auswahl weiterer interessanter Ziele birgt die Rubrik *Nach Lust und Laune!*

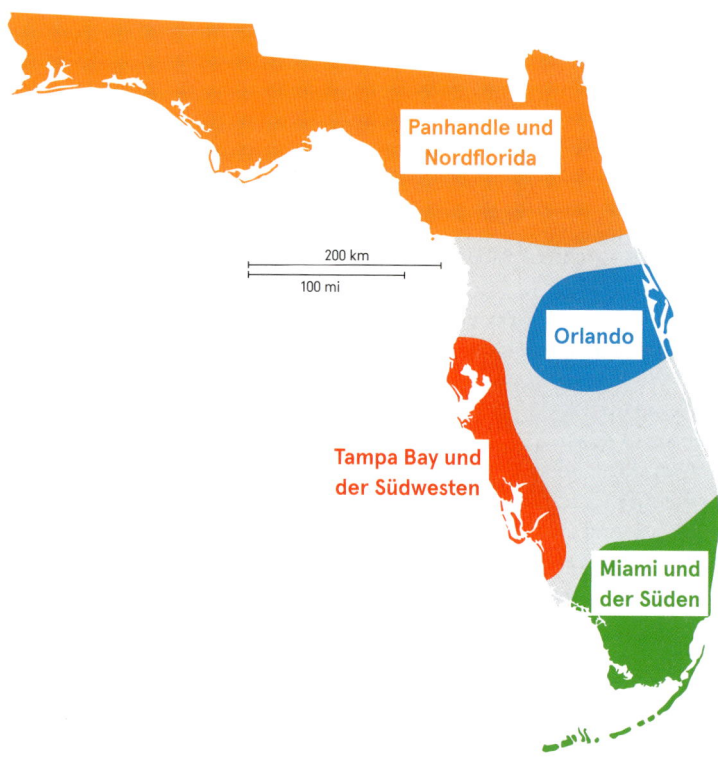

★★Baedeker Topziele 6
Ein Gefühl für Florida
bekommen 8

Das Magazin

Als Disney kam 14
Nach den Sternen greifen 17
Sommer, Sonne, Strand 20
Der Grasfluss 22
Die Golfküste in 72 Stunden 26
Bienvenida a Miami 28

Orlando

Erste Orientierung 32
Mein Tag auf der Suche nach der
verlorenen Zeit 34
*Alle wollen zu Disney & Co., klar:
Orlando ist die Welthauptstadt des
Entertainments. »Vor der Maus« waren
aber auch schon andere hier: Da gibt es
immer noch viel zu entdecken.*
★★Magic Kingdom® Park 38
★★Kennedy Space Center 42
Disney's Animal Kingdom® 44
Disney's Hollywood Studios® 47
Epcot® 50
Typhoon Lagoon
& Blizzard Beach 54
SeaWorld Orlando 56
Universal Orlando 58
Nach Lust und Laune! 62
Wohin zum Übernachten? 68
Wohin zum Essen & Trinken? 69
Wohin zum Einkaufen? 72
Wohin zum Ausgehen? 74

Miami und der Süden

Erste Orientierung 78
Mein Tag mit Chic, Charme und
Miami Vice 80
*Gooooood morning, South Beach! Was
machen wir heute? Coole neue Hotels
besichtigen oder in alten Art-déco-Kurven
schwelgen? Shoppen, Frozen Margaritas
schlürfen, Leute gucken? Einfach am
Strand abhängen? Oder gleich alles an
einem einzigen, herrlichen Tag?*
★★Florida Keys 84
★★South Beach (Miami) 88
Art Deco District 92
★★Everglades 94
★★Key West 97
★★Little Havana 102
Miami Beach 104
Coral Gables
& Coconut Grove 106
Palm Beach 109
Nach Lust und Laune! 113
Wohin zum Übernachten? 115
Wohin zum Essen & Trinken? ... 116
Wohin zum Einkaufen? 119
Wohin zum Ausgehen? 120

Tampa Bay und der Südwesten

Erste Orientierung 124
Mein Tag mit schöner Kunst und
schönen Küsten 126
*In St. Petersburg geht es viel gelassener
zu als in Miami oder Fort Lauderdale.
Ob das Blau des Meeres die Menschen so
entspannt?*
★★Strände an der Tampa Bay ... 130
Busch Gardens 132

Ybor City 135
Nach Lust und Laune! 137
Wohin zum Übernachten? 149
Wohin zum Essen & Trinken? ... 150
Wohin zum Einkaufen? 152
Wohin zum Ausgehen? 152

Panhandle und Nordflorida

Erste Orientierung 156
Mein Tag in »Old Florida« 158
Das Leben im Norden verläuft gemächlicher als anderswo. Und wer hier zu Hause ist, ist für den ist dieses »andere« Florida das wirkliche.
★★Pensacola 162
★★St. Augustine 164
Castillo de San Marcos 166
Tallahassee 168
Panama City Beach 170
Nach Lust und Laune! 172
Wohin zum Übernachten? 176
Wohin zum Essen & Trinken? 177
Wohin zum Einkaufen? 178
Wohin zum Ausgehen? 179

Ausflüge & Touren

Space Coast 182
Florida Keys 186

Praktische Informationen

Vor der Reise 194
Anreise 196
Unterwegs in Florida 197
Übernachten 198
Essen und Trinken 199
Einkaufen 200
Ausgehen 200

Anhang

Reiseatlas 201
Register 217
Bildnachweis 220
Impressum 221

Magische Momente

Kommen Sie zur rechten Zeit an den richtigen Ort und erleben Sie Unvergessliches.

Es werde (Neon-)Licht! 89
Magical Mystery Tour:
Cocktails, Bars und flinke
Kriechtiere 101

Sanibel: ein Himmel
wie gemalt 146
Schwimmen wie im
Paradies 173

INHALT

Moderne Metropole: Blick auf die Downtown von Miami.

Ländliches Idyll: in Micanopy, südlich von Gainesville.

Baedeker Topziele

Was muss ich gesehen haben? Unsere TOP 10 helfen Ihnen, von der absoluten Nummer eins bis zur Nummer zehn, die wichtigsten Reiseziele einzuplanen.

❶ ★★ Florida Keys
Die bezaubernde Melange aus Tropen, Freizügigkeit und einem entspannten Lebensstil macht die Florida Keys zu unserer eindeutigen Nummer eins. Seite 84

❷ ★★ South Beach (Miami)
Lebensfroh, verrucht, kreativ und trendy: Das Art-déco-Viertel South Beach ist allein ein Grund für einen Besuch in Miami. Seite 88

❸ ★★ Everglades
In diesem Sumpfgebiet einem Alligator zu begegnen ist ein unvergessliches Erlebnis. Aber auch sonst hat das UNESCO-Welterbe viel zu bieten. Seite 94

❹ ★★ Key West
Künstler und Lebenskünstler, Mojitos, Key Lime Pie, Drag Queens, Hemingway-Fans – diese Stadt auf den Keys ist der liberalste Ort östlich von San Francisco. Seite 97

❺ ★★ Magic Kingdom® Park
Disney World®, die famose Mutter aller Mega-Themenparks, prägt Orlando – und das Cinderella-Schloss im Magic Kingdom Park ist das Märchenschloss aller Märchenschlösser. Seite 38

❻ ★★ Kennedy Space Center
Zeitgeschichte zum Anfassen: Von diesem Weltraumbahnhof aus unternahm Amerika seine ersten Schritte ins All. Seite 42

❼ ★★ Pensacola
Angenehm ruhig präsentiert sich die 1565 gegründete westlichste Stadt Floridas. Neben der Altstadt locken die leuchtend weißen, zauberhaften Strände. Seite 162

❽ ★★ Little Havana
Florida ohne Kubaner – unvorstellbar. In Miamis Little Havana pulsiert das kubanische Leben wie nirgends sonst in den USA, die Calle Ocho ist das Zentrum. Seite 102

❾ ★★ St. Augustine
Hier hat das heutige Florida seine Ursprünge, und bis heute ist St. Augustine mit seinen romantischen Gässchen und Plazas unverkennbar kolonialspanisch geprägt. Seite 164

❿ ★★ Strände an der Tampa Bay
Pinellas Peninsula vor Tampa ist ein tropisches Paradies. Der weiche, zuckerfeine weiße Sand macht die Halbinsel zum Mekka für alle Sun-and-Fun-Fans. Seite 130

Das Florida Gefühl

Erleben, was Florida ausmacht, die einzigartige Atmosphäre und Vielfalt des amerikanischen Sunshine State spüren.

Sonnenuntergänge feiern
Die weit in den Golf von Mexiko ragenden Piers sind die stillen Stars im Sunshine State. Denn was ist herrlicher, als am Abend am Strand entlangzugehen und dann zum Ende des jahrzehntealten Landungsstegs zu spazieren? Und was ist romantischer, als dort auf den Sonnenuntergang zu warten und gemeinsam mit anderen Urlaubern das Ende der wieder einmal gelungenen Show zu beklatschen? Besonders zu empfehlen: Naples, Cedar Key und Key West.

Flanieren und Promenieren
Wenn South Beach das Herz von Miami Beach ist, dann ist der Ocean Drive sein Schrittmacher. Auf keiner anderen Straße in Florida wurde Flanieren derart zur Kunstform erhoben, zollen Cafés und Restaurants dem gepflegten Schlendern mit Promi-Sichtung-Faktor derart Tribut. Ein ganzer Tag lässt sich so auf dem Ocean Drive verbringen: Brunch am Vormittag, Happy Hour von 5 bis 7 Uhr und nächtliches Bar-Hopping. Was will man mehr?

Guten Gewissens nichts tun
Wenn in Key West alle versonnen in ihre Biergläser schauen, ein warmer Wind durch die Bar weht und Bob Marley »Coming in from the cold« singt – dann spürt man ihn, den legendären »Key Spirit«, der einen auch mal alle fünfe gerade sein, einen Mojito bestellen und alle Sorgen für einen anderen Tag aufheben lässt. Wo man ihn findet, diesen Spirit? In der Schooner Wharf Bar (www.schoonerwharf.com) beispielsweise und noch an vielen anderen Orten – nicht nur in Key West.

Erst Kunst, dann Strand
Floridas Küsten sind gespickt mit Städten, die herausragende Museen und andere Kulturtempel haben, in denen ein internationales Top-Event das nächste jagt. Es gibt deshalb keinen anderen Bundesstaat, in dem man ähnlich viel Sand, Strand und Kunst vom Allerfeinsten an einem einzigen Tag genießen kann. Berühmt für ihren Frontalangriff auf die Sinne sind vor allem South Beach, Naples, Ft. Lauderdale, Ft. Myers und St. Petersburg.

Sonnenuntergang am Pier in Fort Myers Beach: »It don't matter to the sun / If you go or if you stay / I know the sun is gonna rise, gonna rise / Shine down on another day« (Don Henley)

Gut behütet: Liveguards bewachen Traumstrände wie hier in Clearwater Beach.

Gut unterwegs: Kajaktour im J. N. »Ding« Darling National Wildlife Refuge auf Sanibel Island.

In Nostalgie schwelgen
Der Bauboom der vergangenen Jahrzehnte vor allem in Südflorida ließ nicht viel von »Old Florida« übrig. Doch hin und wieder findet man noch unverbaute Strände mit kleinen Holzhäusern und alten Strandbars wie auf Anna Maria Island in der Tampa Bay Area. Hinzu kommen kleine Orte mit intaktem historischeN Stadtkern wie Fernandina Beach, Cedar Key, Apalachicola, Micanopy oder Steinhatchee. Besuche dorthin sind echte Zeitreisen und vermitteln einen Eindruck davon, wie es in Florida ausgesehen hat, ehe man begann, eine umfassende touristische Infrastruktur zu schaffen.

Ab in die Mangroven
Viele Mangrovenwälder sind leicht erreichbar, etwa der im J. N. »Ding« Darling National Wildlife Refuge. Buchen Sie eine geführte Kajaktour, sobald sich die Gelegenheit bietet: Sie werden durch eine von tropischen Vögeln, Manatees und Alligatoren bewohnte Märchenwelt paddeln und spannende Geschichten mit nach Hause bringen. Wie die vom Manatee, von dem Sie erst nur das breite Maul sahen und dachten, es sei eine Seeschildkröte.

Echte Floridians treffen
Die besten Restaurant-Tipps stammen immer von Einheimischen. Und wo trifft man die? Zum Beispiel im Up the Creek (313 Water St., Tel. 850 6 53 25 25) in Apalachicola: Dort steigen Sie eine Treppe empor, geben an der Theke ihre Bestellung auf – Sie haben die Qual der Wahl zwischen Austern, Thunfisch und Alligator-Chili –, und dann teilen Sie sich einen Tisch mit tätowierten Floridians. Ins Gespräch kommen Sie in der Regel schnell. Die beliebtesten Themen? Fischerei, Touristen und das Ungemach mit der Regierung im fernen Washington.

Neptuns Lieblingsspeise
Es gibt sie in kleinen Hütten (»conch fritter shacks«) und im Himmel (»conch fritter heaven«): Je nachdem, für welche dieser beiden Bezeichnungen sich ein Restaurant entscheidet, handelt es sich bei der frittiert servierten, für ihr spiralförmiges Gehäuse bekannten Tritonshornschnecke wahlweise um eine ebenso simple wie göttliche Mahlzeit. Durch den Fleischwolf gedreht und mit Mehl, Kokosmilch, Zwiebeln, Peperoni, Backpulver, Salz und Pfeffer zubereitet, ist ihr süßes Muskelfleisch vor allem als Vorspeise oder Snack beliebt.

Alternative Vergnügungsparks
In die großen Mega-Parks wollen alle. Aber Floridas Fun Factory kennt auch charmante Alternativen – etwa, weil sie auf jeglichen Kitsch verzichten, oder weil sie als Retro-Spaßstätten wie Grüße aus einer anderen Zeit wirken: Gatorland in Orlando zum Beispiel.

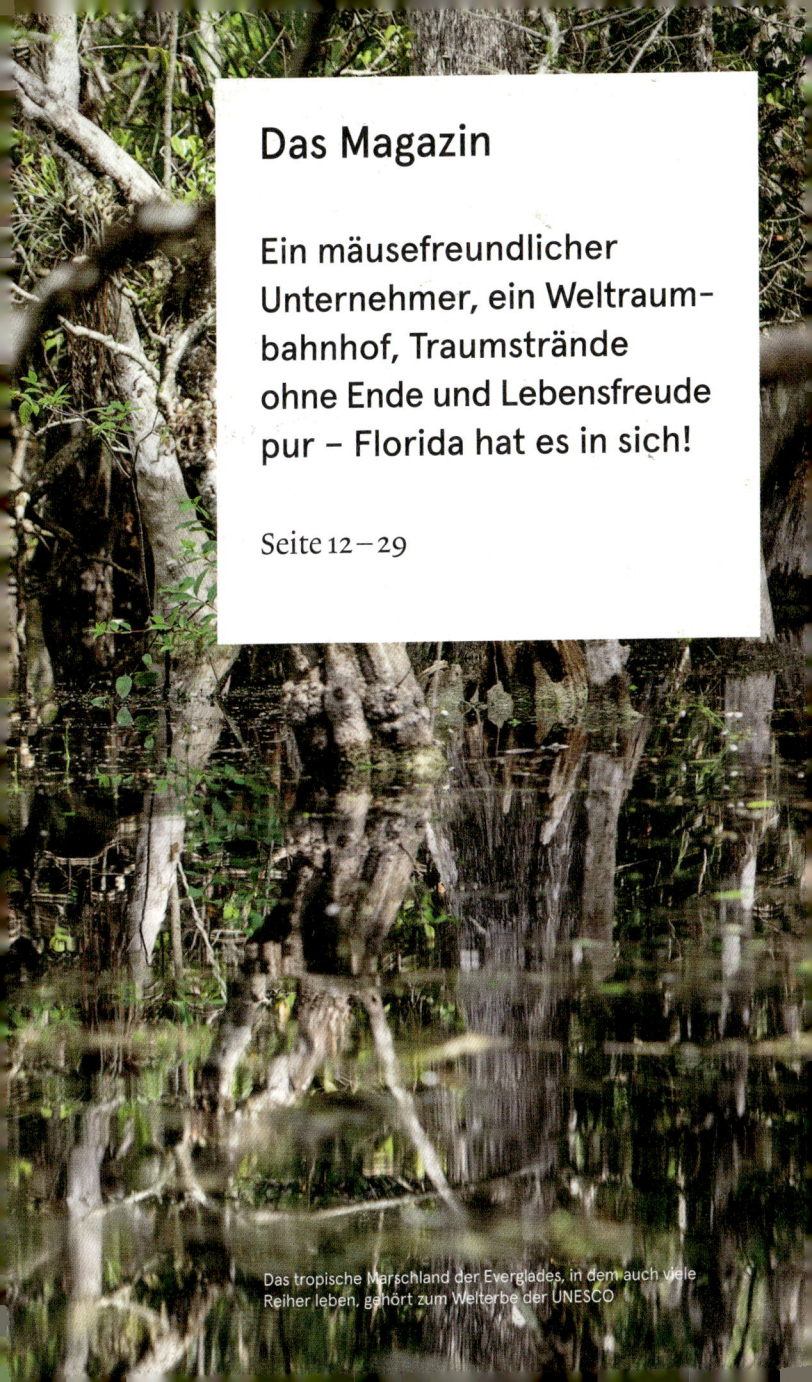

Das Magazin

Ein mäusefreundlicher Unternehmer, ein Weltraumbahnhof, Traumstrände ohne Ende und Lebensfreude pur – Florida hat es in sich!

Seite 12–29

Das tropische Marschland der Everglades, in dem auch viele Reiher leben, gehört zum Welterbe der UNESCO

Als Disney kam

Der Urknall für Floridas Tourismusbranche war die Eröffnung des Walt Disney World® Resorts am 1. Oktober 1971. Disney blieb bis heute Orlandos Dreh- und Angelpunkt, trotz zahlreicher konkurrierender Themenparks. Sein unwiderstehlicher Zauber lockt immer wieder ganze Heerscharen selig lächelnder Besucher hierher.

Walter Elias »Walt« Disney, ein am 5. Dezember 1901 in Chicago geborener Trickfilmzeichner und Filmproduzent, rief mit dem am 17. Juli 1955 im kalifornischen Anaheim eröffneten Disneyland® seine erste Märchenwelt ins Leben.

Walt Disney (links) und sein Bruder Roy (rechts) mit ihrem Finanzberater Bernard Giannini (Mitte).

Sein überaus erfolgreiches Konzept beeinflusste die Haltung der Amerikaner zu Themenparks nachhaltig, sein Erbe lebt bis heute weiter. Doch da Disney sich den Baugrund zur Vergrößerung nicht leisten konnte, war der Freizeitpark bald von billigen Hotels und Touristenläden umgeben, die profitieren wollten. Die Geschäfte waren in Disneys Augen störende Schmarotzer auf Kosten der heilen Welt, die er hinter seinen Pforten schuf.

»Das ist es!«

Nach vierjähriger Suche kaufte der visionäre Unternehmer deshalb im Jahr 1965 ein 111 km² großes Grundstück in den Sümpfen von Orlando. Angeblich hat er es bei einem Flug über das Landesinnere an der Kreuzung der Florida Turnpike und I-4 entdeckt und »Das ist es!« gerufen. Auf der Pressekonferenz mit seinem Bruder Roy und dem Gouverneur von Florida gab er bekannt, hier einen zweiten, noch viel besseren Park zu eröffnen. Ihm schwebte ein Ort vor, an dem ganze Familien ihren Urlaub verbringen würden und wo er alle damit verbundenen Aspekte in seiner Hand hätte – von der Unterhaltung bis zu den Hotels, Restaurants und sogar den Parkplätzen.

»Hier in Florida haben wir etwas Besonderes, womit Disneyland [in Anaheim] nie gesegnet war – herrlich viel Platz. Es ist genug Grund

Der Mann hinter der Maus

Über den Vater der Micky Maus wurde schon viel geschrieben. Doch wer war Walt Disney wirklich? In der Filmbiografie »Saving Mr. Banks« gibt es Szenen, die Walt Disney (gespielt von Tom Hanks) beim Rauchen, Trinken und Fluchen zeigen – Hinweise darauf, dass der Mann, der sich stets als netter »Uncle Walt« präsentierte, auch seine weniger netten Seiten hatte. Walt Disney revolutionierte die Trickfilmtechnik und nutzte das Fernsehen, um Disneyland, seinen ersten Vergnügungspark, weltberühmt zu machen. Mit Disney World wollte er seine Visionen verwirklichen. Nach seinem Tod suchten viele Biografen den Mann hinter der Maus zu ergründen. Ihm wurde Rassismus und Antisemitismus vorgeworfen; man bezichtigte ihn des wildesten Manchester-Kapitalismus. Neuere Disney-Deuter beschreiben seinen Charakter etwas vorsichtiger als »komplex«. Ihnen zufolge war der mit rassistischen Vorurteilen aufgewachsene Walter Elias Disney ein typisches Produkt seiner Zeit. Doch als Erwachsener habe er versucht, seine Vorurteile abzulegen.

und Boden, um alle erdenklichen Ideen und Pläne zu verwirklichen«, sagte Disney über seinen Traumpark. Die Aussicht auf ungeahnte Einnahmen durch den Tourismus überzeugte die Kommunen von seinem Plan eines magischen Königreichs so sehr, dass Disney World bei der Einweihung im Jahr 1971 von vielen gesetzlichen Regelungen und gewerblichen Bauvorschriften befreit und weitgehend selbstverwaltet war.

Den Traum retten

Leider erlebte Walt Disney die Verwirklichung seines Traums nicht mehr. Ein Jahr nach der Pressekonferenz wurde bei ihm Krebs diagnostizier, er starb im Dezember 1966. Sein Bruder Roy übernahm die Bauleitung und taufte Disney World zu Walts Ehren in Walt Disney World® um. Aber schon kurz nach der Eröffnung des Parks 1971 starb auch Roy, und zehn Jahre nach der fulminanten Einweihung von Walt Disney World® stand das Unternehmen auf der Kippe. Anfang der 1980er-Jahre brachten Managementfehler ganz Disney in Gefahr – die Baukosten des Vergnügungsparks Epcot® etwa überstiegen die erwarteten Einnahmen und führten zu enormen Verlusten. Der neu gegründete Disney-Fernsehsender und eine nur schlecht laufende Filmproduktion belasteten das Gesamtunternehmen zusätzlich. Andererseits erwirtschafteten die Parks über 1 Mrd. US-Dollar im Jahr, der Vermögenswert des Unternehmens lag weit über dem Börsenkurs von 2 Mrd. US-Dollar. Das machte Disney zu einem Übernahmekandidaten. Einer der ersten Interessenten war Saul Steinberg, der im Jahr 1984 knapp 10 Prozent der ausgegebenen Aktien kaufte. Später kaufte Disney die Aktien von Steinberg mit Aufschlag zurück.

Während weitere Börsenhaie auftauchten, erneuerte sich die Vorstandsetage: Für Walts Schwiegersohn Ron Miller kamen dynamische CEO's wie Michael Eisner und Robert A. Iger, die das Unternehmen um alle Klippen steuerten und dafür sorgten, dass es sich nun fast jährlich wieder neu erfinden kann.

Eine US-amerikanische Ikone

Der heutige Konzern besitzt Verlage, Fernseh- und Radiosender und Filmgesellschaften. Und obwohl einige neue Themenparks in Orlando das Konzept nachahmen – allen voran das Universal Orlando Resort mit seiner von J. K. Rowling anerkannten Wizarding World of Harry Potter –, ist und bleibt Disney World® der Klassiker, den jährlich Millionen besuchen. Er ist eine amerikanische Ikone wie der Grand US-Canyon oder die Freiheitsstatue. Manche behaupten, es sei der einzige Ort der Welt, an dem Erwachsene verspielt wie Kinder sein dürfen und Kinder sich nicht wie kleine Erwachsene benehmen müssen.

Nach den Sternen greifen

Als die USA am 21. Juli 1969 einen Mann auf den Mond brachten, war man in Florida besonders stolz. Vier Tage zuvor war die Rakete vom Raumfahrtzentrum in Cape Canaveral gestartet, und die Einsatzleitung in Florida war es auch, an die Neil Armstrong seine weltberühmten Worte richtete: »Das ist ein kleiner Schritt für den Menschen, aber ein riesiger Sprung für die Menschheit.«

Wettlauf ins All

Floridas Raumfahrtindustrie entwickelte sich in den Jahren nach 1945 mit dem Kalten Krieg. Die Sowjetunion hatte im Oktober 1957 ihren Satelliten Sputnik I mit 28 000 km/h in die Erdumlaufbahn gebracht. Also würde sie auch Raketen auf die USA schießen können.

Die USA hatten bereits im Jahr 1949 auf einem wenig erschlossenen, 6070 ha großen Gebiet in Cape Canaveral an der Atlantikküste – der sogenannten Space Coast – geheime Raketentests veranstaltet. Doch als man im Dezember 1957 versuchte, die UdSSR mit einem Satellitenstart einzuholen, explodierte die Rakete Sekunden nach dem Start als großer Feuerball. Nach diesem Fehlschlag übertrug der damalige US-Präsident Dwight D. Eisenhower dem deutschen Ex-Kriegsgefangenen und Rakteningenieur Wernher von Braun die wissenschaftliche Leitung.

Die Wiege der NASA

Schon bald gelangen zwei US-amerikanische Raketenstarts, und die Regierung bewilligte weitere

Astronaut Mark C. Lee schwebt in 240 000 m Höhe über der Erde.

Gelder. Durch die Unterzeichnung des National Aeronautics and Space Act nahm die NASA (National Aeronautics and Space Administration) am 1. Oktober 1958 ihre Arbeit in Cape Canaveral auf.

Die späten 1950er-Jahre waren vom Kampf um die Dominanz im All geprägt. Am 12. April 1961 triumphierten die Sowjets nach Juri Gagarins erfolgreicher Erdumrundung in einer Wostok-Rakete. Am 25. Mai 1961 kündigten die Amerikaner einen Vorstoß an, der alle sowjetischen Anstrengungen in den Schatten stellen sollte. Um den Wettlauf im All zu gewinnen, wollten die USA »einen Menschen auf den Mond schicken und sicher zur Erde zurückbringen«, verkündete John F. Kennedy dem Kongress. Neun Monate später wurde im nördlichen Teil von Cape Canaveral auf Merritt Island ein Raumfahrtzentrum eröffnet, das seit 1963 zu Ehren des bei einem Attentat ermordeten US-Präsidenten Kennedy Space Center heißt.

Auf dem Weg zum Mond

Im Februar 1962 umrundete John Glenn die Erde gleich drei Mal, und sieben Jahre später, am 16. Juli 1969, wurde die Apollo 11 von Cape Canaverals Startrampe 39A auf ihre dreitägige Reise zum Mond geschickt. Mit Erfolg: Während ihr Kollege Michael Collins den Mond im Kommandomodul umrundete, landeten Neil Armstrong und Buzz Aldrin in der zerbrechlich aussehenden Raumfähre Eagle auf dessen Oberfläche. Die Welt sah zu, und Neil Armstrong meldete seine berühmt gewordenen Worte an die Einsatzleitung in Florida.

Die Raumfähre Atlantis bei einem Flug zur internationalen Raumstation ISS.

Die Jahre des Shuttles

Nach dem erfolgreichen Mondflug der Apollo 12 ließ das Interesse an der – auch wegen der immensen Kosten in die Kritik geratenen – US-amerikanischen Raumfahrt nach. So verfolgten nur noch wenige den geplanten Mondflug der Apollo 13, der nach der Explosion eines Sauerstofftanks vorzeitig abgebrochen werden musste. Mit dem Ende des Apollo-Programms im Jahr 1972 begann die NASA ein neues Projekt:

Anstelle von Raketen plante sie ein wiederverwendbares Raumfahrzeug mit zwei Feststoffraketen, einem externen Treibstofftank und einem Frachtraum für Satelliten und wissenschaftliche Experimente. Eine solche Raumfähre (»shuttle«) konnte bis zu acht Astronauten aufnehmen, in der Erdumlaufbahn eine Geschwindigkeit von 27876 km/h erreichen und nach erfolgter Mission zur Erde zurückgleiten, um dort wie ein Flugzeug auf einer Piste zu landen. Nach dem Jungfernflug von 1981 besaßen die USA jahrelang vier solcher Raumfähren, die mit ihnen von der NASA unternommenen Missionen wurden zur Routine.

Buzz Aldrins Fußabdruck auf dem Erdtrabanten: Das Mitglied der Apollo-11-Crew betrat nach Neil Armstrong als zweiter Mensch den Mond.

Doch der 28. Januar 1986 veränderte alles: Die ganze Welt saß in Schockstarre vor dem Fernsehgerät, als nur wenige Minuten nach dem Start der Challenger-Raumfähre ein Dichtungsring des Treibstofftanks versagte. Flammen entzündeten den externen Tank, die Challenger zerbarst, und alle sieben Astronauten kamen ums Leben. 17 Jahre später kam es zu einer ähnlichen Katastrophe, bei der wieder alle sieben Astronauten starben: Am 1. Februar 2003 zerbrach die Raumfähre Columbia beim Wiedereintritt in die Erdatmosphäre. Damit schien das Ende der US-ameri- kanischen bemannten Raumfahrt besiegelt zu sein.

Abschied vom Shuttle

Nach zwei erfolgreichen Weltraumflügen in den Jahren 2005 und 2006 stellte die NASA alle bemannten Raumfahrtpläne vorerst zurück. Als letzte Raumfähre flog im Februar 2011 die Endeavour mit Gerät im Wert von 1,5 Mrd. US-Dollars für astrophysische Experimente zur internationalen Raumstation ISS. Inzwischen verlassen sich die USA auf ihren früheren Feind aus dem Kalten Krieg, um ihre Astronauten ins Weltall zu bringen. Was die Wiederaufnahme der eigenen bemannten Raumfahrt angeht, bekannte sich der damalige US-Präsident Barack Obama 2016 in einem Gastbeitrag für CNN zu Plänen seines Landes, in den 2030er-Jahren gemeinsam mit privaten Konzernen Menschen zum Mars schicken zu wollen. Dabei erinnerte er auch an eine wichtige Inspiration für solche Pläne. Schon bei den Missionen zum Mond habe man eigentlich: die Erde entdeckt.

Strandnixen am fast 2 km langen Grayton Beach im gleichnamigen State Park.

Sommer, Sonne, Strand

Ob Sie gerne Muscheln suchen, tauchen gehen, sonnenbaden oder Sonnenuntergänge sehen ... wenn Sie in der Stimmung sind, stündlich Sonnencreme aufzutragen und sich nicht vom Strand fortzubewegen, erfüllt die fast 2000 km lange Küste Floridas jeden Ihrer Wünsche. Die beliebtesten Strände stellen wir Ihnen hier vor.

Klare Sicht in den Keys: Bahia Honda
Die Strände der Keys haben keinen guten Ruf, denn hier gibt es zu viele Sandfliegen. Eine Ausnahme ist der Bahia Honda Nationalpark auf Big Pine Key. Der lange, weiße Sandstrand hebt sich wie im Märchen vom smaragdgrünen Golf von Mexiko ab. Das Beste ist, dass die Sicht unter Wasser genauso gut ist wie darüber. Direkt vor der Küste lädt ein ausgedehntes Riff zum Schnorcheln ein, und Sie können am Strand geführte Touren buchen.

Am besten surfen: Cocoa Beach
Aus Cocoa Beach, südlich von Cape Canaveral an der atlantischen Weltraumküste, stammt der elffache Surf-Weltmeister Kelly Slater. Hier

finden Sie mit die besten Wellen Floridas. Boards zur Miete und Surfstunden sind kein Problem.

Die schönsten Muscheln:
Sanibel Island

Einer besonderen Strömung verdankt Sanibel Island die schönsten Muscheln der USA. Diese spült regelmäßig Seemuscheln in allen Formen und Größen an die Küste der paradiesischen Barriereinsel. Suchen Sie nach dem seltenen Kleinod von Sanibel, der gesprenkelten Junonia-Muschel: Finderglück belohnt die Lokalzeitung mit einem Fotobericht.

Promis und Art decó:
Miamis South Beach

Der mit Abstand beste und zugleich berühmteste Sandstrand Floridas sowie ein Treffpunkt der Promis ist South Beach (SoBe) mit seinem lässigen Art-déco-Viertel zwischen der 1. und 15. Straße am Lummus Park. Oben ohne Baden ist hier anders als anderenorts in Florida kein Problem. Die Gay Community hat ihren Bezirk im Bereich zwischen der 11. und 13. Straße.

Außergewöhnliche Natur:
Grayton Beach

Der State Park Grayton Beach ist die edelste Perle des Landzipfels am Golf von Mexiko. Eine wunderbar ungezähmte Landschaft mit vom Wind geformten, marmorweißen Dünen, die fließend in strahlend helles Wasser übergehen. Ein Kuriosum ist die *dog wall*, auf der einheimische Künstler lokale »Hundepersönlichkeiten« porträtiert haben.

Alles im Blick: Lifeguard am berühmtesten Sandstrand in Florida, dem South Beach (SoBe).

Der Grasfluss

Bis vor wenigen Generationen galten die Everglades als unzugängliche Wildnis voller Alligatoren, Feuchtgebieten und Sümpfen. Um den unstillbaren Hunger nach Kulturland und den Durst auf Trinkwasser zu stillen, kanalisierte man das Wasser der Region für Miamis Einwohner.

Wären Sie in den 1940er-Jahren über eine der wenigen Straßen durch das Südende des Bundesstaats gefahren, hätten riesige Moskitos Sie zerstochen oder Alligatoren Sie gefressen. Es war ein ungastlicher Ort für Menschen – und ist es bis heute. Aber die Everglades sind auch ein Lebensraum für andere. Wissenschaftler erkannten die Feuchtgebiete an der Südspitze des Bundesstaats mit ihrem bis zu 80 km breiten und nur knapp 30 cm tiefen Flusslauf zwischen Orlando und Florida Bay als empfindliches Ökosystem. Denn der scheinbar nutzlose, schmuddelige und vermeintlich lebensfeindliche Grasfluss der Everglades wimmelt von Tieren und war in Wirklichkeit das größte natürliche Filtersystem des Landes. Jahrhundertelang dem Wechsel von Fluten und Dürre ausgesetzt, entwickelten sich in diesem natürlichen Zyklus Krabbenkolonien, Mangrovensümpfe und Korallenbänke. Sportangler entdeckten die Mündung der Everglades bei Florida Bay zum Angeln – das Brackwasser ist Lebensraum einer riesigen Artenvielfalt.

Keine heile Welt

Lange wurde das Wasser systematisch an die bevölkerungsreicheren Küsten abgeleitet. Das brachte drei verschiedene Interessengruppen auf den Plan, die sich öffentlich auseinandersetzten. Auf der einen Seite standen die Stadtentwickler, die Trinkwasser aus den Everglades für die wachsende Bevölkerung Miamis gewinnen wollten. Auf der anderen Seite forderten Landwirte Wasser aus den Everglades für ihre Tomaten, Erdbeeren, Orangen, Mangos, Zuckerrohr und anderen Feldfrüchte. Unüberhörbar waren schließlich auch die Stimmen der Umweltschützer, die vor den gefährlichen Folgen der Austrocknung warnten. Ihre inoffizielle Sprecherin war die

Mit dem Propellerboot kommt man ganz leicht durch die leider bedrohte Welt der Everglades.

Schön und selten: der Florida-Puma.

Der einst bedrohte Mississippi-Alligator vermehrt sich wieder.

Tierwelt der Everglades

Tiere beobachten Sie am besten auf dem Anhinga Trail bei Royal Palm und Eco Pond. Mieten Sie ein Kanu und paddeln Sie in der Snake Bight oder der Chokoloskee Bay. Everglades Adventures (107 Camellia Street, Everglades City, Tel. 239 6 95 32 99; www.iveyhouse.com; Nov.–Mitte April) vermietet Kanus und Kajaks für 35 $ pro Tag. Eine geführte Tramfahrt bringt Sie zum 20 m hohen Turm im Shark Valley, der einen Ausblick auf die Vögel und Alligatoren der Sawgrass Prairie ermöglicht (Tel. 305 2 21 84 55, www.sharkvalleytramtours.com, Shark Valley Tram Tours, Erw. 25 $, Kinder 12,75 $).

in Miami gebürtige Marjory Stoneman Douglas, die in jungen Jahren Kolumnen für den *Miami Herald* geschrieben hatte. Im Jahr 1947 veröffentlichte sie ihr Buch *The Everglades: River of Grass*, in dem sie die Bedeutung des »Grasflusses« als ein wertvolles nationales Naturerbe hervorhob, das sich aus dem Wasser Hunderter Kilometer nördlich gelegener Flüsse speise und keine Einnahmequelle für Landwirte und Stadtwerke sein dürfe.

> **Ernest Coe Visitor Center**
> Infos zu den Everglades hat z.B. das Ernest Coe Visitor Center 18 km südwestlich von Homestead an der Route 9336. Verlassen Sie Miami südlich über die US 1 und biegen bei S. W. 344th Street/State Road 9336 rechts ab. Folgen Sie den Schildern (Tel. 305 2 42 77 00; www.nps.gov/ever, tgl. 9–17 Uhr).

Gefährdetes UNESCO-Welterbe

Die Anwohner der Everglades setzen sich schon seit den frühen 1920er-Jahren für den Schutz des Grasflusses ein. 1929 beauftragte der Kongress eine Machbarkeitsstudie für den Nationalpark, der 1947 verwirklicht wurde. Er umfasst eine Fläche von 6104 km2 und ist der größte nordamerikanische Nationalpark östlich der Rocky Mountains. Die praktische Umsetzung des Naturschutzes in den Everglades scheitert jedoch weiterhin an wirtschaftlichen Interessen und am mangelnden Durchgreifen der Verwaltung. Die Nutzung des abgeleiteten Wassers an der Küste in Miami legt die Everglades nach und nach trocken. Über 90 Prozent der Vogelwelt sind seit 1940 verschwunden – selbst Floridas stolzes Emblemtier, der Florida-Puma, ist heute fast ausgerottet. Die Wasserqualität in Florida Bay wird durch eine zunehmende Salz- und Quecksilberkonzentration verschlechtert und belastet das hochempfindliche Ökosystem der Everglades.

Ein Test für die Zukunft der Erde

Ob die Everglades überhaupt noch eine Zukunft haben, bleibt abzuwarten. Der Patient hängt am Tropf, sein Puls ist kaum noch wahrnehmbar. Zum Wasserproblem kommen periodisch wiederkehrende Dürren, Hurrikane und Flächenbrände – von den Fehlentscheidungen der Politiker und vom Lobbyisten-Gerangel ganz zu schweigen. Der zur Jahrtausendwende ratifizierte Everglades Restoration Plan, nach dem bislang ungenutzt dem Meer zufließendes Süßwasser in die Everglades umgeleitet werden soll, wurde auf 30 Jahre angelegt. Viele Floridians sehen im Kampf um die Everglades einen Test. Wenn wir diesen bestehen, sagen sie, dürfen wir den Planeten behalten.

Die Golfküste in 72 Stunden

Handgedrehte Zigarren, Jimmy Buffet und italienisches Flair – die 360 km zwischen Tampa Bay und Naples sind eine Wucht. Wenn Sie nur drei Tage Zeit haben, lassen Sie sich auf diese drei Themen ein.

Bevor 1950 alles Kubanische verbannt wurde, war Floridas größte Zigarrenindustrie in Tampa Bays Ybor City zu Hause. Mit Beginn des neuen Jahrtausends lebte Ybor City wieder auf. Investoren brachten neues Leben in diesen kopfsteingepflasterten historischen Bezirk, der immer noch vom Erbe des Tabaks und seinen kubanisch-spanischen Wurzeln geprägt ist.

Der König der Strandballaden

Jeder, der Cheeseburger und schöne Aussichten liebt, bucht ein Wassertaxi bei Fort Myers hinüber nach Cabbage Key. Jimmy Buffet, der König der Strandballaden, hat dort einst seinen »Cheeseburger in Paradise« gefunden. Buffet schrieb diesen Hit nach einer Mahlzeit im Cabbage Key Inn. Essen also auch Sie einen Cheeseburger im Restaurant des historischen Cabbage Key Inn oder übernachten Sie in den niedlichen Cottages auf dieser nur 40 ha großen Privatinsel, wo schon Ernest Hemingway, J. F. K. Junior und Julia Roberts zu Gast waren. Achten Sie im Lokal auf die Wände, die ihre eigenen Geschichten erzählen. Sie sind mit über 20 000 echten *greenbacks* (Dollars) beklebt, viele stammen aus den 1940er-Jahren. Damals zeichneten die Fischhändler ihre

> ### Zigarren in Ybor City
> Auf einer Tour zu den Zigarrenherstellern erfahren Sie alles über die »Glimmstengel« (Cigar Industry History, Tour Tel. 813 4 08 08 54, www.cigarsoftampa.com). Auf Zigarrenmärkten sehen Sie die Meister bei der Arbeit. Ein empfehlenswerter Laden ist Metropolitan Cigars (2014 E. 7th Ave., Ybor City, Tel. 813 2 48 33 04).
>
>

Rechnungen bis zum Zahltag gegen und benutzten in der Zwischenzeit die Wände als improvisiertes Sparbuch.

Von Venice bis Naples: Bella Italia in der Neuen Welt

An der südwestlichen Golfküste hat Florida seine Liebe zu den italienischen Städten Venedig und Neapel verewigt. Venice und Naples in Florida sind zwar nicht für Gondolieren oder Pizza bekannt, aber durchaus für Romantik. Stellen Sie sich auf Sonnenuntergänge in psychedelisch anmutenden Rosa- und Violetttönen, märchenhaft weißen Sand, türkisfarbenes Meerwasser und köstliche Meeresfrüchte ein. Bestellen Sie Steinkrebse, eine einheimische Spezialität. Naples mit seinen schönen Villen und exquisiten Geschäften ist die lebhaftere der beiden Städte. The Boathouse (990 Broad Avenue S., Tel. 239 6 43 22 35) eignet sich für einen romantischen Sonnenuntergang direkt am Wasser. Einheimische empfehlen die Cocktails und Meeresfrüchte dieses Hafenrestaurants mit großer Veranda. Die ultra entspannte Haifischzahn-Metropole Venice liegt weiter nördlich. Ihr Beiname kommt nicht von ungefähr: Seit Jahrhunderten spült hier die Strömung Haifischzähne an. Sie können diese in den Läden kaufen oder selbst sammeln. Versuchen Sie es im südlichen Teil des Caspersen Beach am Harbor Drive, südlich der Innenstadt.

Sonnenuntergang an der Golfküste.

Bienvenida a Miami

Haben Sie Lust, zum Frühstück einen zuckersüßen kubanischen Kaffee in Little Havana zu trinken, nachmittags wie in Haiti zu shoppen sowie abends argentinische Mojitos zu schlürfen und Tango zu tanzen? Willkommen in Miami!

Miami ist ein dynamisches, urbanes Wunderland. Hier leben Kubaner, Haitianer, El-Salvadorianer, Honduraner, Brasilianer, Dominikaner, Puerto-Ricaner und Mexikaner, weshalb man auch von der »lateinamerikanischen Hauptstadt Nordamerikas« spricht. Hier verschieben sich die Grenzen, und Vorurteile verschwinden. Ob Homo oder hetero, farbig oder weiß – alle leben neben- oder miteinander. Spanisch ist die am meisten gesprochene Sprache – neben Französisch und Kreolisch. Viele bekannte Musiker, Stars von Soaps und junge Politiker aus der lateinamerikanischen Welt haben hier ihre ersten Schritte gemacht. Pitbull, ein kubanisch-amerikanischer Hip-Hop-Künstler, ist einer von ihnen. Er wuchs in Little Havana auf. Nach den Erfolgen von The Miami Sound Machine und Gloria Estefan in den 1970er- und 1980er-Jahren erlebte der kubanische Latin-Pop durch ihn ein großes Revival.

Die Kubaner stellen die größte Gruppe der lateinamerikanischen Zuwanderer. Sie haben einen starken politischen und wirtschaftlichen Einfluss auf die Kommunal- und Landespolitik. Viele von ihnen kamen als politische Flüchtlinge ins Land. Es sind überwiegend konservative, wohlhabende Katholiken. Das kubanische Viertel Little Havana ist bekannt für handgedrehte Zigarren und die Straßencafés mit ihrem stark gezuckerten Kaffee. Wenn Sie ein traditionelles kubanisches Konzert mit bis zu 20 Musikern und

Tanzclub in South Beach

Sängern auf der Bühne erleben wollen, besorgen Sie sich Karten für eine der vielen Veranstaltungen, etwa beim neuntägigen Carnaval Miami Anfang März (https://carnavalmiami.com). Aber auch sonst gilt: Miamis Herz pocht im Takt lateinamerikanischer Rhythmen.

Heiß, heißer, am heißesten

Überall in dieser pulsierenden Stadt folgen attraktive Tänzer und Tänzerinnen dem erotisierenden musikalischen Appell von Salsa, Tango, Mambo, Hip-Hop und Reggaeton. Eine lebendige kubanische Musikszene finden Sie im Hoy Como Ayer in Little Havana (2212 S. W. 8th Street, Tel. 305 5 41 26 31). Diese vom Zigarrenrauch imprägnierte Kaschemme ist erfrischend unprätentiös und ihre kleine Tanzfläche stets voller kubanischer Gäste, die nach den Beats des Son, einer kubanischen Salsa-Variante, zu spanischen Boleros oder dem jeweils gerade aktuellen kubanischen Top-Hit abtanzen.

South Beach, diese schillerndste Perle des Art déco, bietet Miamis aufregendstes Nachtleben. Hier finden sich die Schönen und Reichen ein. Werfen Sie sich also in Schale und tragen Sie das nötige Selbstbewusstsein zur Schau. Die Skybar (Shore Club, 1901 Collins Avenue, Tel. 305 6 95 31 00) ist der Inbegriff des schönen Miami. Nirgendwo gibt es mehr Models und Filmstars. Versuchen Sie als Erstes, in den Red-Room zu gelangen, wo die A-Promis chillen. Lässt der mürrische Türsteher Sie nicht vorbei, gehen Sie einfach in den ebenso anregenden, weniger muffigen Außenbereich mit den riesigen schmiedeeisernen marokkanischen Laternen. Genießen Sie einen Mojito und beobachten Sie die Szene.

Metropole der Unterhaltung

Angesichts der pulsierenden lateinamerikanischen Musikszene ist es kein Wunder, dass Miami das Zentrum der lateinamerikanischen Musik- und Unterhaltungsindustrie ist. Die meisten großen Produzenten und Fernsehsender – Mexikos Televisa, MTV Networks Latin America, Universal Music Group Latin America sowie Telemundo, einer der größten Sender auf Spanisch in den USA – haben hier ihren internationalen Hauptsitz. Außerdem finden hier im Juli die sehr beliebten Latin Music Awards statt.

Universal Orlando ist ein Unterhaltungs-Imperium mit Themenparks, Rides, Shows, Events, Nightlife, Dining, Shopping, Hotels ...

Orlando

Die Vergnügungsmaschine Orlando brummt: Zuletzt verzeichneten ihre Themenparks über 70 Mio. Besucher.

Seite 30–75

Erste Orientierung

Bis zum 1. Oktober 1971 war Orlando ein verschlafenes Städtchen inmitten von Orangenhainen, Viehfarmen und ein paar Militärstützpunkten. Dann kam Walt Disney, und alles wurde anders. ...

Heute ist Orlando eines der beliebtesten Touristenziele der Welt. Das liegt an der Vielfalt der Themenparks, aber nicht nur: Die Stadt ist sauber, die Leute sind freundlich, das Klima garantiert eine idealen Urlaub für alle.

Ein weiterer Pluspunkt ist die strategisch günstige Lage von Orlando: Die Strände des Atlantiks liegen 80 km östlich, der Golf von Mexiko erstreckt sich nur knapp 100 km im Westen. Es gibt alte Dörfer und Süßwasserquellen, die ideal für ein Picknick, zum Schnorcheln oder für Kanufahrten geeignet sind. Und wer sich genügend Zeit nimmt, um sich umzusehen, entdeckt historische Museen, alte Viertel und Orte, die mit den modernen Themenparks nicht das Geringste zu tun haben.

Außerdem lockt auch noch ein Ausflug nach Cape Canaveral, um das legendäre Kennedy Space Center zu besichtigen, den berühmtesten Weltraumbahnhof der Welt.

TOP 10
- ❺ ★★ Magic Kingdom® Park
- ❻ ★★ Kennedy Space Center

Nicht verpassen!
- ⓫ Disney's Animal Kingdom®
- ⓬ Disney's Hollywood Studios®
- ⓭ Epcot®
- ⓮ Typhoon Lagoon & Blizzard Beach
- ⓯ SeaWorld Orlando
- ⓰ Universal Orlando

Nach Lust und Laune!
- ⓱ Gatorland
- ⓲ Ripley's Believe It or Not!
- ⓳ WonderWorks
- ⓴ iFly
- ㉑ Premium Outlets
- ㉒ Orange County Regional History Center
- ㉓ Lake Eola Park
- ㉔ Thornton Park
- ㉕ Orange Avenue
- ㉖ Antique Row Shopping
- ㉗ Harry P Leu Gardens

- 28 Loch Haven Cultural Center
- 29 Bok Tower Gardens
- 30 Legoland
- 31 Seminole Lake Gliderport
- 32 Kraft Azalea Gardens
- 33 Wekiwa Springs State Park
- 34 Mount Dora
- 35 Central Florida Zoo

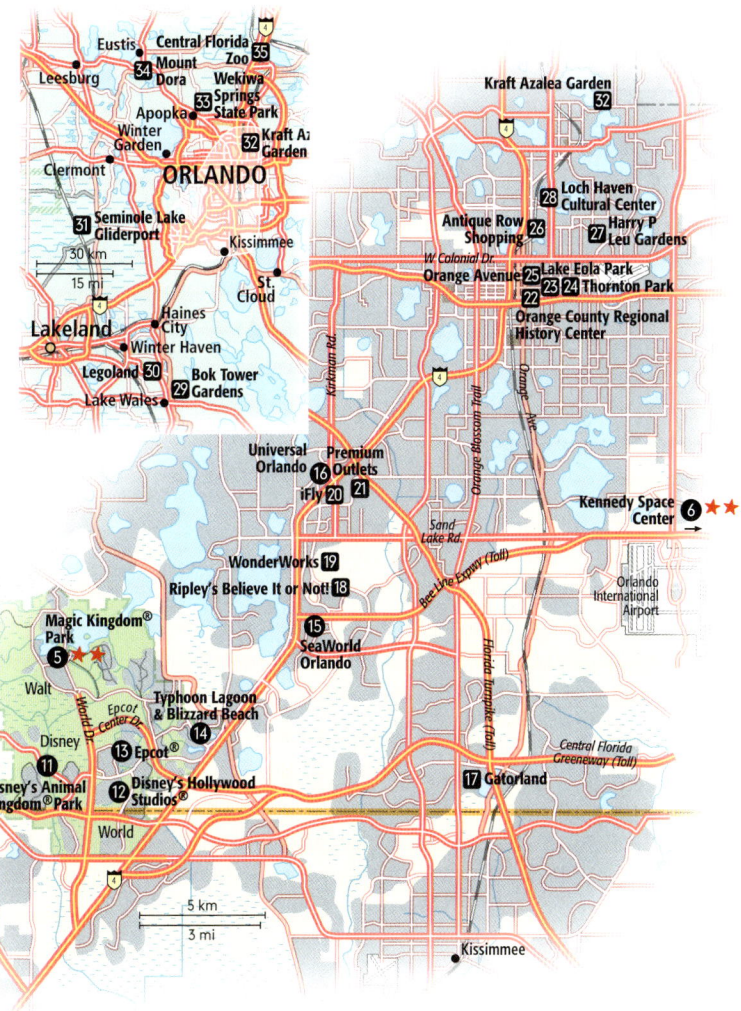

Mein Tag
auf der Suche nach der verlorenen Zeit

Alle wollen zu Disney & Co. Klar: Orlando ist die Welthauptstadt des Entertainments. Es gab aber auch eine Zeit »vor der Maus«. Und da gibt es noch viel zu entdecken: viel Charme und jede Menge Patina.

8 Uhr: Frühstück, stilecht

Winter Park liegt am Nordrand der Stadt und ist so etwas wie Orlandos Alter Ego. Erst erholte sich hier die Ostküstenprominenz, heute sind es gutverdienende Millenials, die das über 100 Jahre alte Städtchen mit seinen Boutiquen und Straßencafés schätzen. Kehren Sie zum Vorglühen im traditionsreichen Briarpatch Café (252 Park Ave. N, Winter Park, www.thebriarpatchrestaurant.com, Frühstück tgl. ab 7, So ab 8 Uhr) an der schönen Park Avenue ein und bestellen die legendären Erdbeer- und Zitronencrepes sowie eine Tasse Cappuccino.

9 Uhr: Shopping vom Feinsten

Frisch gestärkt geht's nun erstmals auf Schäppchenjagd: In der Park Avenue und den angrenzenden Avenues gibt's nicht nur jede Menge Straßencafés und Restaurants, sondern auch viele Bekleidungsgeschäfte, darunter hochwertige Indie-Boutiquen. Aber, Vorsicht: Läden wie The Grove (121 E. Melbourne Ave., Winter Park, https://thegrovewp.com), deren Besitzer ebenso entzückend sind wie das von relaxter Damen- und Herrenbekleidung bis zu Design-Sonnenbrillen reichende Angebot, könnten Ihre Zeitplanung für diesen Tag

Oben: Die Idylle hat einen Namen – Winter Park. Rechts: Bei klarer Sicht sieht man von den Kabinen des ICON Orlando aus bis nach Cape Canaveral.

schnell durcheinanderbringen. Das gilt auch für die schicke Trendboutique Tuni (301 S. Park Ave., Winter Park, www.shop tuni.com) und das unwiderstehliche Kinderbekleidung anbietende Tugboat & the bird (318 Park Ave. N, https://tugboatandthebird.com).

11 Uhr Bötchen fahren, Old-Florida-Style

Wenige Gehminuten entfernt liegen zwei Pontonboote an einem überdachten Steg vor Anker. Mit diesen schippert die Scenic Boat Tour (312 E. Morse Blvd., Winter Park, www.scenicboattours.com) jeweils eine Handvoll gutgelaunter Gäste über drei Seen von Winter Park. Eine Stunde lang reisen Sie zusammen durch dichte Palmen- und Zypressenwälder, bewundern die Häuser der Reichen und Schönen und die ganze Palette tropisch bunter Blumen. Sogar Kraniche und Alligatoren bekommen Sie zu Gesicht! Kaum zu glauben, dass es nur 15 Autominuten nach Downtown Orlando sind …

12.30 Uhr: Orlando von oben genießen

Nun schließen Sie sich der auf der I-4 gen Süden fließenden Blechlawine an und biegen nach einer halben Stunde rechts auf den International Drive ab. Ein kurzer Snack im Tapa Toro (8441 International Dr., https://tapatoro.restaurant), und Sie sind bereit für eine Fahrt im

12..30 Uhr

15.30 Uhr

Erinnerungen an die Zeit »vor der Maus«: Gatorland ist einer der ältesten Themenparks der Gegend.

ICON Orlando (8375 International Drive, Orlando, https://iconorlando.com): Das 122 m hohe Riesenrad bietet spektakuläre Blicke auf die Themenparks, Downtown und, bei klarer Sicht, bis Cape Canaveral.

15.30 Uhr: Mit Alligatoren ringen (lassen)

Ein Florida-Trip ohne den Besuch eines Alligatorparks ist wie Paris ohne Eiffelturm. Die beste Adresse liegt 30 Autominuten südlich und ist via Universal Blvd. und S. Young Blvd. erreichbar. **17** Gatorland (14501 S. Orange Blossom Trail, www.gatorland.com) wurde im Jahr 1949 eröffnet und beherbergt mehrere Hundert Alligatoren, Krokodile und Schlangen. Schöne Bohlenwege durch verschiedene Sumpfbiotope, Ziplining und tolle Live-Shows garantieren einen angenehm kurzweiligen Nachmittag.

18.30 Uhr: Feierabend in Disney Springs

Zum guten Schluss fahren Sie ins 30 Autominuten westlich liegende Disney Springs (vormals: Downtown Disney, 1486 Buena Vista Dr, www.disneysprings.com) und genießen den Sonnenuntergang von der Dachterrasse des Coca-Cola-Store. Falls Sie dann noch fit sind, beenden Sie den Tag mit einer Fahrt im Heißluftballon Aerophile und genießen nicht nur das Lichtermeer unter Ihnen, sondern auch das tägliche stattfindende Feuerwerk.

❺ ★★ Magic Kingdom® Park

Warum?	Hier steht das weltberühmte Cinderella Castle
Was?	So viele Attraktionen und Disney-Charaktere auf engem Raum wie sonst nirgends in Orlando
Wie lange?	Mindestens drei Stunden
Wann?	Nachmittags
Was nehme ich mit?	Das fröhliche Lachen der Kinder

Wenn Sie nur für einen Walt-Disney-World®-Resort-Themenpark Zeit (oder Geld) haben, besuchen Sie das Magic Kingdom. Disneys erster Themenpark in Orlando ist mit seinen vielen alten Bekannten aus Comics und Zeichentrickfilmen bis heute der charmanteste.

Der Hauptpark von Disney ist eine gestalterische Meisterleistung. Von der Plaza beim Cinderella Castle im Zentrum erstrecken sich sechs »Länder« wie die Speichen eines Rads (von links nach rechts: Adventureland, Frontierland, Liberty Square, Fantasyland, Tomorrowland und Main Street, U.S.A.). Die Orientierung ist einfach, und es lohnt sich, früh da zu sein, denn ab dem späteren Vormittag werden die Warteschlangen ziemlich lang.

Wahrzeichen des »Magischen Königreichs« ist das dem bayerischen Schloss Neuschwanstein nachempfundene Cinderella Castle.

ORLANDO

Town Square und Main Street U.S.A.

Nehmen Sie sich genug Zeit, um die Atmosphäre am Town Square zu genießen. Der Duft von frischem Popcorn liegt in der Luft, überall blühen Blumen, durch die Straßen marschieren Paraden, Pferdekutschen warten auf Fahrgäste. Blicken Sie von der Mitte des Town Square in Richtung Main Street U.S.A., an deren Ende das Cinderella Castle die Szenerie beherrscht. Die Main Street Gazette – inzwischen gibt es sie auch als Blog, www.mainstgazette.com – an der zum Schloss führenden Straße ist eine Informationstafel mit News und aktuellen Show- und Wartezeiten.

Spaß für Groß und Klein: die Flying Dumbos im Fantasyland.

Tomorrowland

Stitch's Great Escape ist eine der beliebtesten Fahrten von Tomorrowland. Es basiert auf den Missgeschicken eines liebenswerten Außerirdischen und bietet hochmoderne Audioanimationen und herrliche Streiche, bei denen die Besucher für zusätzliche Sicherheit sorgen müssen, wenn die Galactic Federation herausfindet, wo Stich sich rumtreibt. Auch die bekannteste Fahrt des Magic Kingdom findet man hier: Space Mountain, eine rasante Achterbahnfahrt durch die Dunkelheit mit Spitzengeschwindigkeiten von bis zu 45 km/h. Zudem versetzt Sie die Buzz Lightyear's Space Ranger Spin mitsamt Laserkanone direkt in einen Ableger des Videospiels Toy Story II. Mit dem bösen König Zurg dicht auf den Fersen lenken Sie Ihren eigenen Star Cruiser in einem Rennen durch die Galaxie. Den Planeten Erde verlassen können Sie auch – nichts ist unmöglich im Magic Kingdom: Der Astro Orbitor, ein magenumdrehendes Raketen-Karussell, macht seine Passagiere zu Piloten, die ihr Raumschiff eigenhändig steuern können.

Liberty Square, Frontierland und Adventureland

Auf keinen Fall verpassen sollten Sie das schön-schaurige Haunted Mansion auf dem Liberty Square. Hier werden Sie

Sechs »Länder« mit rund 60 Attraktionen durchquert man in Disneys magischem Universum.

von einem leichenblassen Gastgeber empfangen und in die Porträtgalerie geführt (schauen Sie nach oben, wenn das Licht ausgeht). Dort steigen Sie in einen »Doom Buggy« und fahren durch dunkle Gänge vorbei am geisterhaften Ballsaal hinauf auf den gruseligen Speicher und über einen Friedhof – eine der besten klassischen Fahrten Disneys, für die sich das Warten lohnt.

Frontierland ist die Heimat von zwei weiteren legendären Disney-Attraktionen. Die erste ist die Wildwasserbahn Splash Mountain und leicht zu finden: Folgen Sie einfach den Schreien der Gäste. Machen Sie sich auf einige rasante Abfahrten und Wasserlandungen gefasst. Ganz in der Nähe wirbelt Sie die Big Thunder Mountain Railroad mit scharfen Kurven und hohen Bergen vorbei an Opossums und einem Cowboy in der Badewanne durcheinander: Nicht ganz so nass wie Splash Mountain, aber fast so berühmt und auf jeden Fall einen Besuch wert.

Wenn Sie von all der Aufregung müde werden, ist die Vorführung einer Handvoll Hinterwäldler-Bären beim Country Bear Jamboree im Frontierland eine nette Abwechslung. Die auf Banjos, Kannen, Gitarre und Waschbrettbass musizierenden »Bären« sind wahre Talente. Sie spielen Country-Musik und tanzen dazu. Für europäische Geschmäcker etwas gewöhnungsbedürftig, aber auf jeden Fall lustig und sympathisch. Big Al werden Sie mögen!

In Adventureland erzählt Johnny Depp's Captain Jack Sparrow von der Themenfahrt der Pirates of the Caribbean – perfekt für einen heißen Tag. Sie betreten zunächst eine dunkle Höhle, wo Sie sich an Bord eines Boots aufmachen in ein aufregendes, feucht-fröhliches Abenteuer. Kanonendonner, brennende Dörfer und der Titelsong *(Yo Ho, A Pirate's Life for Me)* machen diese 10-minütige Tour zu einer der besten Attraktionen im Magic Kingdom. Schön ist auch die Jungle Cruise. Seien Sie jedoch vor Nilpferdangriffen auf der Hut und achten Sie auf die niedlichen indischen Babyelefanten.

Fantasyland

Mit Kleinkindern sind Sie hier richtig. Zu den größten Attraktionen gehören die von Disneys Kassenknüller The Little Mermaid inspirierte Themenbahn Under the Sea: Journey of the Little Mermaid und eine weitläufige Märchenwelt, die auf dem Trickfilm The Beauty and the Beast basiert. Storybook Circus ist eine hübsche Animationsmeile mit nostalgischen Zirkusattraktionen für die Kleinsten. Peter Pan's Flight lässt Sie auf wundersame Weise über das nächtliche London fliegen, vorbei an Captain Hook's Schiff. Die vielleicht liebenswerteste Fahrt im Magic Kingdom heißt It's a Small World. Dabei machen Sie Station in verschiedenen exotischen Ländern, in denen animierte Puppen in Landestracht singen und tanzen. Groß ist die Begeisterung auch bei The Many Adventures of Winnie the Pooh. Für eine Audienz bei der Maus gehen Sie in Mickey's Toontown Fair durch sein Landhaus und die Hintertür zum Judge's Tent.

Erlebnisse mit Disney-Figuren

Eine Begegnung mit der Lieblings-Disney-Figur Ihres Kindes ist unvergesslich. Hinweise zu kostenlosen Treffen finden Sie im Times Guide. Alternativ können Sie auch ein Essen an Cinderella's Royal Table (60 $) oder zum My Disney Girl's Perfectly Princess Tea im Disney Grand Floridan Hotel buchen – mit 250 $ für ein Kind und einen Erwachsenen eines der teuersten Angebote, aber wohl auch der Traum kleiner Mädchen: Tee, serviert in silbernem Geschirr, ein Besuch von Aurora und eine Geschenktüte mit einem Prinzessinnenarmband und einer Puppe sind im Preis inbegriffen.

Parade im ältesten Themenpark des Walt Disney World Resorts in Orlando.

KLEINE PAUSE

Für kleinere Auszeiten vom Trubel empfehlen sich die **Main Street Plaza Gardens** in Sichtweite des Cinderella Castles oder eine Bank auf dem **Tom Sawyer Island** in Frontierland.

✝214 B2/3
☎ 407 9 39 7679
⊕ www.disneyworld.com

❶ tgl. 9–22 Uhr, unterschiedlich je nach Saison ❖ Allgemeine Hinweise zum Besuch bei Disney: S. 68

❻ ★★ Kennedy Space Center

Warum?	Weil Sie hier dem Weltraum am nächsten sind
Was?	Raketen, Shuttles, Stationen. Träume und Visionen ...
Wie lange?	Mindestens drei Stunden
Wann?	Nachmittags

Bei einem Besuch des Kennedy Space Centers stellt man schnell fest, dass der Weltraum in Wirklichkeit noch viel faszinierender ist als bei George Lucas & Co.

Eine gute Autostunde von Orlandos Themenparks entfernt zeigt der Kennedy Space Center Visitor Complex, wo und wie Amerikaner über 40 Jahre lang ins All geschossen wurden.

Exkursion ins Weltall

Im Kennedy Space Center wird die Geschichte der US-amerikanischen Raumfahrt anschaulich präsentiert.

Am Busrondell, gleich vor dem Eingang des Kennedy Space Centers rechts, starten Exkursionen fast durch das gesamte Areal. Zunächst geht es zum riesigen Vehicle Assembly Building, das zur Unterbringung der Saturn-V-Raketen errichtet wurde. Nächster Halt: Launch Complex 39 Observation Gantry. Von dem sechsstöckigen Bauwerk haben Sie eine perfekte Sicht auf die Abschussrampen. Vor dem Apollo/Saturn V Center sehen Sie Tribünen, die bei einem Raketenstart für die Medien und die Familienangehörigen reserviert sind. Innen betritt man zunächst das Firing Room Theater, in dem Sie mithilfe einer Simulation beim Start der Apollo 8, dem ersten bemannten Flug zum Mond, dabei sein können. Der Firing Room enthält die originalen, beim Start verwendeten Kontrollkonsolen aus dem Jahr 1968. Tonbandmitschnitte vom Raketenstart erhöhen noch die Spannung und Dramatik. So haben Sie den Eindruck, tatsächlich dabei zu sein, wenn Sie den Countdown »3, 2, 1 ... Zündung ... abheben!« hören – und anschließend eine Saturn-V-Rakete mit einem Getöse, das Boden und Fenster vibrieren lässt, im Himmel hinter Ihnen erscheint. Von hier aus geht es in eine Halle zum größten Weltraumdenkmal schlechthin: einer originalen, 111 m langen Saturn-V-Rakete. Ebenfalls in der Halle befinden sich das Fahrzeug, das die Astronauten zur Abschussrampe brachte, Modelle von Mondlandefähren, Mondvehikel in Monddioramen sowie die Originalkapseln der Apollo-Missionen. Nicht verpassen sollten Sie auch das Lunar Surface Theater, das eine Nachbildung der Landefähre der Columbia bei der Landung auf dem Mond zeigt. Nehmen Sie anschließend den Bus zum Eingang zurück und sehen Sie sich einen der beiden IMAX-Filme an.

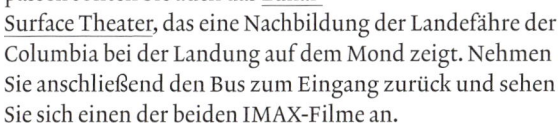

Vor dem Theater liegt der Rocket Garden, eine Sammlung von Raketen und Raketenteilen. Bevor Sie wieder gehen, sollten Sie noch am Astronaut Encounter teilnehmen: Jeder, der einmal von einer Reise durchs All geträumt hat oder wissen wollte, wie sich ein »Blast-off« anfühlt, kommt hier auf seine Kosten. Für Fragen steht ein Astronaut bereit. Oder schauen Sie sich noch die tolle, den Gefahren und Heldentaten der frühen Raumfahrtjahre gewidmete Ausstellung Heroes & Legends an.

Das Space Shuttle »Atlantis« und eine Landekapsel des Apollo-Programms im Kennedy Space Center.

KLEINE PAUSE
Wenn gerade kein Raketenstart stattfindet, können Sie im Schatten der Palmen des **Space View Park** (1 Orange Street) in Titusville bestens relaxen.

✢ 209 F4
☎ 855 433 4210
⊕ www.kennedyspacecenter.com;
www.visitspacecoast.com

❶ März–April tgl. 9–18, sonst 9–19 Uhr; letzte reguläre Bustour 3 std. vor Schließung
✦ 57 $, Kinder 47 $

⓫ Disney's Animal Kingdom®

Warum?	Mit dem Eintrittsgeld unterstützt Disney u.a. über 2000 Tier- und Naturschutzprojekte in aller Welt
Was?	Offene Savanne statt traditioneller Gehege
Wie lange?	Mindestens einen halben Tag
Wann?	Ganz früh oder am späten Nachmittag
Was noch?	Nach Einbruch der Dunkelheit die Lightshow »Rivers of Light« genießen

Säugetiere, Reptilien, Vögel, Amphibien auf 235 ha: Das Königreich der Tiere ist ein Safaripark der Superlative – und zwar einer, der diesen Begriff stets neu definiert.

Um die Orientierung zu erleichtern, hat man den Park in sieben »Länder« unterteilt: The Oasis, Discovery Island, Africa, Rafiki's Planet Watch, Asia, DinoLand USA und Pandora – The World of Avatar. Von der Bushaltestelle oder dem Parkplatz gelangen Sie zu den Eintrittskartenschaltern an der Entrance Plaza.

Gleich neben dem Eingang liegt The Oasis, ein tropischer Garten mit Bananenbäumen und Wasserfällen, der mit bunten Vögeln, Orchideen und verborgenen Tunneln begeistert und verzaubert. Gleich daneben steht der beeindru-

Animal Kingdom ist der größte Disney-Themenpark der Welt.

ckende Tree of Life, ein riesiger, 14-stöckiger Baobab. Von außen wird er Ihnen imponieren, vom Inneren werden Sie begeistert sein: Hier sehen Sie den 3D-Film *It's Tough to Be a Bug.* Für kleine Kinder, die Angst im Dunkeln oder vor unheimlichen Krabbeltieren haben, ist das nichts, aber größeren Kindern werden die lustigen Kommentare und die sensorischen Effekte gefallen. In den Hauptrollen sieht man die Charaktere des Disney-Pixarfilms *A Bug's Life,* hinzu kommen verschiedene Insekten und Spinnentiere. In den hinteren Reihen wirken die Effekte am besten.

Wie bei einer echten Safari in der afrikanischen Steppe fahren Sie bei Kilimanjaro Safaris in einem klapprigen Jeep über mit Schlaglöchern übersäte Pfade und verwitterte Brücken durch Herden von Nashörnern, Giraffen und Zebras. Auch ein paar furchteinflößende Raubtiere sind dabei, vor denen Sie sich in Acht nehmen müssen.

Abfahrt vom Forbidden Mountain mit der Expedition Everest.

Mensch und Natur

Kali River Rapids ist eine ökologisch orientierte Raftingtour, bei der die Besucher durch einen asiatischen Regenwald fahren und dabei an die Schäden erinnert werden, die eine zerstörerische Brandrodung verursacht. (Sie müssen damit rechnen, nass zu werden.) Die Fahrt geht auf einem runden Floß einen Hügel hinauf und dann mit halsbrecherischer Geschwindigkeit an einem Holzfällercamp vorbei wieder abwärts.

Die Expedition Everest beginnt in einem nepalesischen Dorf. Bei der Disney-Version der Besteigung fahren Sie etwas bequemer als Edmund Hillary und Tenzing Norgay mit einem Dampfzug, der sich langsam zum Gipfel kämpft, ehe er in atemberaubender Geschwindigkeit wieder talwärts rast.

Finding Nemo – The Musical ist eine 30-minütige Live-Show, in der spektakuläre Spezialeffekte des gleichnamigen Films und überlebensgroße Figuren gezeigt werden.

Durch Raum und Zeit

Besonderer Beliebtheit erfreut sich das »DinoLand USA«: Im Fossil Preparation Lab« ist das Skelett des Tyrannosaurus

Am Eingang des Parks stimmt ein stilisierter Elefant auf die Attraktionen ein.

Rex »Dino Sue« aufgebaut. Auf dem Cretaceous Trail kann man Pflanzen- und Tierarten studieren, die eine Katastrophe überlebten, die vor rund 65 Mio. Jahren zum Aussterben der Dinosaurier führte. In Dinosaur unternimmt man mit dem »Time Rover« eine virtuelle Zeitreise in die Kreidezeit, bei der man es mit mit unheimlichen Urweltgeschöpfen zu tun bekommt. Ein »Thrill Ride« der Sonderklasse ist Primeval Whirl, bei dem man durch enge Kurven rast, bis es einem schwarz vor den Augen wird.

In »Pandora – The World of Avatar« kappt Disney auch noch die allerletzten Verbindungen zu unserer Gegenwart. Fans von James Camerons Blockbuster »Avatar« finden hier wieder, was sie aus dem Film kennen: die schwebenden Berge, fluoreszierenden Pflanzen, faszinierenden Tiere – umgeben von einem paradiesischen Frieden. Hauptattraktionen sind ein Flugsimulator und eine zauberhafte Bootstour: In Avatar Flight of Passage lernen Sie, mit einem Mountain Banshee zu fliegen. Die Na`vi River Journey auf dem Kasvapan River entführt Sie auf eine Reise durch die spektakulär inszenierte Fauna und Flora von Pandora.

Zuletzt noch ein Tipp: Wenn Sie den Park erkunden, achten Sie doch auch auf die versteckten Hinweise, für die Disney berühmt ist: Abdrücke von Blättern im Zement, Details, die im Tree of Life verborgen sind, Silber- und Messingglocken in den heiligen Bäumen Asiens und Tausende weiterer kleiner Geheimnisse …

KLEINE PAUSE
Das **Restaurantosaurus** hat eine schattige, selten volle Terrasse hinter dem Gebäude – ein Segen bei der oft glühenden Hitze in Zentral-Florida. Auf der Speisekarte: Burger, Hühnchen, kaltes Bier.

✝ 214 A/B 1/2 ☎ 407 9 39 62 44; ⊕ www.disneyworld.com ❶ tgl. 9 Uhr bis ungefähr 1 Std. nach Einbruch der Dämmerung, variiert je nach Saison; Gäste des Walt Disney World Resorts haben Mo u. Fr 1 Std. vor den anderen Besuchern Zugang ✦ Allgemeine Hinweise zum Besuch bei Disney: S. 68

❶❷ Disney's Hollywood Studios®

Warum?	Um einen Einblick in die Arbeitsweise der »Traumfabrik« zu bekommen
Was?	Genau das: Einblick(e). Am Ende des Tages halten Sie selbst den fabelhaften Sonnenuntergang für ein Disney-Produkt
Wie lange?	Einen ganzen Tag – oder: So lange Sie es aushalten
Was nehme ich mit?	Die Erkenntnis: Nichts ist unmöglich. (Wenn es anders wäre, würde Hollywood eben das Unmögliche möglich machen)

Eine attraktive Kombination aus realen Filmkulissen, Vergnügungseinrichtungen, Bühnen-Shows und nervenaufreibenden Fahrten bietet dieser Themenpark, in dem auch die zeitgenössische Fernsehkultur bis hin zu den neuesten Castingshows ausgiebig zitiert wird.

Um das Beste aus Ihrem Besuch zu machen, sollten Sie früh kommen. Genießen Sie einen Blick hinter die Kulissen bei Backstage-Touren und Showbiz-Events, wie es sie so nur bei Disney gibt. Am besten besuchen Sie die vier Hauptattraktionen schon am Vormittag, so haben Sie Zeit für ein frühes Mittagessen und einen entspannten Nachmittag. Wenn Sie zu spät kommen, kann es gut sein, dass Sie die Hälfte Ihrer Zeit mit Warten verbringen und die andere Hälfte damit, wieder nach draußen zu kommen.

»Klappe, die erste«

The Twilight Zone Tower of Terror ist das Nonplusultra eines Gruselkabinetts. Unter Zuhilfenahme allerneuester Computertechnologien werden Effekte erzeugt, die selbst hartgesottenen Zeitgenossen die Haare zu Berge stehen lassen können. Beispiel: Wer immer schon einmal wissen wollte, wie man sich als Passagier eines abstürzenden Fahrstuhls fühlt – hier können Sie dies erleben.

Am Sunset Boulevard, nicht weit von der Twilight Zone ent-

Im Logo der Studios hält die berühmteste Maus der Welt die Klappe.

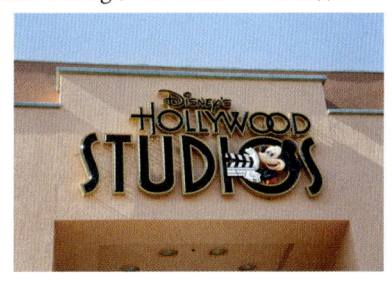

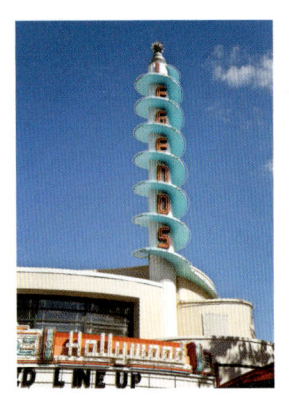

Im »Legends of Hollywood Store« gibt's »Kleidung für die Größen Hollywoods«.

fernt, befindet sich Disneys Rock 'n' Roller Coaster Starring Aerosmith, eine Achterbahn mit fetziger Rockmusik. Hier besteigen Sie einen »Limotrain« und werden in 2,8 Sekunden von 0 auf 96 km/h beschleunigt (das entspricht der Beschleunigung in einem F-14-Abfangjäger). In irrem Tempo geht es durch die Kurven, Loopings, Steigungen und Abfahrten – Aerosmiths Soundtrack dazu wird von 900 Lautsprechern mit insgesamt 32 000 Watt übertragen.

Die für viele schönste Attraktion ist Frozen, eine grandios animierte Multimedia-Show nach dem gleichnamigen Animationsfilm, der bei uns unter dem Titel »Die Eiskönigin – Völlig unverfroren« lief. Basis des Films wie der Show sind Motive aus dem berühmten Märchen »Die Schneekönigin« von Hans Christian Anderson: Die achtjährige Elsa und ihre kleine Schwester Anna erleben fantastische Abenteuer in einer spektakulär inszenierten Welt aus Eis und Schnee.

Die nächste Attraktion heißt Star Tours: Auch wenn Sie kein Fan der Filme von George Lucas sind, machen Sie sich auf jede Menge Action gefasst! Sie begeben sich hier in einen riesigen 3D-Simulator, in dem Sie als Weltraumtourist Figuren aus den Star-Wars-Episoden I-VIII begegnen, darunter C-3PO, der Sie an Bord Ihres Starspeeder 1000 lotst. Festgezurrt und eingesperrt in Ihrem Vehikel, einem Bewegungssimulator, fängt Ihre Reise ganz harmlos an, doch dann geht natürlich alles schief. Für Zartbesaitete ist das jedenfalls nichts. Unterwegs wird man nämlich kräftig durchgeschüttelt, man fliegt haarscharf an gigantischen Eiskristallen vorbei und entkommt feindlichen Lasern. Sie brauchen eine gute Kondition, einen starken Rücken, ein gesundes Herz und einen unverwüstlichen Magen.

Weiter geht's zum Indiana Jones Epic Stunt Spectacular, vielleicht die spannendste Live-Vorführung in den ganzen Studios. Hier werden nicht nur atemberaubende Stunts vorgeführt, sondern auch ein paar Tricks verraten. Auf keinen Fall verpassen sollten Sie zudem Jim Hensons Muppet* Vision 3D, ein tolles Erlebnis für Kinder und Erwachsene (mit explosivem Ende). Walt Disney – One Man's Dream bietet einen Überblick über das Leben dieses Mannes mit Erinnerungen an seine Kindheit und interessanten Memorabilien wie seiner alten Trickfilmkamera. Im Animation Courtyard haben Sie vielleicht das Glück, eine Vorführung des neuesten Disney-Films oder eine Fernsehshow zu sehen. Inzwischen ist es wohl schon 18 Uhr, also können Sie von hier gut ins Hollywood Brown Derby hinüberfahren, um dort (nach vorheriger Reservierung) ein Abendessen zu genießen.

Nach Sonnenuntergang

Später lässt sich der ereignisreiche Tag noch mit zwei Shows abrunden. Beauty and the Beast« – Live on Stage vermittelt in einer 20-minütigen Vorführung einiges über das Wesen des Trickfilms, Fantasmic bietet zum großen Finale Lasereffekte, Lichter, Feuerwerke und viele Disney-Figuren.

KLEINE PAUSE

Schatten! Kalte Getränke! Leute gucken! Die **Hollywood Derby Lounge** am Hollywood Boulevard ist für müde Geister wie gemacht.

Rock 'n' Roller Coaster Starring Aerosmith: Hier gibt's was auf die Ohren!

☩ 214 B2 ☎ 407 9 39 52 77 ⊕ https://disneyworld.disney.go.com ❷ tgl. 9 bis 19 Uhr, Gäste des Walt Disney World Resorts haben Do u. Sa schon 1 Std. früher Zugang ✦ Allgemeine Hinweise zum Besuch bei Disney: S. 68

⓭ Epcot®

Warum?	Um neuen Glauben an die Zukunft zu tanken
Was?	Ein Dutzend Länder besuchen
Wie lange?	Drei Stunden reichen
Wann?	Jederzeit. Wenn Sie vormittags kommen, machen Sie die Fahrgeschäfte zuerst. Dann sind die Warteschlangen kürzer
Was noch?	Wasserspiele auf der Innovation Plaza

Gigantischer Golfball: Spaceship Earth, von der Monorail aus gesehen.

Epcot®, nicht das Magic Kingdom®, war Walt Disneys größter Traum. Der Name steht für »Experimental Prototype Community of Tomorrow«: Disneys Vorstellung nach sollten hier Lösungen für alle Übel der Welt erarbeitet werden. Ganz so klappte es dann zwar nicht, aber dennoch lohnt sich ein Besuch: Denn hier wird das interaktive Begreifen wissenschaftlicher Zusammenhänge und neuester Technologien zum Vergnügen.

Das Konzept ist ganz einfach: In den beiden Themenbereichen Future World und World Showcase werden neue Technologien sowie fremde Länder und Kulturen vorgestellt. Sie kommen mit dem Auto, Bus oder der Monorail an und werden zur Entrance Plaza dirigiert. Auf der rechten Seite kurz vor den Drehkreuzen gibt es Toiletten und eine Wechselstube. Hier nähern Sie sich dem Herzstück der Future World, dem Spaceship Earth: Es sieht aus wie ein riesiger Golfball.

Da das World Showcase meist nicht vor 11 Uhr öffnet, müssen Sie nicht hetzen. Spazieren Sie am Spaceship Earth vorbei sowie am Gebäude von The Character Spot, wo Sie sich mit so gut wie allen Disney-Figuren fotografieren lassen können. Dann biegen Sie nach links ab zum Test Track: Nachdem Sie gesehen haben, wie neue Autos in abschüssigen Kur-

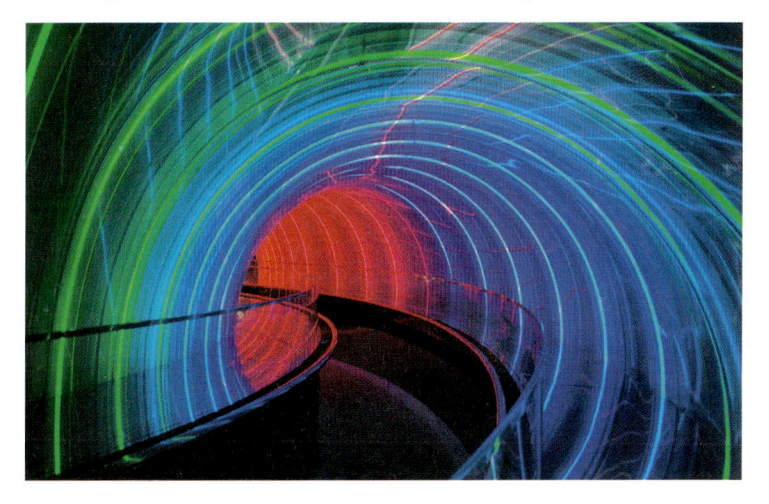

ven bei Hochgeschwindigkeit mit und ohne Spezialbremsen, bei Crash-Tests und auf holprigen Straßen getestet werden, besteigen Sie ein Sechs-Personen-Fahrzeug (ohne Steuerrad und Bremsen), um am eigenen Leib zu erleben was Sie gerade beobachten konnten. Es gibt Fahrten geradeaus bei 105 km/h sowie Haarnadelkurven, und Sie entgehen einem Zusammenstoß oft nur um Haaresbreite.

Als Nächstes gelangen Sie zum Disney & Pixar Short Film Festival: Wo lange der aufwendige Michael-Jackson-Kurzfilm Captain EO gespielt wurde, werden heute drei wunderbare 4D-Filme vorgeführt.

Um wettbewerbsfähig zu bleiben, kamen Fahrgeschäfte hinzu, bei denen der Adrenalinspiegel in die Höhe schnellt, etwa der Flugsimulator Soarin' Around The World: Dort sit-

Auf dem Neon Walkway: »Durch diese hohle Gasse muss er kommen« – oder gehen.

zen Sie unter den Flügeln eines Hängegleiters und werden in einer gigantischen Projektionskuppel 12 m nach oben befördert, um dann über die schönsten Landschaften der Welt zu gleiten. Mission: Space ist eine zuletzt im Jahr 2017 komplett überholte und aktualisierte Hightech-Attraktion mit höchster Nervenkitzelgarantie. Aber seien Sie vorsichtig, dabei wird einem schnell übel. Bei den übrigen Attraktionen in Future World geht es gemächlicher zu. The Seas with Nemo and Friends beginnt mit einem kurzen Film, dann fährt man mit der Tram kurz an einem künstlichen Riff vorbei und in die Sea Base Alpha. Living With the Land nennt sich eine animierte Bootsfahrt an Experimentiergärten im Pavillion The Land vorbei.

So schön ist die Welt

Spazieren Sie nach dem Mittagessen zur World Showcase Lagoon, dem Ausgangs- und Endpunkt eines 2 km langen Rundwegs. Diese Hälfte des Parks ist wesentlich einladender, es gibt heimische Blumen und Bäume, Entertainer, Handwerkskünstler und Gourmet-Restaurants in fast jedem Pavillon. Eine Route ist nicht vorgegeben – besuchen Sie einfach die Pavillons, die Sie am meisten interessieren. Wenn Sie gegen den Uhrzeigersinn beginnen, besichtigen Sie zunächst den kanadischen Pavillon mit einer sehr schönen Reproduktion des Chateau Laurier in Ottawa. Zudem wird hier mit *O Canada!* ein 18 Minuten langer 360-Grad-Panoramafilm gezeigt, der Sie mitten in die Landschaften und Städte Kanadas zu versetzen scheint. Großbritannien zeigt das improvisierte Straßentheater einer Komödiantentruppe sowie eine Band, die wie die Beatles klingt. (Die meisten Besucher ziehen hier aber ein Bier im Pub Rose and Crown vor.) Gleich hinter dem International Gateway ist Frankreich erreicht – auch hier gibt es sehenswerte filmische Impressionen sowie vorzügliches Gebäck und das edelste Gourmet-Restaurant (Chefs de France) von ganz Epcot.

Marokko präsentiert Kunsthandwerker, Straßenkünstler, ein Restaurant und mehrere Geschäfte, Japan fügt dem Ganzen noch einige Teiche, Steingärten, eine Pagode, eine kleine Kulturgalerie und einen Andenkenladen hinzu. Mit The American Adventure hat man die Hälfte bereits gesehen: Mark Twain und Benjamin Franklin präsentieren hier als computergesteuerte Figuren Höhepunkte der US-amerikanischen Geschichte in einer unterhaltsamen Show.

Italien und Deutschland haben ebenfalls einen eigenen Pavillon, China erkennt man sofort am hoch aufragenden Himmelstempel, in dem ein 360-Grad-Panoramakino untergebracht ist. Über Norwegen geht es schließlich nach Mexiko, dem letzten Pavillon. Kurz vor der Schließung des Parks kommt es zum großen Finale mit dem fantastischen IllumiNations: Reflections of Earth, einer 13-minütigen Sinfonie aus Feuerwerk und Lasereffekten.

Bei der »Mission: Space« können Sie einen simulierten Raketenflug erleben.

KLEINE PAUSE
Grün wirkt entspannend und beruhigend, ohne zu ermüden: Der stille **Koi Pond** in den schönen Gärten des Japan-Pavillon kommt da gerade richtig, um sich hier ein bisschen auszuruhen!

✝ 214 B2 ☎ 407 9 39 62 44
🌐 www.disneyworld.com ⏱ tgl. 9–21 Uhr (Future World ab 9 Uhr, World Showcase ab 11 Uhr), variiert je nach Saison; im Sommer an drei Abenden pro Woche »extra magic hours« (22–1 Uhr) ✦ Allgemeine Hinweise zum Besuch bei Disney: S. 68

⓮ Typhoon Lagoon & Blizzard Beach

Warum?	Völlig sinnfrei Spaß zu haben, ist auch mal ganz schön
Was?	Wasser, Wasser, Wasser
Wie lange?	Einen ganzen Tag
Wann?	Früh kommen, um einen Liegestuhl im Schatten zu ergattern
Was nehme ich mit?	Selten soviel Spaß im – und mit – Wasser gehabt

Bei über 25 Grad im Jahresdurchschnitt braucht jeder Orlando-Besucher mal eine Abkühlung. Da bietet sich der Besuch in einem Wasserpark an: Wenn es ein Park der Superlative sein soll, nehmen Sie diesen. Da bekommen Sie gleich zwei in einem. Denn wenn beide Parks geöffnet sind, brauchen Sie nur für einen Eintritt zu bezahlen und können ganz nach Belieben hin und her wechseln.

Typhoon Lagoon

Die 23 Hektar große Typhoon Lagoon – für viele der beste Wasserpark der USA – ist um den Wave Pool herum angelegt, der mit Sandstrand und hohen Wellen für echtes Ozean-Feeling sorgt. In dem riesigen Pool werden bis zu 2 m hohe Wellen erzeugt, die alle 90 Sekunden über die Oberfläche rollen und den Gästen ein kollektives, noch auf der Straße zu hörendes Kreischen entlocken. Ein tolles Erlebnis – Sie hören, wie die Welle am anderen Ende der Lagune generiert wird und dann die Rufe und das Lachen der Besucher, wenn sie näher kommt und sich über ihren Köpfen bricht. Am Ufer der Lagune sorgen mehrere Inseln dafür, dass sich die Wellen brechen, sodass auch ruhigere Bereiche entstehen, wo kleine Kinder im flachen Wasser spielen können. Weniger intensiv ist Castaway Creek. Hier können Sie sich auf einem großen Schwimmreifen 45

Toboggan Racers – eine Wasserrutsche mit acht Bahnen am Blizzard Beach.

Minuten lang durch einen mystischen Regenwald, Höhlen und Grotten treiben lassen. Für furchteinflößende Momente sorgt Humunga Kowabunga, eine extrem lange Wasserrutsche im Inneren von Mount Mayday, auf der Sie eine Geschwindigkeit von bis zu 48 km/h erreichen.

Blizzard Beach

Blizzard Beach bietet den 27 m hohen Mount Gushmore, der statt Lava Wasserrutschen ausspuckt. Es gibt diverse Möglichkeiten, vom Berg nach unten zu gelangen, aber Summit Plummet macht sicherlich am meisten Spaß. Hier sitzen Sie direkt auf der Rutsche (nicht auf einem Reifen oder einem Schlitten) und schlittern mit einer Geschwindigkeit von 88 km/h auf 110 m nach unten. Wenn Ihnen dazu die Nerven fehlen, gelangen Sie mit dem Slush Gusher oder Teamboat Springs, einem Floß für fünf Personen, das über mehrere Wasserfälle fährt, auch etwas langsamer wieder ins Tal.

Castaway Creek im Typhoon Lagoon.

KLEINE PAUSE

Im Typhoon Lagoon gibt's im **Snack Shack** die besten Waffeln mit Sahne und frischen Früchten. Zum Abarbeiten der Kalorien geht's dann später wieder in die Fluten.

Typhoon Lagoon
214 B2 ☎ 407 9 39 77 85
⊕ www.disneyworld.disney.go.com/parks/ ◐ tgl. 10–17 Uhr, variiert je nach Saison ✦ 65 $

Blizzard Beach
214 B2 ☎ 407 9 39 77 85
⊕ www.disneyworld.disney.go.com/parks/ ◐ tgl. 10–17 Uhr, variiert je nach Saison ✦ 65 $

⓯ SeaWorld Orlando

Warum?	Die Einnahmen helfen SeaWorld, bislang 31000 Rettungsprojekte für Tiere in aller Welt zu finanzieren.
Was?	Freizeitpädagogik mit hohem Unterhaltungswert
Wie lange?	Einen ganzen Tag
Wann?	Montag bis Mittwoch, da ist es nicht ganz so voll
Was noch?	Absolut irre Rollercoaster
Was nehme ich mit?	Man kann sich auch auf unterhaltsame Weise für Umweltthemen sensibilisieren lassen

In SeaWorld dreht sich alles ums Meer, seine Bewohner und die Rolle des Menschen. Blitze und Donnerschläge wie bei den Nachbarn von Disney vermisst man hier nicht.

<small>Aus der Innenstadt von Orlando kommend fahren Sie 15 Minuten auf der I-4 nach Westen bis zum Beeline Expressway (Exit 72). Nehmen Sie dann die erste Ausfahrt rechts (Beschilderung folgen).</small>

Am besten besorgen Sie sich zunächst an der Information einen Lageplan und eine Übersicht der angebotenen Shows. Letztere enden in der Regel so, dass Sie 10 bis 15 Minuten Zeit haben, um zur nächsten Vorführung zu gehen.

Fahrten und Shows

Manta ist eine Kombination aus Achterbahn und maritimen Welten. Deckenhohe Aquarien erlauben einen direkten Blick auf Mantarochen, seltene gefiederte Seedrachen sowie Tausende Schwarmfische. Anschließend können Sie bei 95 km/h erleben, wie es sich anfühlt, mit dem Gesicht nach unten auf einem riesigen Manta auf Stahlschienen zu gleiten, zu fliegen und herumzuwirbeln. Journey to Atlantis ist eine Wasserachterbahn, die die Schlacht zwischen Hermes und Allura thematisiert. Unternehmen Sie eine Fahrt, wenn die Schlange nicht zu lang ist, seien Sie sich aber bewusst, dass Sie dabei klitschnass werden – entweder durch die Fahrt selbst oder durch die Gäste, die mit Wasserkanonen auf Sie schießen. Kraken ist nach jenem achtarmigen Wesen benannt, das der griechische Gott Poseidon in einen Käfig sperrte. Die Achterbahn erreicht 105 km/h, ist 46 m hoch und 1273 m lang. Sie durchläuft sieben Rotationen, darunter eine Umdrehung ohne Schwerkraft und mehrere vertikale Loopings und Flat Spins. Mako – ein sogenannter Hypercoaster – ist die größte Stahlachterbahn des Parks. Mit Spitzengeschwindigkeiten bis zu 120 km/h und 61 m Höhe garantiert sie kräftige Adrenalinschübe – sowie, von Fall zu Fall, auch Nervenflattern.

Später bummeln Sie am Penguin Encounter und Pacific Point Preserve (Pinguine und Robben) vorbei. Falls Ssie hineingehen und etwas länger verweilen, denken Sie an eine leichte Jacke oder ein Sweat Shirt. Die Klimaanlagen drinnen leisten ganze Arbeit!

Die Show im Sea Lion and Otter Stadium ist amüsant – kommen Sie rechtzeitig, um auch das hervorragende Vorprogramm zu erleben. In den Shamu-Shows wurde nach den erfolgreichen Protesten von Tierschützern der zirkusähnliche Showteil zugunsten einer orcafreundlicheren, auf Information und Kommunikation zielenden Präsentation zurückgefahren. Auch sein Orca-Zuchtprogramm hat SeaWorld inzwischen aufgegeben.

Das Animal Rescue & Rehabilitation Team des Parks ist an 365 Tagen im Jahr rund um die Uhr im Einsatz und konnte inzwischen über 31 000 kranke, verletzte oder verwaiste Tiere retten. Auf einer 90-minütigen Tour können Sie hinter die Kulissen schauen und entdecken, wie die Experten sich um gerettete Manatees und Meeresschildkröten kümmern.

Vergnügen über und unter Wasser bietet SeaWorld Orlando – Haie und Barrakudas inklusive.

KLEINE PAUSE

Sechzehn verschiedene Craftbiere, frische Pretzels und Berge von Nachos: In der zum Park offenen **Flamecraft Bar** lässt es sich gut ein Stündchen aushalten. Ausgiebig Mittagessen können Sie im **Sharks Underwater Grill**, einem höhlenartigen Restaurant mit Blick auf das Aquarium. Recht beeindruckend, aber auch recht teuer.

✚ 209 D3 ☎ 407/351 3600 oder 888 800 54 47 ⊕ www.seaworld.com ⊕ tgl. 9–19 Uhr; im Sommer, an Feiertagen und Wochenenden auch längere Öffnungszeiten. ✦ 99 $. Erheblich billiger wird es, wenn Sie den Besuch von zwei oder drei SeaWorld-Parks (u.a. Aquatica Orlando, Busch Gardens Tampa Bay, Adventure Island) planen. So kostet das »Two Park Ticket« 100 $, das »Three Park Ticket« 120 $.

❶⓰ Universal Orlando

Warum?	Fun, Fun, Fun
Was?	Action, Shows und spektakuläre 3D-Simulatoren
Wie lange?	Einen ganzen Tag
Wann?	Wann immer Sie wollen
Was noch?	Alle Buttterbiersorten probieren

Was Disney World für Kinder ist, sind die Universal Studios Orlando für Erwachsene: ein riesiges Resort mit spektakulären Themenparks –18 haarsträubenden, zum feinsten der Rollercoasterwelt gehörenden Achterbahnen sowie einem Restaurant- und Nightclubbereich für Nachtschwärmer.

City Walk

Von Orlando kommend fahren Sie auf der I-4 bis zur Ausfahrt 74B und folgen dort rechts der Ausschilderung.

Das Tor zu den Themenparks ist ein Entertainment-Komplex mit Restaurants, Bars, Nachtklubs, Shows und (Shopping-)Stores. Hier, in einem Gebäude der ehemaligen Nickelodeon Studios, bietet auch die Blue Man Group ihre surreale Mischung aus Rockkonzert, Comedy und Avantgardehappening, die aber nicht im Eintrittspreis enthalten ist, sondern extra bezahlt werden muss.

Universal Studios

Statt auf heile Welten wie Walt Disney setzt das Universal Orlando Resort auf Popkultur und Action. Dabei schöpft der Ableger der Universal Studios in Hollywood aus dem reichen Filmfundus der Traumfabrik. Beim Bummel über das Gelände begegnen Ihnen berühmte Kulissen. Hier wurden Szenen von »Ghostbusters« gedreht, dort die Außenaufnahmen von »Blues Brothers« und diverser Mafia-Filme. Insgesamt sind die Kulissen von über drei Dutzend Filmproduktionen hier aufgebaut, darunter auch das aus dem Hitchcock-Klassiker »Psycho« bekannte Norman-Bates-Haus. Neueste Digitaltechnik, Hightech-Simulatoren, Geruchsdüsen sowie im Eselsgalopp auf und ab ruckelnde Sitze produzieren in Shrek 4-D ein Event, bei dem man Shrek, Prinzessin Fiona und Donkey auf neue Abenteuer begleitet. Revenge of the Mummy, stürzt den Besucher zunächst in tiefste Finsternis,

Ein großer Torbogen markiert den Eingang zu den Universal Studios mit ihren täuschend echt wirkenden Kulissen. Links: Der Hogwarts-Express verzaubert die Harry-Potter-Fans.

um ihn dann mithilfe allerneuester, teils eigens entwickelter Technologien und jeder Menge sprechender Mumien und krabbelnder Skarabäen auf die »schrecklichste Reise« seines Lebens zu schicken.

Viele Besucher drehen zwei Runden durch den Park: Beim ersten Mal konzentrieren sie sich auf die Hauptattraktionen, beim zweiten Durchgang besuchen sie auch noch die restlichen Fahrgeschäfte – oder die Highlights ein weiteres Mal. Und viele kommen auch gerne wieder: Jeder Besuch dieses bunten, um eine Lagune herum gruppierten Ensembles aus Filmkulissen, Showbühnen und Zuckerwatte-Shops scheint neue Thrills zu bieten.

Islands of Adventure

Menschen schreien und quieken, und auch hier kracht und rummst es, als gäbe es kein Morgen: Willkommen in Islands

Wenn Sie ein schwaches Herz haben oder Ihr Gesundheitszustand instabil ist, sollten Sie keine Achterbahnen oder Bewegungssimulatoren benutzen.

Die Orlando Magicard ist gratis und spart Ihnen viel Geld für Unterkünfte, Mietwagen etc. Sie bekommen diese Karte im Orlando Visitors Center (8723 International Drive im Gala Shopping Center, tgl. 8.30–18.30 Uhr) oder unter www.visitorlando.com

of Adventure, dem Mekka für Adrenalin-Junkies, an dessen Gestaltung kein Geringerer als der legendäre Steven Spielberg mitgewirkt hat. Der Themenpark – eine ebenfalls von Hollywoods Blockbustern inspirierte Tour de Force der haarsträubendsten Attraktionen und verrücktesten technischen Effekte – weckt u. a. Dinosaurier, King Kong und die Welt von Harry Potter & Co. zum Leben. Zudem bietet es mit Respekt einflößenden Achterbahnen, die auf Amerikanisch sehr treffend »Thrill Rides« heißen, nahezu jährlich das Allerneueste in Sachen Unterhaltungstechnologie. Diese können Sie vor allem in den Themenbereichen Marvel Super Hero Island und The Lost Continent ausprobieren. Beispielsweise rast der Incredible Hulk Coaster mit bis zu 90 km/h durch magenumdrehende Schleifen und Loopings. Die Hängebahn-Konstruktion Dragon Challenge besteht aus zwei ineinander gewundenen Spiralen, in denen die Hänger immer wieder aufeinander zu und nur wenige Zentimeter aneinander vorbei rasen. Nichts für schwache Nerven und Mägen ist auch Doctor Doom's Fearfall: Wie bei einem Raketenstart wird man in einem Schacht fast 60 m nach oben »geschossen«, um kurz darauf – praktisch im freien Fall – zum Ausgangspunkt zurückzukehren. Ein echter Leckerbissen für Thrill-Ride-Fans ist The Amazing Adventures of Spider-Man. Mit 3-D-Brille auf der Nase erlebt der Besucher, wie sein Wagen zunächst durchgeschüttelt wird, um dann mittels computergesteuerter Bewegungseffekte und dreidimensionaler Video-Projektionen fast 100 m tief in eine

In Fievel's Playland können sich Kinder so richtig austoben.

New Yorker Häuserschlucht zu stürzen. (Zum Glück ist Spider-Man dann doch noch rechtzeitig zur Stelle.)

Für Dinosaurierfans ist der Jurassic Park der Höhepunkt eines Besuches. Hier begegnen Sie den urzeitlichen Reptilien, denen Spielberg in seinen erfolgreichen Filmen das Laufen beigebracht hat. Nicht minder beliebt ist die Harry Potter World mit Hogwarts Castle, dem Dorf Hogsmeade und dem verbotenen Wald. In Spezialrestaurants kann hier auch zauberhaft gegessen und in entsprechenden Läden mirakulös eingekauft werden.

Vulcano Bay

Die jüngste Erweiterung von Universal Orlando ersetzt den langjährigen Publikumsliebling Wet 'n Wild mit einem 61 m hohen Vulkan, der die steilsten drei der Wasserrutschen des Parks beherbergt. Insgesamt gruppieren sich vier Themenbereiche um den Vulkan, der diesem Wasserpark seinen Namen gab, mit Wellenbad, Achterbahnen, Flüssen zum Raften und Bodysurfen.

Wenn Sie es sich leisten können, übernachten Sie in einem der Resort Hotels von Orlando (Portofino Bay und Hard Rock Hotel). Dadurch kommen Sie in den Genuss vieler Sonderprivilegien wie dem früheren Einlass in die Parks, VIP-Zugang zu den Kassen etc.

KLEINE PAUSE

Surf meets Turf: Im **Cowfish** (6000 Universal Blvd., Universal City Walk) gibt es frisches Sushi, riesige Burger und einen prima Blick über den City Walk.

☩ 209 D4 ☎ 407 3 63 80 00
⊕ www.universalorlando.com
❶ tgl. Universal Studios 9–20 Uhr; Islands of Adventure 9–22 Uhr, im Sommer, an Feiertagen sowie an den Wochenenden länger

🏷 Universal Studios, Islands of Adventure: Erwachsene jeweils 115 $ (Kinder jeweils 110 $). Vulcano Bay: Erw. 80 $, Kinder 75 $. Erheblich günstiger sind Kombitickets und die diversen, online buchbaren Sonderangebote.

Nach Lust und Laune

🔲 Gatorland

Gatorland, einer der ältesten Themenparks Floridas überhaupt, verkauft sich als »Alligator-Hauptstadt« der Welt – und das nicht einmal zu Unrecht, denn hier kreuchen rund 1000 dieser bis zu 4 m langen Echsen durchs von Bohlenwegen erschlossene, auch von exotischen Vögeln bevölkerte Sumpfbiotop. Bei Fütterungen springen sie meterhoch.

Orlandos skurrilster Ort: Ripleys.

✢ 215 D2 ✉ 14501 S. Orange Blossom Trail (Kissimmee), US 441 Nord ☎ 407 8 55 54 96 ⊕ www.gatorland.com ❶ tgl. 9–17 Uhr ✦ Erw. 29,99 $, Kinder 19,99 $

🔲 Ripley's Believe It or Not!

Halten Sie nach einem Gebäude Ausschau, das aussieht, als würde es gleich umkippen: Das »Odditorium« ist voll von Kuriositäten und Kitsch – bizarren Erfindungen, die Robert Ripley in der ganzen Welt zusammengetragen hat.

✢ 214 C3 ✉ 8201 International Drive, Ausfahrt 74A ☎ 407 3 45 05 01 oder 800 9 98 44 18 ⊕ www.ripleys.com ❶ tgl. 9–24 Uhr ✦ Erw. 21,99 $, Kinder 14,99 $

🔲 WonderWorks

Das ungewöhnliche Gebäude steht gänzlich auf dem Kopf. Innen warten interaktive Spiele, die vor allem Kindern, aber auch Erwachsenen Spaß machen. Sie können erfahren, wie der Wind bei einem Hurrikan bläst oder wie sich ein Erdbeben der Stärke 5,3 auf der Richterskala anfühlt. Virtual-Reality-Spiele und interaktive naturwissenschaftliche Exponate runden dieses ebenso lehrreiche wie unterhaltsame Angebot ab. Für das Laserspiel Lazer-Works muss man zusätzlich zahlen.

✢ 214 C3 ✉ 9067 International Drive, Pointe Orlando, Ausfahrt 74A ☎ 407 3 51 88 00 ⊕ www.wonderworksonline.com ❶ tgl. 9–24 Uhr ✦ Erw. 33,99 $, Kinder 24,99 $

🔲 iFly

Wenn Sie den freien Fall ohne Flugzeug und Fallschirm erleben wollen, sind Sie hier richtig: Im Prinzip handelt es sich um einen gigantischen Fön, der Sie auf die Spitze einer Luftsäule befördert, auf der Sie schweben wie ein echter Fallschirmspringer. Nach einem Trainingsvideo und ausgerüstet mit Anzug, Schutzpolstern, Helm und Brille sitzen Sie in der gläsernen Röhre und schauen anderen Möchtegern-Fliegern beim Sprung in den Wind zu. Wenn Sie an der Reihe sind, werden Sie fasziniert feststellen, dass Ihr Körper wie ein Tischtennisball schweben kann und dass es nicht ganz einfach ist, das Gleichgewicht zu halten, ohne direkt gegen die gepolsterten Wände gepustet zu werden. So oder so aber macht es eine Menge Spaß, in einer Luftsäule zu schweben.

> ✣ 214 C3 ✉ 8969 International Drive
> ☎ 407 337 4359 ⊕ www.iflyworld.com
> ❶ tgl. 8.30–22.30 Uhr; eine vorherige Reservierung ist empfehlenswert
> ✦ ab 69,95 $ (Ermäßigungen erhalten Sie am 1-Drive oder online)

21 Premium Outlets

Markenwaren zu Discountpreisen: Hier können Sie in zwei Malls, vier Nebengebäuden und über 180 Geschäften nach Herzenslust shoppen. Rabatte von 30 bis 60 % vom regulären Ladenpreis sind hier möglich.

> ✣ 214 C3 ✉ 4951 International Drive (am nördlichen Ende), Ausfahrt 75A (dann Richtung Osten)
> ☎ 407 3 52 96 00 ⊕ www.premium outlets.com/orlando ❶ Mo–Sa 10 bis 23, So 10–21 Uhr

22 Orange County Regional History Center

Wer sich für das alte Florida interessiert, findet hier viele Fotos und andere Relikte vergangener Tage. Untergebracht ist die Sammlung in einem restaurierten ehemaligen County-Gerichtsgebäude. Themen sind Landschaft und Umwelt, die Geschichte der Seminolen, Floridas Einstieg ins Weltraumzeitalter und die ersten Tagen von Disney.

> ✣ 215 D4 ✉ Innenstadt beim Heritage Square Park (Central Boulevard und Magnolia Avenue) ☎ 407 8 36 85 00 ⊕ www.thehistorycenter.org
> ❶ Mo–Sa 10–17, So 12–17 Uhr
> ✦ Erw. 8 $, Kinder 6 $

23 Lake Eola Park

Lake Eola Park ist das schönste Aushängeschild des alten Orlando. Auf historischen Postkarten sieht man Familien und Liebespaare Hand in Hand um den See flanieren oder ein Konzert unter Sternen genießen. Dekaden später hat sich daran nicht viel geändert. Man braucht etwa eine halbe Stunde für eine Runde durch den Park, an dessen südlichem Ende viele Eichen stehen, unter denen man gut rasten kann. Im Südosten befindet sich ein Spielplatz, im Nordosten warten auf der anderen Straßenseite das schicke Eo Inn sowie der nicht minder schicke Panera Bread Shop. Im Westen haben die Kioske das ganze Jahr über von 10.30 bis 18 Uhr geöffnet.

> ✣ 215 E4 ✉ Innenstadt, Rosalind Avenue und Central Boulevard I-4 bis Ausfahrt 83 ☎ 407 2 46 44 85
> ❶ tgl. 6–24 Uhr

24 Thornton Park

Ein paar Blocks weiter östlich befindet sich das Wohngebiet Thornton Park, zu dem Läden und Häuser aus den 1920er-Jahren, Straßencafés und Restaurants zählen. Hier können Sie bummeln, sich bei einem Drink entspannen, ein Abendessen genießen und klassische Bauhaus-Architektur bewundern.

✢ 215 E4 ✉ Washington und Summerlin Avenues

25 Orange Avenue

In der Innenstadt von Orlando mussten die schicken Restaurants und edlen Bekleidungsgeschäfte Fast-Food-Lokalen, Tätowier-Salons und Nachtclubs weichen, aber das Bild verändert sich stetig. In den meisten Bars kommt man bei einem Bier schnell in Kontakt zu den Einheimischen.

✢ 215 D4 ✉ I-4 bis Ausfahrt 83, dann drei Blocks Richtung Osten

26 Antique Row Shopping

Im North Orange Avenue Antique District finden sich einige lohnende Antiquitätengeschäfte, Boutiquen mit Kleidung aus Großmutters Zeiten, Kunstgalerien, Cafés mit Terrassen im Freien und schicke Bars. Mehrere Blocks südlich der Princeton Avenue ist das Warenangebot vielfältiger, sodass hier Sammler sicherlich ein paar Stunden verbringen werden. Rock 'n' Roll Heaven (1814 N. Orange Avenue, Tel. 407 8 96 19 52) ist ein beeindruckender Plattenladen für Vinyl-Liebhaber und Sammler.

✢ 215 D5 ✉ Orange Avenue, zwischen Princeton und Magnolia Street, I-4 bis Ausfahrt 85, dann Richtung Osten, einen Block bis Orange Avenue rechts ◑ tgl.; viele Geschäfte am So geschl.

27 Harry P Leu Gardens

Wenn Sie sich einen geruhsamen Nachmittag wünschen und gern Pflanzen fotografieren, sind Sie hier genau richtig. In diesem 20 ha großen Garten – eine Oase im Herzen Orlandos – finden Sie malerische Spazierwege im Schatten von Eichen, einen Orchideengarten, die umfassendste Kameliensammlung im Osten der USA sowie den größten Rosengarten in Florida. Das Gartenhaus am Ufer des Lake Rowena gleicht einem Südstaaten-Herrenhaus und bietet ein ruhiges, romantisches Plätzchen zum Ausruhen. An den Spazierwegen gedeihen vielerlei Pflanzen. Das ganze Jahr über finden Veranstaltungen statt wie die Friends of Florida Folk Concerts sowie saisonale Ausstellungen.

✢ 215 E5 ✉ 1920 North Forest Avenue, I-4 bis Ausgang 85, dann Richtung Osten bis 17/92, rechts zum Virginia Drive, dann links etwa 4 km ☎ 407 2 46 26 20 ⊕ www.leu gardens.org ◑ tgl. 9–17 Uhr, im Sommer länger ✦ Erw. 10 $, Kinder 5 $

28 Loch Haven Cultural Center

Das 1860 m² große Kunstmuseum von Orlando präsentiert Werke national wie international bekannter Künstler und bisweilen auch

Sonderausstellungen, Führungen, Seminare. Die Dauerausstellung zeigt eine imposante Sammlung von Werken US-amerikanischer Impressionisten, eine Galerie mit Porträt- und Landschaftsmalerei aus drei Jahrhunderten, Volkskunst des Alten Amerika sowie zeitgenössische Kunst.

Die Präsentationen im Orlando Science Center sind lehrreich und unterhaltsam. Beispielsweise gibt es einen Flaschenzug, mit dessen Hilfe selbst ein Kind mit einer Hand einen Volkswagen hochheben kann. Möchten Sie einen Ausflug in den menschlichen Körper unternehmen, betreten Sie die BodyZoneSM durch einen gigantischen Mund – den Ausgang müssen Sie selbst finden. Tech Works bietet die Möglichkeit, mithilfe von Modellen und Computersimulationen Fantasielandschaften zu schaffen, während ShowBiz Science Sie in Filme hineinkatapultiert, in denen Sie sich dann aus einem Gebäude herausbaumeln lassen oder Blitze losschicken können. Wer unter 1,20 m groß ist, hat seinen Spaß in Kids TownSM, einem riesigen, wissenschaftliche Themen aufgreifenden Spielplatz. Das Crosby Observatory hat das größte öffentlich zugängliche Refraktor-Teleskop in ganz Florida.

✢ 215 E5

Orlando Museum of Art
✉ 2416 N. Mills Avenue, I-4 bis Ausfahrt 85, dann Richtung Osten ☎ 407 8 96 42 31 ⊕ www.omart.org ⌚ Di–Fr 10–16, Sa/So 12–16 Uhr; während des Schuljahrs Mo geschl.
💰 Erw. 15 $, Kinder 5 $

Orlando Science Center
✉ 777 E. Princeton Street, I-4 bis Ausfahrt 85, dann Richtung Osten ☎ 407 5 14 20 00 ⊕ www.osc.org ⌚ So–Do 10–17, Fr u. Sa 10–23 Uhr
💰 Erw. 20,99 $, Kinder 14,99 $

29 Bok Tower Gardens

Packen Sie sich ein Picknick ein und fahren Sie etwa 80 km südwestlich in Richtung Lake Wales bis zu den von wohl riechenden Orangenplantagen umgebenen Bok Tower Gardens. Der von dem aus Holland stammenden Publizisten Edward Bok (1863–1930) in den 1920er-Jahren angelegte Botanische Garten gilt Vielen als der schönste in ganz Florida. Vom berühmten Landschaftsarchitekten Frederik Law Olmsted auf der Kuppe des Iron Mountain (mit 90 m eine der höchsten Erhebungen Floridas) als kontemplative Traumlandschaft mit zahlreichen stillen Orten zur inneren Einkehr angelegt, blühen hier Azaleen, Kakteen und Magnolien in märchenhaft anmutender Üppigkeit. Überragt

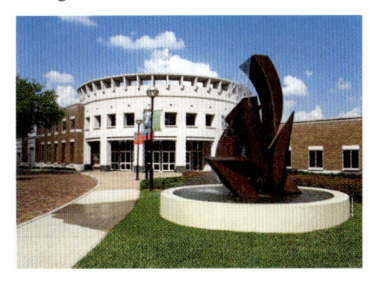

Museum of Art im Loch Haven Cultural Center.

Der Singing Tower in den Bok Tower Gardens.

wird die Idylle vom 60 m hohen <u>Singing Tower</u> in einer gewagten Mischung aus Art Deco und Neogotik. Während sich der schöne Kalk-Marmor-Turm poetisch in einem stillen Ententeich spiegelt, erklingt sein Carillon, ein großes Glockenspiel.

> ✠ 209 D2 ✉ 1151 Tower Boulevard, Lake Wales, I-4 Richtung Westen bis Ausfahrt 55, dann 45 km südwärts zum Lake Wales und dann links auf die CR 17A (Burns Avenue) abbiegen ☎ 863 6 76 14 08 ⊕ www.boktower.org ⏰ tgl. 8–18 Uhr 💰 Erw. 20 $, Kinder 10 $

30 Legoland

Das weltweit größte Legoland bietet mit seinen Fahrgeschäften, Shows, Restaurants und Einkaufsmöglichkeiten Unterhaltung für die ganze Familie. Eingebettet ist das rund 60 ha große Gelände in einen Botanischen Garten – <u>Cypress Gardens</u> mit mächtigen Zypressen, Azaleen und Camelien sowie einigen Relikten eines ehemaligen Vergnügungsparks, darunter eine hölzerne Achterbahn.

> ✠ 209 D2/3 ✉ 6000 Cypress Gardens Boulevard, Winter Haven ☎ 877/350-LEGO ⊕ http://florida.legoland.com ⏰ tgl. 10–17/18 Uhr, im Sommer länger 💰 Erw. 90 $, Kinder 80 $

31 Seminole Lake Gliderport

Weit weg von den Themenparks und eingebettet in eine friedliche Landschaft nehmen Segelflugzeugausbilder Sie als Passagier oder potenziellen Piloten an Bord. Für einen Betrag zwischen 120 $ und 250 $ (20 bzw. 75 Min.) zieht Sie ein Schleppflugzeug auf 915 m Höhe. Dort werden Sie ausgeklinkt und starten ganz ohne Motor zu einem abenteuerlichen Flug, auf dem Sie die Landschaft Floridas aus der Vogelperspektive genießen können. Wenn Sie fragen, dürfen Sie vielleicht sogar selbst ans Steuer.

> ✠ 208 C3 ✉ Highways 33 und 561 Clermont ☎ 352 3 94 54 50 ⊕ www.soarfl.com ⏰ Di–So (bitte rufen Sie vorher an) 💰 ab 120 $ (plus Steuer)

32 Kraft Azalea Gardens

Viele der romantischen Hochzeitsfotos, die Sie möglicherweise bereits bei Ihrem Bummel auf der Park Avenue, der schönen Shoppingmeile von Winter Park, gesehen haben, wurden in diesen herrlichen Gärten am Lake Maitland geschossen. Zwischen den knorrigen alten, moosbehangenen Zypressen fliegen Silberreiher, Anhingas und viele andere Vogelarten, und es braucht nicht viel Fantasie, Rhett Butler und Scarlett O'Hara Arm in Arm auf den schönen Wegen promenieren zu sehen.

✣ 209 D4 ✉ 1365 Alabama Drive, Winter Park ⊕ www.foreverflorida.com ❶ tgl. 8–19 Uhr

33 Wekiwa Springs State Park

In diesem schönen Park können Sie wunderbar wandern, picknicken, fischen, zelten und schwimmen. Das Quellwasser hat das ganze Jahr über 22 bis 23 Grad Celsius. Eine Kanufahrt ist ein Muss: Sie können gleich hinter der Brücke ein Boot mieten (Tel. 407 8 80 41 10, preiswert in den ersten zwei Stunden).

✣ 209 D4 ✉ 1800 Wekiwa Circle, Apopka, I-4 Richtung Osten, Ausfahrt 94, links zur Wekiwa Spring Road, rechts abbiegen, 6 km bis zum Parkeingang (rechts) ☎ 407 8 84 20 09 ⊕ www.floridastateparks.org/parks-and-trails/wekiwa-springs-state-park ❶ tgl. 8 Uhr bis Sonnenuntergang ✦ 6 $ pro Auto, 4 $ pro Passagier

34 Mount Dora

Rund 48 km nordwestlich von Orlando liegt das reizende, im neuenglischen Stil erbaute Dorf Mount Dora. Gegründet wurde es in den 1870er-Jahren von Siedlern aus dem Norden. Ende der 1950er-Jahre führte man einen Highway um den Ort herum – so blieb das ursprüngliche Dorfbild erhalten. Mount Dora liegt am Ufer eines 1800 ha großen Sees: Die sanften Hügel und ruhigen Viertel vermitteln das perfekte Bild einer amerikanischen Kleinstadt.

✣ 209 D4 Mount Dora Area Chamber of Commerce ✉ 341 Alexander Street, Mount Dora ☎ 352 3 83 21 65 ⊕ www.mountdora.com ❶ Mo–Fr 9–17, Sa 10–16 Uhr

35 Central Florida Zoo

Wenn Sie gern in Florida beheimatete Tiere wie Alligatoren oder Schwarzbären sehen möchten, sollten Sie 32 km nördlich von Orlando nach Sanford fahren und ein paar Stunden über einen Holzsteg durch die verschiedenen Lebensräume der heimischen Tiere spazieren.

✣ 209 D4 ✉ 3755 US 17/92, Sanford, I-4 westlich von Orlando, Ausfahrt 104, der Ausschilderung 180 m ostwärts folgen ☎ 407 3 23 44 50 ⊕ www.centralfloridazoo.org ❶ tgl. 9–17 Uhr Erw. 19,50 $, Kinder 13,75 $

Kanufahrt im Weikiwa Springs State Park.

NACH LUST UND LAUNE!

Wohin zum ... Übernachten?

Preise für ein Doppelzimmer pro Nacht während der Hochsaison:
€ unter 150 Euro
€€ 150–250 Euro
€€€ über 250 Euro

WALT DISNEY WORLD® RESORT

www.disneyholidays.com/
walt-disney-world/

Allgemeine Hinweise zum Disney-Besuch:
Walt Disney World liegt westlich der I-4 im Südwesten von Downtown Orlando. Vier Ausfahrten – 64B, 65, 67 und 68 – führen zu den Parks. Die Öffnungszeiten variieren nach Park und Saison, bewegen sich aber im Kern zwischen 9 und 17 Uhr (im Sommer länger). Je länger der Aufenthalt, desto preiswerter kommt umgerechnet auf den Tag das Ticket. Wer sein Ticket online kauft (disneyworld. disney.go.com), spart Geld und Zeit am Eingang. Mit dem Fastpass dürfen Warteschlangen passiert werden. Restaurants verschiedener Preiskategorien sorgen für das leibliche Wohl.

Disney's All-Star Sports, Movie and Music Resorts $$

Alle drei Themenresorts – Sport, Film und Musik – bieten familienfreundliche Unterkünfte mit verschiedenen Extras wie Pizzaservice aufs Zimmer.
✢ 214 B2 ✉ 1701-1991 W. Buena Vista Drive ☎ 407 9 39 50 00

Disney's BoardWalk Inn and Disney's BoardWalk Villas $$$

Das Hotel ist eine der reizvollsten Anlagen auf dem Disney-Gelände, die Lobby gespickt mit Erinnerungsstücken aus dem Unterhaltungspark. Die Zimmer sind komfortabel und gemütlich eingerichtet. Viele haben einen Balkon mit Blick über den See. Die Villen variieren in der Größe zwischen geräumigen Studios und Wohnungen mit bis zu vier Zimmern.
✢ 214 B3 ✉ 2101 N. Epcot Resorts Boulevard ☎ 407 9 39 62 00

Disney's Coronado Springs Resort $$

Das Coronado greift Themen aus Mexiko und dem Südwesten der USA auf. Der riesige Komplex bietet Unterkünfte in drei Kategorien: Ranchos, Cabañas und Casitas, außerdem Beach Clubs und Wohnungen in mexikanischem Stil.
✢ 214 B2 ✉ 1000 W. Buena Vista Drive ☎ 407 9 39 10 00

Disney's Grand Floridian Resort & Spa $$$

Das Floridian zählt zu den besten und luxuriösesten Disneyresorts. Die geräumigen Zimmer haben meistens einen Balkon. Zur Anlage gehören ein schöner Pool.
✢ 214 B2 ✉ 4401 Floridian Way (über World Drive) ☎ 407 8 24 30 00

Disney's Port Orleans Resort $$

In diesem gigantischen Resort im Stil einer Plantage können Sie sehen, wie eine Baumwoll-Entkörnungsmaschine von einem 10 m hohen Wasserrad betrieben wird. Neben Häusern, die den Südstaaten-Herrenhäusern des 19. Jh.s nachempfunden wurden, gibt es auch ein Marschgebiet mit den dafür typischen Häusern. Der Poolbereich liegt inmitten eines Creeks.
✢ 214 B2 ✉ 2201 Orleans Drive ☎ 407 9 34 60 00

Disney's Wilderness Lodge $$$

Flackernde Laternen flankieren die von Kiefern gesäumte Zufahrt zu dieser vortrefflichen Kopie einer Lodge aus dem Nordwesten der USA. In der weitläufigen Lobby stehen zwei echte Totempfähle, ein riesiger Kamin und bequeme Ledersessel. Es duftet nach Kiefern, der Pool wurde in eine künstliche Felsformation gebaut. Komfortable Zimmer.
✢ 214 B2 ✉ 901 W. Timberline Drive (über Cypress Point Drive) ☎ 407 8 24 32 00

Disney's Yacht Club Resort $$$

Die zwei aneinander grenzenden Hotelanlagen mit Wellness-Center suggerieren den Aufenthalt in einem viktorianischen Badeort.

Disney's Yacht Club ist ein weitläufiges Holzgebäude mit umlaufender Veranda. Disney's Beach Club gibt sich deutlich legerer. Der von beiden Resorts genutzte Poolbereich präsentiert sich als natürlich aussehendes Gewässer mit Sandboden und einem Becken mit echten Fischen. Die geräumigen Zimmer verfügen entweder über zwei Queen-Size-Betten oder ein King-Size-Bett.
✠ 214 B2 ✉ 1700–1800 Epcot Resorts Boulevard (über Buena Vista Drive) ☎ 407 9 34 70 00

AUSSERHALB VON WALT DISNEY WORLD®

Hard Rock Hotel $$$
Hotel und Restaurant haben die bunte Welt der Rockmusik zum Thema. In Gehweite zu Universal Orlando bietet der riesige Komplex Unterhaltungsangebote vor Ort sowie gehobene Unterkünfte, deren Dekor von Rock-Legenden inspiriert wurde.
✠ 214 C3 ✉ 5800 Universal Boulevard ☎ 407 5 03 20 00 ⊕ www.hardrockhotel orlando.com

Hyatt Regency-Grand Cypress Hotel $$$
Dieses an Disney angrenzende Luxushotel hat einen 45-Loch-Golfplatz, verfügt über 12 Tennisplätze, einen gigantischen Pool mit Wasserfällen und einen fast 400 m langen Strand am Seeufer. Die Lobby zeigt eine beeindruckende Sammlung asiatischer Kunst und vermittelt mit Palmen und exotischen Tieren tropisches Flair. Die eleganten Zimmer verfügen alle über eine Terrasse. Auch das Wellness-Center mit Sauna und Dampfkabine lässt keine Wünsche offen.
✠ 214 B3 ✉ 1 Grand Cypress Boulevard (via Route 535) ☎ 407 2 39 12 34 oder 800 2 33 12 34 ⊕ http://grandcypress.hyatt.com

Wohin zum ... Essen und Trinken?

Preise Für ein Hauptgericht ohne Getränke:
$ unter 20 $
$$ 20–35 $
$$$ über 35 $

WALT DISNEY WORLD® RESORT

Ale & Compass Restaurant $$
Auf den Bildern an der Wand dräut ein kabbeliger Nordatlantik, auf den Teller tummeln sich typische Gerichte aus Neuengland wie Clam Chowder, Hummer, Fish 'n Chips und leckeres Seafood.
✠ 214 B2 ✉ Epcot Resort, Disney's Yacht Club Area

Artist Point $$$
Artist Point mit seinem von Frank Lloyd Wright inspirierten Dekor hat sich auf

Noble Herberge mit schönen Pools: das Hyatt Regency Orlando.

Essen und Wein von der nordwestlichen Pazifikküste spezialisiert. Die Weinkarte mit über 100 edlen Tropfen beeindruckt.
✟ 214 B2 ✉ Disney's Wilderness Lodge

California Grill $$$
Der fantastische Blick auf den Magic Kingdom Park ist einer der Hauptanziehungspunkte in diesem kalifornisch angehauchten Restaurant ganz oben im Disney's Contemporary Resort. Die Gerichte reichen von Fladenbrot über Sushi bis hin zu Hauptgerichten wie Rinderfilet vom Grill mit Tamarindenglasur. Auf der Weinkarte stehen edle Tropfen vor allem aus Kalifornien. Manchmal geht es hektisch zu.
✟ 214 B2 ✉ Disney's Contemporary Resort

Citricos $$$
Bei der Gestaltung dieses schicken Speiselokals in Disney's Grand Floridian Resort & Spa hatte jemand wohl Zitrusfrüchte im Hinterkopf, was sich heute im angenehmen Dekor mit leuchtenden Orange- und Gelbtönen niederschlägt. Das französische Essen ist ganz ausgezeichnet. Gerichte wie Zucchini- oder Schalottensuppe mit Shrimps vom Eichenholzgrill oder die sechs Stunden geschmorte Kalbshaxe mit Orzo sind meisterhaft zubereitet. Auch die Weinkarte ist exquisit.
✟ 214 B2 ✉ Disney's Grand Floridian Resort & Spa

Flying Fish $$/$$$
Riesige vergoldete Skulpturen mit Fischschwanz dienen als Säulen in diesem trendigen Meeresfrüchte-Restaurant. Aus der offenen Küche kommen vom Südwesten inspirierte Speisen. Ein guter Start sind die in Buttermilch gebratenen Austern, gefolgt von einem Red Snapper im Kartoffelbett oder gebräuntem Thunfisch mit Shrimp-Basmati-Reis und Peking-Soße.
✟ 214 B2 ✉ Disney's BoardWalk

Narcoossee's $$$
Nur einen kurzen Fußmarsch von der Lobby entfernt, bietet dieses lebhafte, aber dennoch behagliche Restaurant einen schönen Ausblick auf das schillernde Wasser. Die erlesene Speisekarte dominieren Meeresfrüchte. Serviert werden jedoch auch Filet Mignon, geröstete Kokosnuss oder sautierter Wildlachs mit Couscous – dazu bietet die Weinkarte einige edle Tropfen. Am späten Abend lohnt es, in der Nähe zu bleiben, um die Magic Kingdoms Feuerwerksshow zu sehen.
✟ 214 B2 ✉ Disney's Grand Floridian Resort & Spa

Rainforest Café $$
Das Restaurant an sich lohnt schon den Besuch: Neben dem üppigen tropischen Blattwerk samt Imitationen tropischer Vögel und Gorillas finden sich Aquarien mit Tropenfischen, ein riesiger Vulkan und alle paar Minuten ein »echter« Regen mit Sturm. Die Gerichte haben zum Ambiente passende Namen wie »Rumble in the Jungle«. In diesem Restaurant kommen nur Fleisch aus artgerechter Tierhaltung oder geangelte Fische auf den Tisch. Die Auswahl an vegetarischen Gerichten ist groß.
✟ 214 B2 ✉ Downtown Disney Marketplace und Animal Kingdom

Restaurant Marrakesh $$
In diesem marokkanischen Lokal fühlt man sich in den Maghreb versetzt: Mosaikfliesen, Wandteppiche und schlanke Säulen schmücken den Speisesaal. Die Speisekarte – mit marokkanischen Weinen – bietet das Beste aus den nordafrikanischen Ländern, darunter viele Couscousvariationen, traditionellen Lammbraten und Pfefferminztee. Bauchtänzerinnen und marokkanische Musik runden die Illusion ab.
✟ 214 B2 ✉ Morocco Pavilion, Epcot

Trattoria al Forno $/$$
So lecker, dass man Disney fast vergisst: Bei Calamari Fritte, Pasta alla Carbonara und Pesce con Ravioli fühlt man sich eine köstliche Weile Italien näher als Florida.
✟ 214 B2 ✉ Disney's BoardWalk

Victoria & Albert's $$$
In diesem intimen, formellen und überaus teuren Restaurant werden die Gäste von im Stil der Epoche gekleideten Kellnern

begrüßt. Die Speisekarte (gute klassische, kontinentale Küche) variiert von Abend zu Abend. Die Gäste haben die Wahl zwischen einem Sechs-Gänge-Menü oder einem »Upgrade«, zu dem dann auch Gänseleberpastete, Kaviar, Hummer, ein saftiges Baby-Lamm, Trüffel und sündhaft leckere Desserts gehören. Das Speisezimmer wirkt etwas stickig, etwas Besonderes ist der »Tisch des Küchenchefs« in der Küche, an dem die Gäste ihr Essen hinter der Kulisse genießen können.
✢ 214 B2 ✉ Disney's Grand Floridian Resort & Spa

AUSSERHALB VON DISNEY WORLD

Bahama Breeze $
Dieses Restaurant im karibischen Stil bietet eine große Auswahl an Gerichten (Schwein, Huhn, Rind, Fisch), die in einer ähnlichen Fülle an Zubereitungsarten (mariniert, gegrillt, mit Kokosnusskruste usw.) serviert werden. Lockerer Inselstil und ein schöner Patio mit tropischer Livemusik. Machen Sie sich keine Gedanken über Ihre Bestellung – zeigen Sie einfach irgendwo auf die Karte – es schmeckt alles.
✢ 214 C2 ✉ 8735 Vineland Avenue, Lake Buena Vista ☎ 407 9 38 90 10

Bice $$$
Authentische italienische Küche aus der Region Ligurien sowie Fisch und Meeresfrüchte aus aller Welt werden in diesem mondänen Restaurant innerhalb des Portofino Bay Hotels auf Versace-Geschirr serviert. Weitere Extras: Blick über die gleichnamige Bucht und eine charmante mediterrane Atmosphäre.
✢ 214 C3 ✉ Loews Portofino Bay Hotel 5601 Universal Boulevard ☎ 407 5 03 14 15

Black Tulip $$
Französische und italienische Küche kommen in diesem so gemütlichen wie eleganten Speiserestaurant im historischen Cocoa Village in der Nähe des Cocoa Beach zusammen. Probieren Sie die Pasta-Gerichte oder das Pfeffersteak zum Abendessen. Wenn Sie zur Mittagszeit kommen, vielleicht vor oder nach einem Ausflug zum Kennedy Space Center, können Sie zusätzlich zu den Hauptgerichten auch aus leichteren Salaten und Suppen wählen. Auf keinen Fall sollten Sie die frisch gebackenen Brötchen verpassen – außen knusprig und innen weich.
✢ 211 D5 ✉ 207 Brevard Avenue, Cocoa Village ☎ 321 6 31 11 33

The Boheme $$$
Das elegante, ziemlich künstlerisch angehauchte Restaurant befindet sich in der Innenstadt im Grand Bohemian Hotel. Die Losung lautet hier: Meeresfrüchte und Steaks, Kunst und Musik. Die Bösendorfer Lounge – benannt nach dem darin stehenden Bösendorfer-Flügel – ist hervorragend dazu geeignet, gemütlich einen Martini (oder vielleicht auch zwei) zu schlürfen.
✢ 215 E4 ✉ 325 S. Orange Avenue, Orlando ☎ 407 5 81 47 00

Luma on Park $$$
Luma hat alle Vorteile auf seiner Seite: die Lage im Herzen des Trendviertels Winter Park, einen zweigeschossigen gläsernen Raumteiler mit 7000 zur Schau gestellten edlen Weinen, eine offene Küche und dazu eine fantastische Speisekarte! Neue amerikanische Küche ist hier angesagt, mit Steaks, Hühnchen, Fisch und Seafood von einheimischen Lieferanten.
✢ 215 D3 ✉ 290 South Park Ave, Winter Park ☎ 407 5 99 41 11

K Restaurant and Wine Bar $$/$$$
Dieses ausgesprochen kreativ dekorierte Kleinod Orlandos ist in einem alten Wohnhaus aus dem frühen 20. Jh. untergebracht und bietet pure Gaumenfreuden. Auf der Karte stehen saisonale Gerichte, die kunstvoll zubereitet werden. Die Zutaten stammen, soweit möglich, aus der Region. Auch eine umfangreiche Weinkarte gehört zum Angebot. Montags sollten Sie reservieren, dann wird nur ein festes Menü für 35 $ angeboten.
✢ 215 D5 ✉ 1710 Edgewater Drive ☎ 407 8 72 23 32

Kirkman Ale House $

Dieses beliebte Restaurant liegt direkt gegenüber von Universal Orlando. Die Angebote reichen von Hähnchenflügeln und Hamburgern bis zu Krabbenbeinen und Filet Mignon. Außerdem gibt es eine gut ausgestattete Bar und über 75 Biersorten.
214 C3 ✉ 5573 Kirkman Road
☎ 407 2 48 00 00

The Palm Restaurant $$$

Dieses Restaurant gehört zur familienfreundlichen Steakhouse-Kette Palm. Ihre Steaks werden ganz nach individuellem Wunsch zubereitet. Außerdem zählen Hühnchengerichte, Meeresfrüchte und Salate zum Angebot.
✝ 214 C3 ✉ Hard Rock Hotel, 5800 Universal Boulevard ☎ 407 5 03 72 56

Sonny's Real Pit Bar-B-Que $/$$

Hier gibt's große Portionen von Rippchen, Hühnchen, Rind, Schwein, Maiskolben, gebackene Bohnen, Krautsalat, gebratene Okraschoten und Süßkartoffeln – all die Gerichte, die die Küche des amerikanischen Südens ausmachen.
✝ 210 C5 ✉ 7423 S. Orange Blossom Trail ☎ 407 8 59 71 97

Taverna Opa $$

Abends geht es in diesem luftigen griechischen Restaurant innerhalb des Pointe-Orlando-Komplexes hoch her. Eine Bauchtänzerin sorgt für Stimmung. Zur Mittagszeit ist es entspannter, aber auch dann können Sie aus einer großen Auswahl leckerer griechischer Klassiker mit zahlreichen vegetarischen Optionen wählen.
✝ 210 C5 ✉ 9101 International Drive, Suite 2240 ☎ 407 3 51 86 60

THEMEN-RESTAURANTS UND DINNER SHOWS

Da das Gewicht hier stärker auf der Unterhaltung liegt, ist das Essen häufig nur von mittelmäßiger Qualität. Dafür sind aber in der Regel die Shows sehr lustig – vor allem Kinder haben ihren Spaß. Einige sind für kleinere Kinder ungeeignet. Tipp: Vorher anrufen und die Anfangszeiten der jeweiligen Show erfragen!

Capone's Dinner & Show

Diese Show versetzt Sie in die Zeit der Prohibition in den 1920er-/1930er-Jahren in Chicago – und zwar in Al Capones Unterwelt-Kabarett und eine entsprechend finstere Spelunke aus vergangenen Tagen.
✝ 214 C1 ✉ 4740 W. US 192 ☎ 407 3 97 23 78 oder 800 2 20 84 28 ⊕ www.alcapones.com ❶ tgl. 19.30 Uhr ✦ Erw. 75 $, Kinder 50 $

Medieval Times

Das mittelalterliche Mahl wird mit feinen Lords und Ladies, Edelleuten und Rittern abgehalten. Von irgendeiner Authentizität Lichtjahre entfernt, aber unterhaltsam.
✝ 214 C1 ✉ 4510 W Vine St., Kissimmee ☎ 407 3 96 15 18 oder 800 2 29 83 00 ⊕ www.medievaltimes.com ❶ tgl. 18 und 20.15 Uhr ✦ ab 63 $

Pirate's Dinner Adventure

Bei dieser Show nehmen Sie an einem verwegenen Abenteuer auf hoher See teil.
✝ 214 C3 ✉ 6400 Carrier Drive ☎ 407 2 06 51 02 ❶ Vorführung: 19.30 Uhr ✦ Erw. 62 $, Kinder 36 $

Sleuth's Mystery Dinner Show

Die Gäste lassen sich im Sleuth's ihr Vier-Gänge-Menü schmecken und versuchen nebenher, in einem der verschiedenen Theater einen von sieben (fiktiven) Mordfällen zu lösen.
✝ 214 C3 ✉ 8267 International Drive ☎ 407 3 63 19 85 ⊕ www.sleuths.com ❶ unterschiedlich ✦ Erw. 65 $, Kinder 30 $

Wohin zum ... Einkaufen?

WALT DISNEY WORLD® RESORT

Kaum einer fährt je ohne ein Souvenir von Walt Disney World® in der Tasche heim. Der Themenpark verfügt über einen

Im Namen der (Mickey-)Maus: Spieluhren im Walt Disney World® Resort.

hervorragenden Souvenirshop, dazu kommen jede Menge Boutiquen, Kioske und fliegende Händler. Kaum etwas ist wirklich preiswert und nützlich, aber schließlich sind Sie ja im Urlaub. Die größte Auswahl finden Sie im Emporium im Magic Kingdom®, im Centorium in Epcot®, im Disney Outfitters im Disney's Animal Kingdom® und in Mickey's of Hollywood in Disney's Hollywood Studios®.

Der Haupteinkaufsbereich ist Downtown Disney mit vielen Geschäften, Restaurants, einem Theater, Diskos, Sportbars, Kabaretts, Bluesbars, gut sortieren Kneipen und einem Western Saloon. Das Areal gliedert sich in Marketplace, West Side und Pleasure Island. Die Waren können Sie im Walt Disney World® Resort auch per E-Mail bestellen, allerdings kommen dann die Versandkosten hinzu (Informationen unter Tel. 407 3 63 62 00). Wenn Sie im Resort wohnen, werden Ihnen die Waren oft auch direkt bis ins Hotel geliefert.

Marketplace

Das geruhsamste der drei Einkaufsviertel ist ein gemütliches Dorf mit gut 20 Geschäften und Restaurants. World of Disney bietet die größte Auswahl an Disney-Artikeln überhaupt, von einem Schokoriegel für 2 $ bis hin zu einer mit Diamanten besetzten Winnie-Pooh-Anstecknadel im Wert von 13 500 $. Es gibt ein riesiges LEGO Imagination Center und Spielzeugläden, dazu einige Spezialgeschäfte für Resortkleidung, Glas und Küchenartikel.

In den ruhigen Seitenstraßen finden sich kleinere Läden mit einem individuelleren Sortiment, zu den größeren zählen Ghirardelli Chocolates, Disney's Days of Christmas, Pooh Corner, Mickey's Mart und Art of Disney. Nicht verpassen sollten Sie Once Upon a Toy, ein riesiges Geschäft mit Hasbro-Spielzeug.

West Side

Im Disney West Side finden Sie Celebrity Eyeworks mit modischen Sonnen- und Designer-Brillen sowie Hoypoloi, ein Geschäft mit Judaika, Windspielen, Skulpturen und Zen-Artikeln. Dazu gesellen sich der Sosa Family Cigar Store, Magnetron (Magnete in allen Farben und Formen), Starabilias mit teuren Sammelobjekten und andere Geschäfte.

Epcot's World Showcase

Hier können Sie auf eine weltweite Disney-Shoppingtour gehen: In Japan gibt es Hello Kitty und niedliche Spielsachen, in Marokko Bauchtänzerinnenkostüme sowie in Großbritannien Mickey-Maus-Butterkekse und Schals mit Schottenmuster.

AUSSERHALB VON WALT DISNEY WORLD®

International Drive
Der International Drive erstreckt sich von Orlando nach South Orange County. Hier gibt es mehrere kleine Einkaufszentren direkt an oder in der Nähe der Straße. Fashion Square (3201 E. Colonial Drive, Downtown Orlando, Tel. 407 896 11 32) ist eine zweistöckige Mall im Zentrum der Stadt. Neben den großen amerikanischen Kaufhäusern finden Sie hier auch Cafés, Schnellrestaurants und ein Kino.
Premium Outlets (4951 International Drive, zw. International Drive und I-4, Tel. 407 3 529600) bietet in 180 Geschäften sagenhafte Rabatte (30–60 %).

The Florida Mall
Diese längste Mall im Touristenviertel Orlandos kann mit über 250 Spezialgeschäften aufwarten und liegt etwa 8 km vom International Drive (8001 S. Orange Blossom Trail, bei Sand Lake Road) entfernt (Tel. 407 8 517234).

Mall at Millenia
Diese riesige Mall für den gehobenen Bedarf führt exklusiv drei große Namen: Macy's, Neiman Marcus und Bloomingdale's. Zu den 170 weiteren Geschäften gehören Gucci, Brookstone, Cartier, Tiffany und Apple. Das Angebot wird durch den Verkauf von Eintrittskarten, ein Postamt und einen Parkservice ergänzt (I-4 bis Ausfahrt 78, 4200 Conroy Rd., Tel. 407 3 63 3555, www.mallatmillenia.com).

Wohin zum ... Ausgehen?

VERANSTALTUNGEN
Zu den besten Publikationen, die alle Veranstaltungen in Orlando auflistet, gehört Orlando Weekly (www.orlandoweekly.com), eine unabhängige Zeitung, in der Sie alles finden, was Tag für Tag in Sachen Musik, Clubs, Theater, Sportveranstaltungen und Kunstausstellungen geboten ist. Eine gute Informationsquelle ist auch der Veranstaltungskalender in der Freitagsausgabe des Orlando Sentinel (www.orlandosentinel.com): Hier finden Sie Angaben zu Kinofilmen, Konzerten, Ankündigung einiger kostenloser Veranstaltungen sowie Restaurantkritiken. Auch das monatlich erscheindende Orlando Magazine (www.orlandomagazine.com) berichtet über Kulturveranstaltungen in der Stadt. Hinzu kommen viele Restaurant- und Barbesprechungen; im hinteren Teil findet sich mit »About Town« eine Auswahl diverser Veranstaltungen rund um Orlando. Eine gute Informationsquelle ist auch der vom Orlando/Orange County Convention and Visitors Bureau (Tel. 407 3 635872, www.visitorlando.com) herausgegebene Führer.

ENTERTAINMENT KOMPLEXE

Disney Dinner Theaters
Das Spirit of Aloha im Disney's Polynesian Resort ist im südpazifischen Stil gestaltet und bietet eine Show mit Tänzern und Feuerjongleuren in traditioneller polynesischer Kleidung. Im Fort Wilderness Resort können Sie sich die Hoop-Dee-Doo Revue im Western-Stil anschauen. Mickey's Backyard Barbecue, ebenfalls im Fort Wilderness Resort, unterhält mit einem Medley aus Country und Westernliedern sowie Tänzen. Dazu gibt es Brathähnchen.

Disney Springs
Das House of Blues in Disney Springs gehört zu den tollsten Clubs der Welt. Das Dekor entstammt einer Spelunke, es gibt Volkskunst, heiße Musik und hervorragende Gerichte aus dem französischen Louisiana. Emilio und Gloria Estefans auffällig designtes Bongo's Cuban Café erinnert im Stil an Miamis South Beach.

Disney's BoardWalk
Für die Sportfans gibt es einen ESPN Club, dazu gesellen sich die Big River Grille & Brewing Works, eine kleine Brauerei, Geschäfte und Restaurants. Der Eintritt in den BoardWalk ist kostenlos, aber für einige Aktivitäten muss man bezahlen.

Universal Studios CityWalk

Der Unterhaltungskomplex von Universal Orlando bietet eine Fußgängerzone mit Restaurants, Bars, Tanzclubs, Theatern, Kinos, Geschäften etc. Hier ist praktisch jeden Abend etwas los. Bob Marley – »A Tribute to Freedom« bietet jamaikanisch inspirierte Küche und Reggae-Musik in einer Nachbildung des Marley-Hauses in Kingston. Die drei Bars von Jimmy Buffett's Margaritaville sind den Themen der schönsten Strandballaden des Kings der Boatmusic nachempfunden. Serviert wird ein umfangreiches Menü, ab 22 Uhr gibt es Livemusik. Wenn Sie schon immer Rockstar werden wollten oder einfach nur gern vor Publikum singen, können Sie zum Rising Star mit Karaoke und Livemusik auf die Bühne gehen. In einer riesigen Tanzhalle im Retro-Stil liegt der größte Tanzclub des CityWalk: The Groove. Hier schwingen Sie zwischen schlichten blauen Neonwänden zu den Sounds der 1970er-/1980er-Jahre die Hüften.

Falls Sie nur einen Club besuchen möchten, können Sie den Eintritt an der Tür zahlen (5–8 $). Sollten Sie aber mehrere Ziele haben, besorgen Sie sich am besten einen CityWalk Pass für 10 $. Damit haben Sie unbegrenzt Zutritt zu allen Bars und Clubs.

Ein alle Sinne ansprechendes Erlebnis sind die Vorstellungen der Blue Man Group (Tel. 407 258 36 26, Tickets ab 69 $). Darsteller sind drei blau bemalte, glatzköpfige Männer, die verrückte Zirkuskunststücke, Tanz und Trommelmusik aufführen. Vor dem »Ponchobereich« ganz vorn sollten Sie sich in Acht nehmen. Auch als freiwilliger Helfer aus dem Publikum sollten Sie sich nicht unbedingt melden.

Im gigantischen Hard Rock Live Orlando (6050 Universal Blvd., Tel. 407 3 51 54 83, 30–60 $, www.hardrocklive.com) treten auch bekanntere Rockbands und Komiker auf. Ticketkosten je nach Vorstellung.

Das AMC Universal Cineplex zeigt in 20 Kinos die aktuellen Blockbuster.

Pointe Orlando

Pointe Orlando (✢ 232 C3, 9101 International Drive Tel. 407 2 48 28 38, www.pointe orlando.com) ist ein riesiges Einkaufszentrum mit über 40 Geschäften (Schmuck, Bücher, Kleidung usw.) sowie zahlreichen Restaurants (Capital Grille, Tommy Bahamas Restaurant Bar) und Unterhaltungsangeboten (BB King's Blues Club, Improv Comedy Club) in der Nähe des Konferenzzentrums.

SPORT

The Orlando Magic

Das einzige Profiteam in Orlando und die langjährige Heimat des legendären Shaquille O'Neal, das Orlando Magic (✢ 215 D4, Orlando Arena, 600 W. Amelia Street, zwischen I-4 und Parramore Avenue, Tel. 407 8 49 20 20, www.nba.com/magic), macht Hoffnung auf spannende Play-offs.

ESPN Wide World of Sports Complex

In diesem Sportkomplex im Disney World® Resort (✢ 214 B2, Tel. 407 8 28 32 67) finden Sie jede Menge Zuschauersport von Fußball und Beachvolleyball bis hin zu Tennis, Radfahren und Rugbyspielen. Während des Frühlingstrainings sind die Atlanta Braves hier.

Die interaktive NFL Experience bietet angehenden Footballstars die Möglichkeit, Pässe zu spielen und Punkte zu gewinnen.

Golf

In Florida gibt es die meisten Golfplätze der USA – leider sind viele der wirklich guten Plätze exklusiven Hotelanlagen angeschlossen und deren Gästen vorbehalten. Allein in und um Orlando finden Sie 125 Golfplätze (kostenlose Info-Tel. 407/WDW-GOLF, 939 46 53 oder 824 22 70). Lake Buena Vista Course, Osprey Ridge Course, Eagle Pines Course, Palm Course und Magnolia Course sind anerkannte 18-Loch-Wettkampfplätze im Disney-Gelände. Jedes Jahr im Oktober richtet Disney das National Car Rental Golf Classic aus. Die Gäste des Hyatt Regency-Grand Cypress Hotel haben Zugang zu den 45-Loch-Plätzen, die von Jack Nicklaus entworfen wurden. Weitere Plätze finden Sie hier: www.orlandogolf.com

Für James Chapman, den Mann mit dem Seehundschnauzer, ist Key West schlicht »the best in the west«.

Miami und der Süden

Kunst und Frohsinn unterm Regenbogen: In Miami und den Keys treffen die prüden USA auf ein tolerantes Miteinander und pralle lateinamerikanische Lebensfreude.

Seite 76–121

Erste Orientierung

Englisch, spanisch, spanglish: Fantastische Museen und tolle Shoppingmöglichkeiten, angesagte Galerien, Palmen und Strände, schöne Menschen unterschiedlichster Herkunft, heiße Rhythmen – Miami ist ein Energiebündel und die sinnlichste Stadt der Welt, aber mindestens je einen Abstecher nach Key West und in die Everglades sollte man in Floridas Süden schon auch noch unternehmen.

In Miami, der inoffiziellen Latino-Hauptstadt Nordamerikas, ist man stolz auf seinen mehrsprachigen Lebensrhythmus. Zudem liegt die Metropole an einem der schönsten urbanen Strände des Landes. Von dort führt die Fahrt zu den Keys in ein entspanntes, von Palmen gesäumtes Paradies mit dem längsten Korallenriff des Kontinents. Zwischen Miamis Mix aus glitzerndem Strandleben und urbanem Chaos und den heiteren Keys im türkisblauen Meer trifft man auf das nassgrüne Ökosystem der Everglades. Etwas weiter entfernt laden die sonnenverwöhnten Strandstädte Fort Lauderdale, Palm Beach und Boca Raton zum Entspannen im Sand ein.

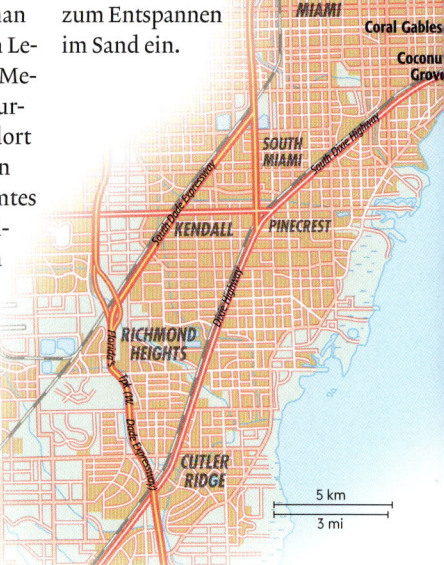

TOP 10
- ① ★★ Florida Keys
- ② ★★ South Beach (Miami)
- ③ ★★ Everglades
- ④ ★★ Key West
- ⑧ ★★ Little Havana

Nicht verpassen!
- ㊱ Miami Beach
- ㊲ Coral Gables & Coconut Grove
- ㊳ Palm Beach

Nach Lust und Laune!
- ㊴ Boca Raton
- ㊵ Fort Lauderdale
- ㊶ Biscayne National Underwater Park
- ㊷ Dry Tortugas National Park

MIAMI UND DER SÜDEN

Mein Tag
mit Chic, Charme und Miami Vice

Gooooood morning, South Beach! Was machen wir heute? Coole neue Hotels besichtigen oder in alten Art-déco-Kurven schwelgen? Shoppen, Frozen Margaritas schlürfen, Leute gucken? Oder einfach bloß am Strand abhängen? In Miamis schönstem Viertel müssen wir uns da gar nicht erst lange entscheiden …

7.30 Uhr: Bereit für den Tag?
Wo anfangen in ❷ ★★ South Beach, und vor allem: wie? Joggen, oder doch lieber mit Inlineskates in die Gänge kommen? Ach was. Sie haben Urlaub, springen Sie also ins Wasser, der Lummus Beach am Ocean Drive reicht von der 5th bis zur 15th Street. Und dann ab ins News Café (800 Ocean Drive, www.newscafe.com). Das legendäre Café hat seine besten Tage zwar schon hinter sich, aber es tut einfach gut, Gäste beim Lesen in der Zeitung zu sehen. Sie erinnern sich: die aus Papier.

10 Uhr: Bunt & schön!
In ㊱ Miami Beach gibt es mehrere Hundert Häuser aus der Zeit zwischen den Jahren 1920 und 1940. Viele davon sind regelrechte Vorzeigebeispiele für den damals angesagten Art-déco-Stil. Am besten nehmen Sie an der um 10.30 Uhr am Art Deco Welcome Center (1001 Ocean Drive/10 Street and Ocean Drive, www.artdecowelcomecenter.com) beginnenden Tour durch den pastellfarbenen Art-Deco-District teil und erfahren alles über runde Ecken, Bullaugen als Fenster

12 Uhr: Lunch mit Leute-gucken in der Lincoln Road

14 Uhr: Eine Neue Welt

17 Uhr: Savoir-vivre à la Miami

7.30 Uhr: Bereit für den Tag?

MEIN TAG

7.30 Uhr

Gibt es einen besseren Start in den Tag als mit einem Sprung ins Meer (oben)? Danach geht's ab in den Art-Deco-District und in eine Neue Welt (rechts oben/unten).

und »Augenbrauen« genannte Simse. Scheuen Sie sich auch nicht, Ihren Guide nach »Miami Vice« zu fragen. Ehemalige Drehorte gibt es hier genug. Im Cameo etwa (1445 Washington Ave.), heute ein Hip-Hop-Club und damals das Crobar, observierte Detektiv Crocket alias Don Johnson Drogendealer, im Mac's Club Deuce (222 14th St.), der ältesten Kneipe Miamis, ließ das Filmteam nach Drehschluss die Puppen tanzen.

12 Uhr: Lunch mit Leutegucken in der Lincoln Road

Im Land der 50-Stunden-Woche (bei zehn Urlaubstagen im Jahr) freut man sich über jede Gelegenheit zu einer kleinen Verschnaufpause. Das Nexxt Café (Lincoln Road, Miami Beach, www.nexxtcafe.com) ist dafür ideal. Es bietet nicht nur leckere Snacks und kalte Soft Drinks, sondern ist auch ein guter Ort zum »People Watching«.

14 Uhr: Eine Neue Welt

Wandern Sie anschließend auf der Pennsylvania Ave drei Blocks nach Süden, um dann rechts abzubiegen und sich auf einmal in einer ganz anderen Welt wiederzufinden: Española Way (https://visitespanolaway.com), romantischen Mittelmeerdörfern Spaniens nachempfunden, diente zunächst als Künstlerkolonie. Heute beherbergt die inzwischen charmant gealterte kleine Straße schöne Galerien, hübsche Accessoireläden und Cafés, in denen es sich den ganzen Nachmittag aus-

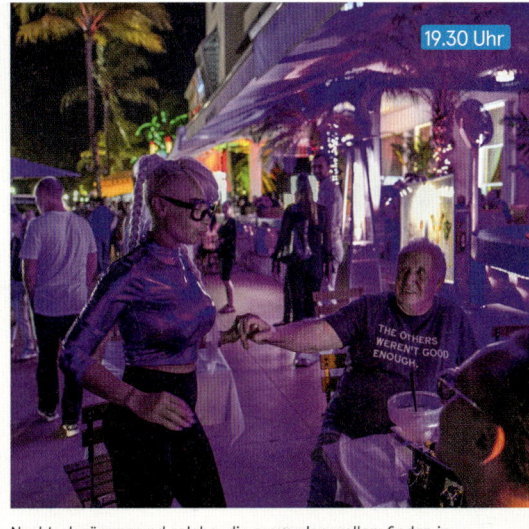

Nachtschwärmer und solche, die es werden wollen, finden in Miami immer einen »Place to go«.

halten ließe. Nach einem Frappe geht es zum letzten Höhepunkt des Nachmittags: Das nur einige hundert Meter entfernte World Erotic Art Museum (1205 Washington Ave, Miami Beach, www.weam.com) zeigt erotische Kunst vom Mittelalter bis heute.

17 Uhr: Savoir-vivre à la Miami

Zur Happy Hour – und der Aussicht auf um die Hälfte verbilligte Edeldrinks – verwandeln sich selbst die feinsten Etablissements in hemdsärmelige Kneipen. Schlendern Sie also zurück zum Ocean Drive und relaxen Sie am Pool des Clevelander Hotel (www.clevelander.com) bei Pina Coladas und Daiquirs. Lassen Sie den Tag Revue passieren und sehen Sie zu, wie die Sonne hinter den Palmen verschwindet.

19.30: Rauf aufs Dach und rein in die Nacht

Nein, Sie sind nicht hier, um die Abende drinnen zu verbringen. Nutzen Sie also auch nach Sonnenuntergang das perfekte Klima und dinieren in der Highbar, der schicken Pool Lounge auf dem Dach des Dream South Beach (1111 Collins Ave, Miami Beach, www.dream hotels.com/southbeach/). Hier werden die Cocktails vor Ort gemixt, das leichte Essen – Tacos, Guacamole und frische Salate – kommt aus dem beliebten Restaurant Naked Taco Miami im Erdgeschoss. Und wenn Sie dann noch fit sind: Miamis Nightclubs warten auf Sie!

Die Statue »Christ of the Deep« im nördlich von Key Largo gelegenen John Pennekamp Coral Reef State Park.

❶ ★★ Florida Keys

Warum?	Wer Miami sagt, muss auch Keys sagen
Was?	Runter kommen, relaxen, genießen
Wie lange?	Zwei Tage
Wann?	Die beste Zeit ist zwischen März und Mai
Was noch?	Schuhe aus, Badeschlappen an

Es ist vier Uhr nachmittags. Oder ist es schon fünf? Keine Ahnung, aber das ist hier auch nicht so wichtig. Alle schauen versonnen über ihre Biergläser auf den Golf von Mexiko. Warmer Wind streicht um die Schooner Wharf Bar und bleibt im Strohdach hängen. Bob Marley singt »Coming in from the cold« dazu. Ja, das sind sie, die Keys. Welcome!

Upper Keys

Doch bevor Sie dem berühmten »Key Spirit« erliegen, müssen Sie erst mal noch eine gute Dosis Massentourismus ertragen. Denn die Upper Keys, also die Inseln im Norden, die dem Festland Floridas am nächsten sind, wirken vom Highway aus überfüllt mit touristischen Shops und Motels. Unten am Wasser aber können Sie einige der besten Schnorchel- und Tauchgebiete erkunden. Die Keys wurden für Touristen ohne Boot 1912 zunächst kurzzeitig über die Bahnverbindung von Henry Flagler zugänglich. Obwohl diese ein trauriges Ende nahm (ein verheerender Hurrikan blies sie 22 Jahre danach in alle Himmelsrichtungen), dienten die Reste später als Grundlage für den Bau einer Kette aus Brücken und Inseln, die heute als Overseas Highway (US Highway 1) die Keys mit dem Festland verbinden.

Am Sombrero Beach auf Marathon, einer etwa 15 km langen Inselgruppe der Florida Keys.

Ihren Namen erhielten die Keys vom spanischen »Cayo«, das in der Karibik und auf den nahe gelegenen Bahamas zu »Cay« verkürzt wurde. Als Key wird eine tief liegende Insel bezeichnet, die in der Regel mindestens 4 ha groß ist. Alles, was kleiner ist, ist eine Sandbank, eine Untiefe oder ein Riff. Laut dem US Geological Survey gibt es in Florida 882 Keys, aber die 181 km lange Kette zwischen Florida City auf dem Festland und Key West an der Spitze gilt heute als »Florida Keys«. Als größte Insel bietet Key Largo Besuchern viele Attraktionen rund ums Wasser und nennt sich selbst »Tauchhauptstadt der Welt«. Key Largos John Pennekamp Coral Reef State Park bietet Zugang zum größten Korallenriffsystem des Kontinents. Island Ventures ist einer der vielen Dutzend Anbieter von Schnorchel- und Tauchausrüstung, die Besucher zum flachen Riff hinausfahren. Eine der beliebtesten Attraktionen ist die Statue »Christ of the Deep« nur 3,4 m unterhalb der Meeresoberfläche.

Wohl die ungewöhnlichste Übernachtungsoption in Key Largo ist Jules' Undersea Lodge (www.jul.com). Das Hotel ist winzig, aber was könnte besser sein, als 9 m unter der Meeresoberfläche zu schlafen und beim Aufwachen die Fische am Fenster vorbeischwimmen zu sehen?

Lower Keys

Die Atmosphäre auf den Lower Keys wird von Insulanern bestimmt, die seit mehreren Generationen hier ansässig sind. Dazu gehört eine Politik der offenen Tür für alle, die man auch zu verteidigen bereit wäre. So verkündeten die Bewohner von Key West am 23. April 1982 ihre Unabhängigkeit von den USA. Das war mehr als nur ein Gag, auch wenn auf dem Umschlag des – einem echten Dokument täuschend ähnlich gestalteten – Reisepass »Conch Republic« stand. Ein Staat, der sich nach einer Meeresschnecke nennt? Das passt zum Staatsmotto: »Weltweite Entspannung durch Humor.« Dabei waren die Anfänge eher humorfrei. Erbost darüber, dass die Polizei am Highway 1 einen Kontrollposten errichtet hatte, um illegale Einwanderer zu fangen und die Insulaner nur noch gegen Vorlage ihrer Personalien aufs Festland zu lassen erklärte man im Gegenzug die USA zum Ausland.

Die Seven Mile Bridge verbindet die Inseln der Florida Keys miteinander.

Die Conch Republic existierte zwar nur einen Tag (wegen des Medienrummels hob Washington die Sperre rasch wieder auf), doch viele Insulaner fühlen sich ihr bis heute verbunden, und sie bezeichnen es als ihre Pflicht, notfalls jederzeit gegen ein machthungriges Amerika aufzubegehren. Den Unabhängigkeitstag feiern sie mit Musik, Umzügen und einem fröhlichen Hindernisrennen der hiesigen Drag Queens.

Strandurlaub?

Anders als erwartet sind die Keys nicht für ihre schönen Strände bekannt. Eine Ausnahme bildet der 212 ha große Bahia Honda State Park auf Big Pine Key – ein langer Sandstrand mit warmem, klarem und seichtem Wasser: ein perfekter Ort für einen Stopp auf dem Weg nach Key West.

KLEINE PAUSE
Rund 15 Minuten nach der Ankunft auf Key Largo passiert der südwärts strebende Overseas Highway (Nr. 95710) eine rechts im Gebüsch liegende, gelbe Kantine. **Harriette's Restaurant** bietet u.a. die besten Key Lime Muffins.

Viele Adressen in den Keys werden durch Angaben zu Meilenmarkierungen (MM) ergänzt, die die Entfernungen zwischen Key West (MM 0) und Florida City (MM 126) auf dem Festland angeben.

Upper Keys ✢ 213 E2

Key Largo Chamber of Commerce
✢ 213 E2 ✉ MM 106, Key Largo ☎ 305 4 51 14 14 oder 800 8 22 10 88 ⊕ www.keylargo chamber.org ❶ tgl. 9–18 Uhr

Marathon Visitor Center
✢ 212 C1 ✉ MM 53.5 ☎ 305 7 43 54 17 ⊕ www.floridakeysmarathon.com ❶ tgl. 9–17 Uhr

John Pennekamp Coral Reef State Park
✢ 213 E2 ✉ MM 102.5 ☎ 305 4 51 63 00 ⊕ www.pennekamppark.com

Island Ventures
✉ MM 103.9 dock ☎ 305 4 51 49 57 ⊕ www.island venture.com

Turtle Hospital
✢ 212 B1 ✉ 2396 Overseas Highway ☎ 305 7 43 25 52 ⊕ www.turtlehospital.org ❶ tgl. 9–18 Uhr ✦ 25 $ Lower Keys

Bahia Honda State Park
✢ 212 C1 ✉ MM 37 ☎ 305 8 72 39 54 ⊕ www.bahiahonda park.com ✦ 8 $

❷ ★★ South Beach

Warum?	»Ist ja alles so schön bunt hier!«
Was?	Chillen. Am Strand, in Straßencafés und in Rooftop-Bars
Wie lange?	So lange wie irgend möglich
Wann?	Vierundzwanzig Stunden am Tag
Was noch?	Die Badesachen sind am besten immer dabei

South Beach – vor Ort nur »SoBe «genannt – ist eine sexy Beauty Queen mit Art-déco-Krone im dunklen Haar. Man verfällt ihm leicht, diesem Viertel mit seinem faszinierenden Flair, und will am Ende vor allem eins: wiederkommen.

Es ist nicht so, dass das südliche Ende von Miami Beach – zwischen 5th und 21st Street so groß wäre, dass man eine Woche bräuchte, um es zu erkunden: Es liegt einfach daran, dass alles so aufregend ist, dass man gar nicht mehr von hier weg will. Modefotografen und Location-Scouts sind schon lange fasziniert von diesem Streifen aus Promenade, Sand und Meer, der sich über zehn Häuserblocks erstreckt: Der dazugehörende Strandabschnitt heißt Lummus Park, und hierher kommen die Einwohner von Miami am Wochenende zum Schwimmen im türkisblauen Meer, zum Sonnenbaden am schönen gelben Strand oder um Beachvolleyball zu spielen. Parallel zum Strand erstreckt sich über zehn Blocks (von 5th bis 15th Street) die Promenade, ideal zum Rollerbladen, Joggen und Gassigehen mit dem Hund sowie, frühmorgens, für Mode-Shootings.

Strandleben in South Beach: »Hey, man, what's up?«

Eine ganz besondere Atmosphäre

Ocean Drive auf der anderen Seite des Lummus Park ist der legendärste Cruising-Strip der USA. Hier gibt es immer etwas zu sehen – klassische Automobile und Cabriolets mit muskelbepackten jungen Männern in Designer-Schwimmshorts und superschlanken Models auf dem Beifahrersitz. Die Art-

Magischer Moment

Es werde (Neon-)Licht!

South Beach hat es mit Farben und Licht. Klar sind die bunten Häuser am Ocean Drive auch tagsüber schön anzusehen. Doch um einen wirklich magischen Moment zu erleben, müssen Sie abends wiederkommen. Erst bleiben die allerletzten Sonnenstrahlen noch eine Weile schimmernd an den pastellfarbenen Häuserwänden hängen. Dann, nach Einbruch der Dunkelheit, taucht prächtiges Neonlicht die kurvigen Ecken und horizontalen Linien der Art-Deco-Hotels am Ocean Drive in knallige Bonbonfarben. Am besten lässt sich die nächtliche Lightshow von der gegenüberliegenden Straßenseite genießen.

www.mdpl.org/welcome-center/visitors-center/

déco-Kulisse in Regenbogenfarben dahinter lässt die Szenerie fast surreal erscheinen.

Kunterbunt und verspielt

In den alten Hauptsitz der Strandpatrouille – eines der beeindruckendsten Art-déco-Gebäude der Gegend – ist das Besucherzentrum eingezogen. Hier können Sie geführte Spaziergänge buchen. Lebte Henry Hohauser (1895–1963) noch, würde er vielleicht in einem der Cafés sitzen und den Ausführungen der Stadtführer lauschen. Unter Hohausers Leitung schufen hiesige Architekten in den 1930er-Jahren den »Miami Beach Art Deco«, darunter das fotogene Colony Theatre, ein Art-déco-Vorzeigestück und so etwas wie das visuelle Erkennungszeichen des Districts. Dazu übernahmen sie Elemente des soeben in Paris entstandenen, Formen und Motive der verschiedensten Epochen und Kulturen stromlinienförmig vereinigenden Art-déco-Stils und fügten ihm noch einige tropische Akzente wie Kraniche, Blumen und Flamingos hinzu. Diese Art-déco-Variante war dann nicht nur verspielt, sondern auch vorzüglich dem heißen Klima angepasst: Die »Augenbrauen« genannten Simse über den Fenstern kontrollierten als Schattenspender die Innentemperaturen, die Bullaugen-Fenster schützten vor gleißendem Tageslicht, die schönen Terrazzoböden in den Lobbys spendeten Kühle. Dass Hohausers Vermächtnis nicht der Abrissbirne zum Opfer fiel, ist der streitbaren Barbara Capitman zu verdanken: Die von ihr ins Leben gerufene Miami Design Preservation League erreichte 1979 die Ernennung des Viertels zum Kulturdenkmal. Heute ist der vom Dade Boulevard wie von der 6th Street und der Lenox Avenue begrenzte Art Deco-Historic-District mit rund 800 Häusern das weltgrößte Viertel seiner Art. Auf keinen Fall verpassen sollten Sie einen Besuch im Delano (1685 Collins Avenue/Ecke 17th St.) – Sie werden nie ein eleganteres Art-déco-Hotel zu sehen bekom-

Selbst die Strandhäuschen von South Beach scheinen sich in ihrer Farbgebung an den bunten Häusern des Art-déco-Districts zu orientieren.

men. Gehen Sie dort zum Poolbereich, der für die Öffentlichkeit zugänglich ist!

Sehen und gesehen werden

Die Lincoln Road Mall, eine langgezogene Fußgängerzone zwischen Washington Avenue und Alton Road, ist das kulturelle Herz von South Beach und *der* Ort in Miami zum Sehen und Gesehenwerden. Hier befinden sich zahlreiche Galerien, Restaurants und Cafés. Auch dieses Freiluft-Einkaufszentrum ist ein Tribut an die berühmte Art-déco-Architektur und den schwungvollen Neo-Barock von South Beach, teilweise geprägt von Morris Lapidus (1902–2001), einem US-amerikanischen Architekten russischer Herkunft, der mehrere Gebäude zwischen dem 5. und 11. Block der Mall gestaltete. In der Mitte der Mall lohnt das Art Center/South Florida einen Besuch. Es wurde 1984 von einer kleinen, aber zukunftsorientierten Gruppe von Künstlern gegründet und ist heute Heimat von 53 Künstlerateliers, von denen viele für die Öffentlichkeit zugänglich sind. Auch zahlreiche Vorträge und Kurse werden angeboten. Sonntags gibt es in der Mall einen Bauernmarkt, auf dem man sich gut für ein Strandpicknick eindecken kann; jeden 2. und 4. Sonntag im Monat wird er um einen Antiquitäten- und Sammlermarkt erweitert.

Flanieren auf der Lincoln Road Mall.

KLEINE PAUSE

Zwei Blocks südlich der Lincoln Road Mall ist das **A la Folie Café** (516 Espanola Way) eine hübsche Oase mit schattigen Plätzen auf dem Bürgersteig, auf denen man die besten Crepes in ganz South Beach verspeisen kann.

✚ 216 C3
Art Deco District Welcome Center
✉ 1001 Ocean Drive ☎ 305 5 31 34 84
⊕ www.mdpl.org ⏱ tgl. 9.30–19 Uhr
🎫 frei

ArtCenter/South Florida
✉ 924 Lincoln Road ☎ 305 6 74 82 78
⊕ www.artcentersf.org
🎫 frei

Art Deco District

Nirgendwo sonst sind so viele Art-déco-Bauten an einem Ort versammelt wie hier: Mit rund 800 Gebäuden besitzt South Beach die weltweit größte Konzentration an Art-Deco-Gebäuden – mehr als die noch weitaus bekannteren Zeugnisse dieses Baustils in New York.

Im Jahr 1979 unter Denkmalschutz gestellt, stand der Art Deco District zwischen 6th St., Alton Rd., Collins Ave. und Dade Blvd. noch Anfang der 1970er-Jahre kurz vor dem Aus: Investoren wollten das gesamte Viertel einebnen und dort Apartmenttürme hinstellen. Dass daraus nichts wurde, ist den Anstrengungen der Miami Design Preservation League zu verdanken. Unter ihrer Ägide wurden die betagten Gebäude aus den 1930er- und 1940er-Jahren restauriert.

❶ Vertikale Linien werden oftmals verkörpert durch einen Zikkurat (Stufenturm) oder eine antennenförmige Gebäudespitze.
❷ Horizontale Linien folgen Fensterreihen und abgerundeten Ecken oder verlaufen als schmückende Geländer.
❸ Fensterreihen
❹ »Augenbrauen« über den Fenstern sollen Schatten spenden.
❺ Kannelierung: Ein Zierturm ist oftmals geriffelt bzw. kanneliert.
❻ Bullaugen sind kennzeichnend für den Stil des »Nautical Deco«, der sich an Formen luxuriöser Passagierschiffe orientiert.
❼ Fries: Nicht selten mit stilisierten Darstellungen tropischer Pflanzen und Tiere.
❽ Strenge geometrische Formen sind ein Muss in South Beach.
❾ Abgerundete Ecken betonen das Stromlinienförmige des neuen Baustils.
❿ Zierturm: Häufig sieht man Stufentürme, die nach dem Vorbild des Zikkurat aus dem antiken Zweistromland gestaltet sind. Manche haben eine antennenförmige Spitze oder ein anderes schmückendes Dachelement als Bekrönung.
⓫ Geländer
⓬ Neonleuchten: Nachts betonen bunte Neonleuchten die Linien der Fenstersimse, Bullaugen und »Augenbrauen«.

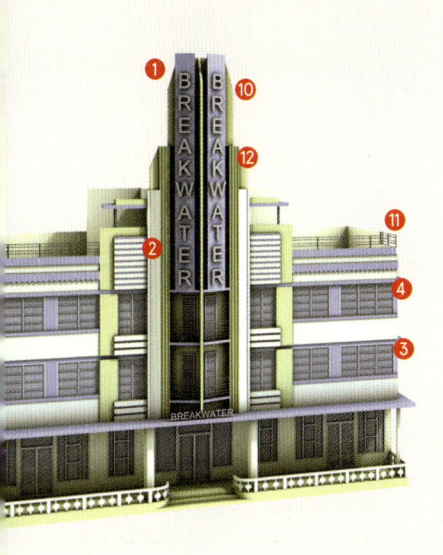

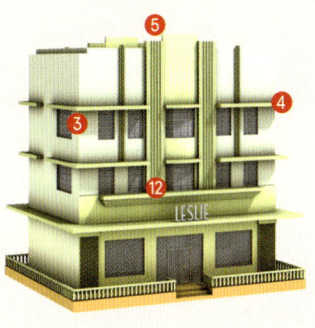

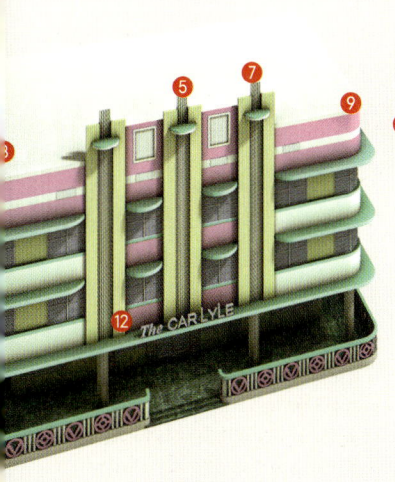

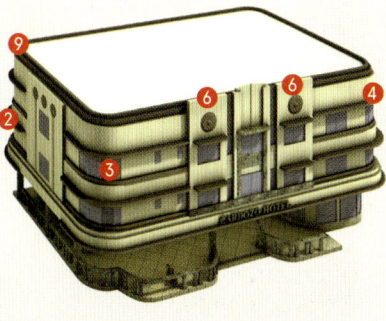

SOUTH BEACH

❸ ★★ Everglades

Warum?	Weil das die größte subtropische Wildnis des Landes ist
Was?	Alligatoren & Co. in ihrem natürlichen Lebensraum
Wie lange?	Zwei Tage
Wann?	Am besten während der Trockenzeit von Dezember bis Mai, da sind die Tiere leichter zu sehen
Was noch?	Nachts durch die Mangroven paddeln

Die subtropischen Riedgrasmarschen der Everglades sind eine faszinierende, aber in ihrem Bestand als wertvolles Ökosystem bedrohte Welt, weshalb sie von der UNESCO auf die Liste des gefährdeten Welterbes gesetzt wurden.

Zunächst wirkt das Gebiet wie ein riesiger, von Alligatoren besiedelter Sumpf, in dem es von Moskitos wimmelt und das scharfkantige Gras an den Beinen juckt – aber mit 6104 km² Fläche sind die Everglades wirklich eine beeindruckende Sumpflandschaft. Und selbst das Klischee von der Sumpflandschaft ist falsch: Das schier endlos flache Ökosystem ist in Wirklichkeit nämlich ein Fluss, der mit einem Meter pro Stunde so langsam fließt, dass man es mit bloßem Auge nicht wahrnimmt.

Erst im Jahr 1947 wurde der Everglades National Park zum Schutzgebiet erklärt. Davor galten die Everglades als ein besiedelbares Land, und man war eifrig dabei, die Landschaft durch Entwässerung zu Geld zu machen und als Farm- und Bauland zu verkaufen.

Im Reich der Riesenechsen: Alligatoren, erkennbar an der flachen, breiten Schnauze, halten sich bevorzugt in Süßwasserregionen der Everglades auf.

Besuch in den »Glades«

Wenn Sie nur kurz Zeit haben, sollten Sie im Shark Valley Visitor Center vorbeischauen. Es ist eines der fünf Besucherzentren des Parks und von Miami aus am einfachsten zu erreichen. Es werden zweistündige Fahrten auf einem 24 km langen Asphaltweg angeboten. Insbesondere in den Wintermonaten leben hier zahlreiche Alligatoren, die den von der Sonne aufgeheizten schwarzen Teerweg als individuelle Sauna nutzen. Die Besucher werden von Rangern geleitet, die Ihnen viel über das gefährdete Ökosystem und seine Bewohner erzählen können. Auf diese Weise lernen Sie die subtile Schönheit des Parks aus einem luftigen, offenen Fahrzeug heraus kennen.

Ranger erklären den Besuchern im Big Cypress Swamp Welcome Center die Wunder der Natur.

Etwa auf halbem Weg wird bei einem 20 m hohen Aussichtsturm eine Pause eingelegt. Von hier haben Sie einen herrlichen Blick auf die Vögel und Alligatoren der Graslandschaft. Weitere geführte Ranger-Touren umfassen Vogelbeobachtung, Kanutouren und Spaziergänge am Ufer. Sie sind im Besucherzentrum buchbar.

Wenn Sie mehr Zeit haben, können Sie zum Ernest F. Coe Visitor Center südwestlich von Miami fahren. Hier werden zahlreiche Touren und Aktivitäten angeboten. Auch die vielen Ausstellungsstücke sind interessant – sie machen das Center fast zu einem Museum. Fragen Sie vorab telefonisch nach einem Terminplan für die zahlreichen geführten Exkursionen. Auf keinen Fall verpassen sollten Sie die zweistündige Wanderung durch den langsam fließenden Grasfluss, der hier »Sloughslog« genannt wird. Wenn Sie lieber selbstständig nach Wildtieren Ausschau halten, versuchen Sie es mit dem Anhinga Trail, der Snake Bay, der Chokoloskee Bay, der Loop Road oder der Turner River Road. Halten

Zum Artenreichtum der Fauna in den Everglades gehört der Rosalöffler (Platalea ajaja), ein Schreitvogel aus der Familie der Ibisse und Löffler.

Sie sich aber in jedem Fall an die Ratschläge der Ranger und berühren oder füttern Sie auf keinen Fall die freundlich wirkenden Manatis, Schildkröten oder Waschbären.

Mit dem Kanu auf dem Wilderness Waterway

Ein völlig anderes Everglades-Erlebnis bietet der Nordwesten des Parks. Hier liegt das Gulf Coast Visitor Center, von wo aus Sie das abgelegene Gebiet der Ten Thousand Islands mit Mangrovenwäldern und zahlreichen Wasserwegen erkunden können. Wenn Sie Nervenkitzel suchen, ist der 160 km lange Wilderness Waterway ideal. Hier können Sie mit dem Kanu oder Kajak durch die Mangroven paddeln. Auch ein paar kürzere Strecken wie der Nine-Mile Pond (8,3 km) oder Teile des Noble Hammock (3 km) sowie Mud Lake und Hells Bay stehen zur Auswahl. Hier benötigen Sie Navigationskarten und eine Genehmigung vom Besucherzentrum, wenn Sie über Nacht campen möchten. Für mehr Anleitung und Informationen können Sie auch an einer 90-minütigen Kanutour mit einem Ranger teilnehmen.

KLEINE PAUSE

Alligatoren zum Picknick? Mit einigem Glück sieht man sie eine Stunde östlich von Naples im **H.P. Williams Roadside Park** am Tamiami Trail. Hier gibt es einfache Picknicktische und einen Boardwalk am Turner River Canal entlang.

✢ 213 D3

Shark Valley Visitor Center ✉ Tamiami Trail, 40 km westlich von Florida Turnpike, bei Exit 25 (Beschilderung folgen) ☎ 305 2 21 87 76 ◐ tgl. 8.30–18 Uhr ✦ Tram Tour 25 $

Ernest F. Coe Visitor Center ✉ 11 miles (18 km) südwestlich von Homestead auf der Route 9336 ☎ 305 2 42 77 00 ◐ tgl. 8–17 Uhr ✦ frei

Everglades Alligator Farm ✉ 40351 S.W. 192 Avenue, Homestead ☎ 305 2 47 26 28 ⊕ www.everglades.com ◐ tgl. 9–18 Uhr ✦ ab 27 $

Gulf Coast Visitor Center ✉ 815 Oyster Bar Lane, bei Highway 29, Everglades City ☎ 239 6 95 33 11 ◐ tgl. 9–16.30 Uhr ✦ Bootsausflüge: ab 37 $; Kajak 45 $/Tag, Kanu 38 $/Tag

❹ ★★ Key West

Warum?	Leben und leben lassen
Was?	Entspannte Tage in Sandalen
Wie lange?	Wenigstens drei Tage
Wann?	Zwischen März und Mai ist es am schönsten
Was noch?	Key Lime Pie essen
Was nehme ich mit?	Die Erkenntnis: Nicht alle Amerikaner sind prüde

Amerikas talentiertester Säufer produzierte hier Weltliteratur, Rebellen in Badeschlappen probten den Aufstand gegen Washington, auf Benefizveranstaltungen und Stadtfesten paradiert der Stadtrat schon mal in Drag-Queen-Kostümen über die Duval Street. Nicht umsonst gilt Key West als eine der liberalsten Städte Amerikas!

Einst war Key West sogar – dank ihrer findigen Einwohner, die sich schon mal als Strandpiraten betätigten und gestrandete Schiffe plünderten – die reichste Stadt Floridas! Und irgendwie passt diese historische Fußnote ja auch: Im Lauf der Zeit war Key West, das keine hundert Kilometer von Kuba entfernt liegt, die Heimat einer bunt zusammengewürfelten Mannschaft aus Piraten, Fischern, Aussteigern, Künstlern und Lebenskünstlern.

Das Herz der Stadt

Die beste Möglichkeit, Key West kennenzulernen, ist eine Stadtrundfahrt. Die gemütliche Tour mit dem Conch Train verschafft Ihnen in 90 Minuten einen Überblick über alle lokalen Gepflogenheiten. Mallory Square ist das inoffizielle Zentrum von Key West. Machen Sie einen Spaziergang rund um den Platz und die umliegenden Häuserblocks. Am Tag ist es hier schön, aber den eigentlichen »Key Spirit« erleben Sie erst bei Sonnenuntergang. Dann färbt sich der Himmel rosa und lila, die Gebäude leuchten golden im Glanz der sinkenden Sonne. Um diese

Shopping auf Stelzen: in der Duval Street.

Zeit beginnt auf dem Platz die Sunset Celebration – eine gigantische Straßenparty. Straßenkünstler jonglieren mit Feuer, spazieren über Drahtseile und führen unglaubliche Tricks auf Fahrrädern vor, Alteingesessene trinken Bier, Kreuzfahrttouristen machen Selfies. Holen Sie sich ebenfalls ein Bier und einen Conch Fritter und erleben Sie, wie der Karneval im Lauf des Abends immer neue Ebenen erreicht.

Sofern Sie der Anblick betrunkener College-Jungs nicht abschreckt, sollten Sie später einen Bummel über die berühmteste Straße von Key West unternehmen – die Duval Street. Nach Sonnenuntergang wandelt sie sich zu einem nächtlichen Ausgehviertel, das auch »Duval Crawl« genannt wird.

Die Hemingway Connection

Das Hemingway House ist eine schöne spanische Villa im Kolonialstil, in der zwischen 1931 und 1940 Ernest Hemingway lebte. Heute ist darin ein Museum untergebracht, das dem berühmten Autor gewidmet ist. Er war Anfang 30, als er hier mit seiner zweiten Frau einzog, einer Redakteurin der »Vogue« und ehemaligen Freundin seiner ersten Frau. Er blieb, bis er neun Jahre später mit seiner dritten Frau durchbrannte. Während seiner Zeit auf Key West schrieb er u.a. *Das kurze glückliche Leben des Francis Macomber* und *Die grünen Hügel Afrikas*, außerdem baute er für sein Haus den ersten Salzwasserpool auf Key West. Der Pool war so teuer, dass Hemingway seinen »letzten Penny« in den Zement der Poolumrandung drückte, als er schließlich fertig war. Der Penny ist bis heute dort – Sie können ihn bei einem Rundgang sehen.

Symbole von Key West

Der Friedhof von Key West ist eine schrullige Attraktion mit ausgefallenen Grabsteininschriften wie »I told you I was sick« (»Ich habe dir doch gesagt, dass ich krank war«). Der Zugang zum Friedhof auf der Passover Lane ist kostenlos.

Trinken ist eine der Hauptbeschäftigungen in Key West. Zumindest für Besucher konzentriert sich alles um zwei der vielen Bars im Ort: Sloppy Joe's Bar ist legendär, Capt. Tony's Saloon direkt um die Ecke (der ursprüngliche Standort von Sloppy Joe's Bar) dagegen authentischer und weniger touristisch. Beide rühmen sich interessanter Hemingway-Connec-

---

Stellenweise schmale Fahrbahnen und und eine rasante Fahrweise der anderen können die Fahrt auf dem US 1, dem einzigen Highway zu den Keys, unter Umständen nervenaufreibend machen. Fahren Sie defensiv und lassen Sie die Scheinwerfer eingeschaltet, um gesehen zu werden.

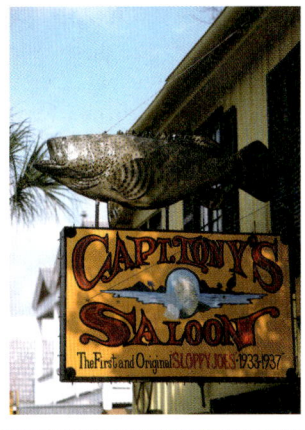

Links: Capt. Tony's Saloon – eines der berühmtesten Wasserlöcher der Conch Republic. Unten: Petronia Street im Bahama Village – hier spürt man noch den alten Geist von Key West.

Oben: Hemingways Haus auf Key West: »Alles, was du tun musst, ist, einen wahren Satz schreiben.« Rechts: Last Exit Key West – next stop Cuba.

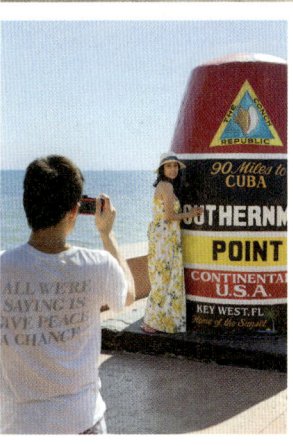

tions. Bestellen Sie dort Margaritas und Daiquiris und schauen Sie sich einmal selbst um!

Key West unter Wasser

Key West ist nicht gerade bekannt für seine Strände, aber man kann das immer blaue Meer hier trotzdem aus jeder Perspektive genießen. Versuchen Sie es mit Schnorcheln, Parasailing oder einer Fahrt an Bord eines der Charterboote, die vom Harbor Walk am Ende der William Street ablegen. Der Fury Catamaran ist eine sichere Sache. Das große, stabile Schiff legt u. a. beim Pier am Mallory Square ab, fährt ein paar Kilometer aufs Meer hinaus und serviert Champagner, Bier, Wein sowie Softdrinks. Auch eine Schnorcheltour oder eine Fahrt in den Sonnenuntergang werden angeboten.

Rund um den Mallory Square gruppieren sich schöne alte Häuser im Conch-Stil.

KLEINE PAUSE
Das gemütliche **Green Pineapple Café** (1130 Duval St.) im hinteren Teil der gleichnamigen Boutique bietet bei Espresso und frischem Gebäck eine Atempause vom Trubel auf der Duval Street.

✛ 212 B1

Key West Welcome Center
✉ 1601 N. Roosevelt Blvd.
☎ 305 2 93 76 66
⊕ www.keywest123.com

Conch Tour Train
✉ Mallory Square
☎ 305 2 94 51 61
⊕ www.conchtourtrain.com ❶ tgl. 9.30–16.30 Uhr ✦ ab 31 $

Hemingway House Museum
✉ 907 Whitehead Street
☎ 305 2 94 11 36
⊕ www.hemingwayhome.com ❶ tgl. 9–17 Uhr ✦ 14 $

Key West Cemetery
✉ 701 Passover Lane ☎ 305 2 92 81 77
⊕ www.friendsofthekeywestcemetery.com/
❶ tgl. 7–18 Uhr ✦ frei

Sloppy Joe's Bar
✉ 201 Duval Street
☎ 305 2 94 57 17 ⊕ www.sloppyjoes.com

Capt. Tony's Saloon
✉ 631 Greene Street
☎ 305 2 94 18 38
⊕ www.capttonyssaloon.com

Fury Water Adventures
☎ 888 976 0899
⊕ www.furycat.com
✦ ab 50 $

Charlie Mac's
✉ 404 Southard St ☎ 3053 20 02 04 ⊕ www.charlie macs404.com

Turtle Kraals
✉ 231 Margaret St ☎ 305 2 92 33 02 ⊕ www.turtle kraals.co

Schooner Wharf Bar
✉ 202 William St.
☎ 305 2 92 33 02
⊕ https://schooner wharf.com

Magischer Moment

Magical Mystery Tour: Cocktails, Bars und flinke Kriechtiere

Diese Tour durch die urigsten Kneipen von Key West wäre ganz im Sinne Ernest Hemingways. Beginnen Sie mit einem fruchtigen Magic Hat #9 bei Charlie Mac's, wetten Sie beim Schildkrötenrennen im Turtle Kraals und krönen Sie Ihre Nacht in der Schooner Wharf Bar: Wenn die Key-West-Ikone Michael McCloud zum billionsten Mal die Nationalhymne der Conch Republic schrammelt und sich Conchs wie Touristen in den Armen liegen, kann es kaum etwas Schöneres geben als diesen magischen Moment.

❽ ★★ Little Havana

Warum?	Buena Vista ohne Social Club
Was?	Kubanische Kultur und Lebensart
Wie lange?	Einen Abend
Wann?	Immer
Was noch?	Vorher noch mal »Dirty Dancing« gucken

»Havana, ooh na-na/Half of my heart is in Havana, ooh-na-na ...«: Nicht nur die Sehnsucht nach ihrer alten Heimat schwingt in diesem Latin-Gassenhauer mit. Inspiriert dazu wurde die kubanischstämmige Sängerin Camila Cabelos wohl auch von Little Havana, dem im Salsa-Rythmus klopfenden Herzen der größten lateinamerikanischen Gemeinde in ihrer Heimatstadt Miami.

Bis die Revolution von 1959 dem formalen Handel ein Ende setzte, war Little Havana das Epizentrum der Geschäftsbeziehungen zwischen Havanna und Miami. Und nach der Machtübernahme durch Castro, als die politische Beziehung zwischen den USA und Kuba offiziell beendet war, schoss die Einwohnerzahl durch die Zuwanderung von Exilkubanern rasant in die Höhe. Sie halten die legendäre Gemeinde lebendig. Viele machten aus ihrem reichen kulturellen Erbe Geld, und auch wenn manche Ecken in Little Havana sehr touristisch sind, blieb das Viertel bis heute relativ authentisch.

Wandgemälde in Little Havana: Lateinamerika trifft Latin America(ns).

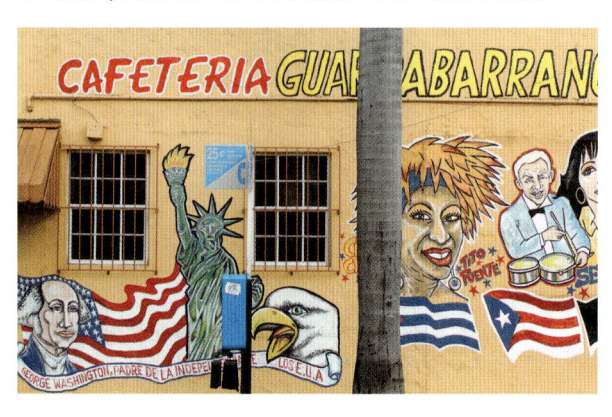

»Open up your eyes – Abre los ojos«

Am besten erleben Sie diese Gegend, wenn Sie in einem der zahlreichen Straßencafés auf der Calle Ocho (S.W. 8th Street) einkehren, der Hauptstraße von Little Havana und dem Herzen der kubanoamerikanischen Gemeinde. Bestellen Sie sich einen Mojito und lassen Sie diesn Teil von Miami stilecht und in aller Ruhe an sich vorüberziehen. Oder wie wäre es mit einem kubanischen Sandwich mit Essiggurken, Schweinebraten, Schinken und Käse zwischen zwei dicken weißen Scheiben gebutterten Brots? Danach brauchen Sie erst mal einen kubanischen Tinto, einen starken Espresso also, und eine ganze Weile lang nichts mehr (zu essen).

In Little Havana werden noch viele Zigarren ganz traditionell von Hand gerollt und verpackt.

Die auch von dem kubanoamerikanischen Rapper Pitbull in seinem ersten Welthit »I Know You Want Me (Calle Ocho)« verewigte Straße ist *das* öffentliche Gesicht dieser Community. Dazu gehören Geschäfte, in denen günstige Telefonkarten und Jungfrau-Maria-Kerzen verkauft werden, kubanische Restaurants und Arbeiterkantinen, aus denen ein herrlich würziger Duft strömt sowie ein Zigarrenladen wie die Little Havana Cigar Factory (1501 SW 8th St., www.lhcfstore.com) wo auch Robert de Niro einzukaufen pflegt, wenn er in der Stadt ist.

Nicht versäumen sollten Sie an der Ecke Calle Ocho und S.W. 15th Street einen Besuch in dem nach Máximo Gómez, dem Anführer der kubanischen Befreiungsarmee, benannten Park. Nehmen Sie sich ein wenig Zeit, schauen Sie den älteren Herren beim Dominospielen zu und schnappen Sie ein paar Worte *spanglish* auf: *Chonga* für »junge Frau« etwa oder das schöne Bindewort *pero like* (»aber …«).

KLEINE PAUSE
Zu jeder Tageszeit ein guter Ort für ein kühles Hatuey-Bier und ein Körbchen Empanadas ist das **Old's Havana** (1442 SW 8th St.) am Ostrand des Maximo Gomez Park.

✛ 216 B3

Maximo Gomez Park
✉ Calle Ocho und S. W. 15th Street
🎫 frei

LITTLE HAVANA

㊱ Miami Beach

Warum?	Weil »Miami« so vielversprechend klingt
Was?	Den Vibe der Stadt spüren
Wie lange?	Mindestens drei Tage
Wann?	Idealerweise zwischen März und Mai
Was noch?	Abends zum Cocktail in eine Rooftop Bar
Was nehme ich mit?	Die Erkenntnis, dass alle Miami-Klischees stimmen …

Wer Miami sagt, meint in der Regel Miami Beach. Tatsächlich erlebt der im chronisch überlasteten Straßennetz navigierende Besucher gleich zwei Miamis: das geschäftsmäßige mit den Bankentürmen, Malls und Wohngebieten, und das auf einer Barriereinsel liegende Miami Beach mit seiner Lifestyle-Enklave South Beach am südlichen Ende.

Nehmen Sie bei Sonnenuntergang den MacArthur Causeway (A1A) von Miami nach South Beach über die türkis funkelnde Biscayne Bay. Ein herrliches Erlebnis.

Die Detektive Crocket und Tubbs aus »Miami Vice«, der palmengesäumte MacArthur Causeway mit dem grandiosen Blick auf die in Sichtweite ankernden Kreuzfahrtschiffe, die endlosen Reihen modernster Hotels und Apartmenthäuser sowie South Beach: Ja, wer Miami sagt, pflegt Miami Beach vor Augen zu haben. Mit gutem Grund: Einmal auf der vorgelagerten Barriereinsel angekommen, bestätigt der Alltag die erwarteten Bilder aufs Schönste.

Mid-Beach

Genau genommen gehört alles nördlich der 20er-Straße zu Miami Beach, alles südlich davon zu South Beach. Die Einheimischen aber unterteilen Miami Beach noch in einen weiteren Abschnitt: Nach ihrer Zählung beginnt Mid-Beach in den 40ern, North Beach in den 70ern. In Mid-Beach ist die große jüdische Gemeinde der Stadt zu Hause. Herz der Gemeinde ist die Arthur Godfrey Road (41st Street), eine lange Einkaufsstraße, in der Sie ganz im Sinne der Multikulti-Szene von Miami wahlweise in einem kosheren Sushi-Restaurant oder unweit davon einen Teller Lachs mit Reis und Bohnen *(Loxy Arroz con Moros)* essen können. Und wenn Sie zum Strand wollen, werden Sie feststellen, dass man hier anders als in South Beach, wo sich alles ums Sehen und Gesehen werden dreht, ins Wasser geht. Also: richtig hinein ...

North Beach
Miamis kultigstes Hotel ist das 1954 von Morris Lapidus an der 44th Street gegenüber dem Strand erbaute <u>Fontainebleau Miami Beach</u>. Es hat 1200 Zimmer und ist seit jeher bei Stars beliebt (Brian De Palma nutzte es einst als Kulisse für seinen

Film »Scarface« mit Al Pacino in der Hauptrolle). Nebenan ist das <u>Eden Roc</u> ein weiteres architektonisches Meisterwerk von Lapidus. Hier logierte schon das »Rat Pack« um Frank Sinatra; auch heute ist die Promidichte noch immer hoch.

Einen grandiosen Blick auf Miami Beach und hinüber zur Downtown Miami hat man vom Grand Beach Hotel.

KLEINE PAUSE
Nicht nur der leichte, skandinavisch beinflusste Lunch ist toll. Der Strand- und Meeresblick vom Restaurant **Malibu Farm Miami Beach** (im Eden Roc) ist der schönste in der ganzen Stadt.

✜ 216 C3

Fontainebleau Miami Beach
✉ 4441 Collins Avenue
☎ 305 5 38 20 00, 800 5 48 88 86
⊕ www.fontainebleau.com

Eden Roc Miami Beach
✉ 4525 Collins Avenue
☎ 786 8 01 68 86 ⊕ www.edenrochotelmiami.com

㊲ Coral Gables & Coconut Grove

Warum?	Weil Sie hier eine entspannte Version Miamis erleben können
Was?	Verschnaufpause mit Vorstadtflair in der »City of Beautiful«
Wie lange?	Ein halber Tag
Wann?	Nachmittags
Was noch?	Das älteste Haus Miamis und ein Abendessen an der Miracle Mile

Coconut Grove ist so etwas wie »Miami im Schaukelstuhl«: Hier schaltet das Leben ein paar Gänge zurück. Westlich davon liegt das einst als vornehmes Wohnquartier angelegte Viertel Coral Gables. Beide Orte bieten einen Hauch südeuropäisch anmutender Eleganz – und eine angenehm ruhige Alternative zum Trubel in Miami Beach.

Coral Gables ...

Das Biltmore Hotel mit der Replik des Giralda-Turms von Sevilla.

... grenzt südwestlich an Miami und begann in den 1920er-Jahren als eine der ersten geplanten Siedlungen der USA. Schöpfer von Coral Gables war George Merrick (1886 bis 1942), ein Vertreter des damals angesagten »City Beautiful Movement« und glühender Anhänger mediterraner Architektur. Damit wäre bereits die Frage nach dem Woher all der

Villen, Parks und – jawohl – Stadttore beantwortet. Hingucker sind vor allem die prachtvolle Miracle Mile mit ihren eleganten Arkadengeschäften, Restaurants und Bars, und das Biltmore Hotel. Den Kern der 1926 eröffneten 275-Zimmer-Anlage bildet ein fast 100 m hoher Turm, für den wohl die Giralda im spanischen Sevilla Pate stand. Um das Hotel herum liegen zwei Golfplätze, ein Polofeld und über ein Dutzend Tennisplätze. Das Personal hat nichts dagegen, wenn Sie sich in den öffentlichen Bereichen aufhalten. Auch am Pool dürfen Sie sich umschauen, an Sonntagen werden sogar kostenlose Hoteltouren angeboten. Oder Sie genießen Ihren Nachmittagstee in der prächtigen Lobby, deren italienischer Marmor und spanische Kacheln schon Judy Garland und Ginger Rogers beeindruckten. Nur 800 m entfernt liegt der von Quellwasser gespeiste Venetian Pool, ein in einen alten Korallenkalkbruch eingefügtes Schwimmbad, in dem schon der Tarzan-Darsteller Johnny Weissmuller planschte.

Der mit kleinen Wasserfälle und künstlichen Höhlen angelegte Venetian Pool zieht Einheimische wie Touristen gleichermaßen an.

Coconut Grove

Im nicht weit entfernten Coconut Grove, einer um 1840 von Zuwanderern von den Bahamas gegründeten Vorstadt mit einfachen Fachwerkhäusern und Bauten aus Coquina-Kalkstein sowie mediterranen Villen inmitten üppig blühender Gartenanlagen, wartet mit dem CocoWalk ein dreistöckiger Unterhaltungskomplex mit Restaurants, Bars, Geschäften und einem Multiplextheater auf neugierige Besucher. Mayfair in the Grove, eine kommerzielle Fußgängerzone, liegt zwei Blocks westlich. Viel interessanter ist aber der nur einen Katzensprung entfernt vom CocoWalk in tropischem Dickicht liegende Barnacle State Historic Park. Hier befindet sich das älteste noch stehende Haus Miamis: Errichtet wurde es im Jahr 1891 von Ralph Munroe, einem berühmten Segelbootkonstrukteur seiner Zeit, der sich dabei an der Architektur der »Conch Houses« orientierte, die praktikable Lösungen für die Kühlung von Häusern im feuchttropischen Klima gefunden hatte. Räume und überdachte Veranden gruppieren sich um den »The Barnacle« genannten acht-

Der schöne Garten der direkt am Meer gelegenen Villa Vizcaya lädt zu einer Rast ein.

eckigen zentralen Wohnraum. Die originale Einrichtung ist noch erhalten, ebenso das Bootshaus mit einer Werkstatt.

Einen Besuch lohnt zudem die als Winterdomizil für den Erntemaschinenfabrikanten James Deering in den Jahren 1914 bis 1916 im italienischen Renaissancestil errichtete Villa Vizcaya. In deren opulent möblierten Räumen kann man eine Kollektion französischer, spanischer und italienischer Kunst ebenso bestaunen wie kostbare Möbel, Teppiche und Skulpturen. Anschließend möchten Sie vielleicht einen Spaziergang im mit Grotten und Brunnen schön gestalteten Garten machen.

KLEINE PAUSE
Die schattigen Plätze des auf den Golfplatz blickenden, mittags leichte Snacks servierenden **19th Hole Sports Bar & Grill** sind die unwiderstehlichsten im Biltmore Hotel.

✣ 217 B2

The Biltmore Hotel
✉ 1200 Anastasia Avenue
☎ 1 855 3 11 69 03 ⊕ www.biltmorehotel.com

Venetian Pool ✉ 2701 De Soto Boulevard ☎ 305 4 60 53 06 ⊕ www.coralgablesvenetianpool.com ❶ Feb.–März Di–So 10–16.30, April bis Mai Di–Fr 11–17.30, Sa–So 10–16.30, Juni–August Di bis Fr 11–18.30, Sa–So 10 bis 16.30, Sept.–Okt. Di bis Fr 11–17.30, Sa–So 10 16.30, sonst Di–Do 10 bis 16.30 Uhr ✦ 5,75 $

CocoWalk
✉ 3015 Grand Avenue
☎ 305 4 44 07 77

Streets of Mayfair
✉ 2911 Grand Avenue
☎ 305 4 48 17 00
⊕ www.mayfairinthegrove.com

Vizcaya Museum and Gardens ✉ 3251 S. Miami Avenue ☎ 05 2 50 91 33 ⊕ www.vizcayamuseum.org ❶ tgl. 9.30–16.30 Uhr ✦ 18 $

㊳ Palm Beach

Warum?	So eine Milliardärsenklave gibt's nur einmal
Was?	Ein Stelldichein mit den Reichen und Superreichen
Wie lange?	Einen Nachmittag
Wann?	Jederzeit
Was noch?	Wer es sich leisten kann: Shopping de luxe

Palm Beach war von Anfang an ein Spielplatz der reichsten Amerikaner. Bis heute atmet die Stadt, die vom Festland aus nur über Zugbrücken erreicht werden kann, Exklusivität: Willkommen im Club der Dollarmilliardäre!

Neuankömmlinge halten unwillkürlich die Luft an: Auf den ersten Blick wirkt das perfekt manikürte Palm Beach fast ein wenig abschreckend. Mauerhohe Hecken und Gitter schützen vor neugierigen Blicken, die Zahl der Polizeibeamten liegt über dem Landesdurchschnitt. Doch beim näheren Hinsehen wird die Reichen-Enklave durchaus zugänglich(er).

Eine Stadt, zwei Möglichkeiten der Annäherung
Palm Beach gehört zu den reichsten Städten der USA. Als Besucher – und Otto Normalverbraucher – hat man da nur

Blick von West Palm Beach hinüber nach Palm Beach.

zwei Möglichkeiten. Entweder man studiert die neuesten Reichen-Rankings und lässt sich, je nach Gemüt und/oder politischer Einstellung, an deren Namen und Zahlen genüsslich berauschen oder moralisch entrüsten. Oder man nimmt den fabelhaften Reichtum der Stadt mal eben zur Kenntnis und geht ansonsten zur Tagesordnung über.

Am Anfang war die Kokosnuss

Die Ursprünge von Palm Beach gehen zurück auf das Jahr 1878, als der mit Kokosnüssen beladene spanische Frachter »Providentia« vor der nur einen knappen Kilometer breiten Sandinsel auf Grund lief. Als dann der Eisenbahnmagnat Henry M. Flagler in den frühen 1890er-Jahren das Terrain sondierte, erkannte er sofort das Potenzial des inzwischen palmenbestandenen Eilandes im tiefblauen, ins Türkis übergehenden Atlantik. Im Jahr 1894 ließ er seine Florida East Coast Railway bis nach Lake Worth verlängern und auf Palm Beach das legendäre »Royal Poinciana Hotel« bauen. Ein Jahr später kam das »Palm Beach Inn« hinzu, das spätere »The Breakers«. Erwartungsgemäß lockten die Edelherbergen eine illustre Klientel an. John D. Rockefeller stieg hier ab, der Zeitungszar William Randolph Hearst und US-Präsident Warren G. Harding logierten hier. 1918 stieg der Architekt Addison Mizner aus dem Zug und schenkte der Stadt ihr mediterranes Antlitz. Derweil lebte das Dienstpersonal jenseits vom Lake Worth in West Palm Beach auf dem Festland. Längst hat sich die einstige Vorstadt zum Zentrum des Palm Beach County entwickelt. Elektronikfirmen siedelten sich an sowie Steuerberater und Immobilienhändler, die von hier aus ihr Territorium in Palm Beach kontrollieren.

Selbst für gehobene Ansprüche ist die Worth Avenue ein Non-plus-ultra, was das Shopping betrifft. Alle bekannten Nobelmarken sind hier vertreten.

Auf Erkundungstour

Um die Opulenz der Stadt auf sich wirken zu lassen und Palm Beach wirklich schätzen zu lernen, machen Sie am besten einen Spaziergang entlang des goldenen Sandstrands, tauchen ein in das warme Blau des Atlantiks oder machen eine Fahrradtour durch die Seitenstra-

An der Westseite der Insel ließ der Eisenbahnmagnat Henry M. Flagler im Jahr 1901 als Hochzeitsgeschenk für seine dritte Frau einen 55-Zimmer-Palast mit dem klangvollen Namen »Whitehall« errichten.

ßen, vorbei an den vergoldeten, pastellfarbenen Villen mit gepflegten Rasenflächen, farbigen Büschen und Blumengärten, für die Palm Beach so berühmt ist. Besonders schöne Beispiele des mediterran anmutenden Mizner Styles finden Sie entlang der Straßen El Bravo, El Vedado und El Brillo. Ebenfalls eine gründliche Erkundung lohnt die Worth Avenue – mit dem Rodeo Drive in Beverly Hills wohl die teuerste Einkaufsstraße der USA und mit ihren mediterranen Häusern, schattigen Arkaden und romantischen Innenhöfen ein weiteres Beispiel des Gestaltungswillens Mizners. Zahlreiche kleine Gassen zweigen von ihr ab, darunter die vielfach gekrümmte Via Mizner und die angrenzende Via Parigi.

Mizners Domizil, die fünfgeschossige Villa Mizner, steht ebenfalls hier (1 Via Mizner). Am Ende des Tages gönnt man sich dann einen Cocktail im Luxusresort The Breakers Palm Beach. Große Überraschung: Auch wenn eine Übernachtung den meisten Geldbeuteln Normalsterblicher so fern liegt wie das nächste Sonnensystem, sind die Mixgetränke in der dortigen Surf Break Bar für hiesige Verhältnisse doch durchaus erschwinglich. 15 $? – fast geschenkt!

Nicht versäumen sollten Sie auch einen Besuch im Henry Morrison Flagler Museum (1 Whitehall Way, Di–Sa 10–17, So 12–17 Uhr, www.flaglermuseum.us, 18 $ inkl. gef. Tour). Die »Whitehall« genannte Winterresidenz der Flaglers wurde schnell zum Treffpunkt der High Society. Geführte Touren informieren über die nach historischen Themen eingerichteten Säle.

Wenige Gehminuten weiter südlich, am Intracoastal Waterway entlang, liegen – in subtropisches Dickicht gebettet – die stuckverzierten Gebäude der gemeinnützigen Society of Four Arts (2 Four Arts Plaza, tgl. 10–17 Uhr, im Winter kürzer, www.fourarts.org, 5 $). Im Jahr 1936 von wohlhabenden, kunstsinnigen Bürgern gegründet, beherbergt die von Addison Mizner entworfene Anlage eine sehenswerte Bibliothek, interessante Wechselausstellungen und schöne Skulpturengärten mit vielen hier im tropischen Klima gedeihenden Pflanzenarten.

Blick in die Lounge von The Breakers, einem 1926 im Stil eines italienischen Palastes errichteten Luxushotels – bis heute ein Treffpunkt des alten und neuen Geldadels der Stadt.

KLEINE PAUSE

An den draußen stehenden Tischchen des hübschen **Café Delamar** (Via Demario, 326 Peruvian Ave.) in einer der schmalen, Fußgängern vorbehaltenen Vias zwischen Worth und Peruvian Avenue fühlt man sich wie am Mittelmeer.

✣ 231 F5

The Palm Beaches ✉ 2195 Southern Blvd., Suite 400, West Palm Beach ☎ 800 554 7256 ⊕ www.thepalmbeaches.com

Nach Lust und Laune!

39 Boca Raton

Als ihre Ansiedlung im Jahr 1925 auf der Höhe des Landbooms in Florida gegründet wurde, beauftragten die Stadtverantwortlichen von Boca Raton den berühmten Architekten Addison Mizner mit der Planung eines Weltklasse-Resorts. Obwohl das Ende des Booms die meisten seiner Pläne zunichte machte, wurden viele seiner Projekte, darunter 1927 die City Hall, fertiggestellt. Sie trägt noch heute die Originalhandschrift des Architekten. Nach einer umfassenden Restaurierung erstrahlt sie wieder in ihrem alten Glanz und ist heute die Heimat der Boca Raton Historical Society, die gleichzeitig als Touristeninformation dient. Bis heute ist Boca Raton eine überaus wohlhabende Stadt, die ihren Reichtum auch gerne zeigt, etwa im Mizner Park, einem Wohn- und Einkaufszentrum.

Meerespromenade in Fort Lauderdale.

✛ 211 F1
Boca Raton Historical Society
✉ 71 North Federal Highway ☎ 561 3 95 67 66 ● www.bocahistory.org

Mizner Park
✉ 327 Plaza Real ☎ 561 3 62 06 06
● www.miznerpark.org

40 Fort Lauderdale

Einst eine berühmt-berüchtigte Partystadt, hat Fort Lauderdale seit der Blütezeit der Spring-Break-Partys in den 1980er-Jahren einen Reifeprozess durchlaufen. Heute ist es für seinen so langen wie beeindruckenden sonnenverwöhnten Strand, Kanäle wie in Venedig und moderne Designerhotels bekannt. Zwar weiß man hier immer noch, wie Partys gefeiert werden, aber das billige Bier wurde längst gegen Grey-Goose-Martinis in teuren Clubs eingetauscht. Mit dem Water Taxi können Sie ein- und aussteigen, wo Sie möchten, um Fort Lauderdale kennenzulernen. Hauptattraktion ist die Fort Lauderdale Beach Promenade. Lassen Sie sich Zeit für einen Spaziergang über den breiten, palmengesäumten Steinweg parallel zum weißen Sandstrand, der im Herzen der Innenstadt beginnt. Auch zum Schwimmen im himmelblauen Meer und um die Sonne Floridas zu genießen, sollten Sie sich an diesem 10 km in nördlicher Richtung erstreckenden Strand etwas mehr Zeit nehmen. Machen Sie eine romantische Gondeltour auf den befahrbaren Wasserwegen der auch als »Venedig Amerikas« bezeichneten Stadt, und schauen Sie sich im Herzen der Innenstadt die Sammlung des Museum of Art an. Es ist eines der besten Museen in ganz Florida und präsentiert Werke von Picasso, Matisse, Dalí und Warhol. Hinzu kommt eine große Sammlung von Werken des US-amerikanischen Malers und Illustrators Wilhelm Glackens (1870–1938).

✣ 213 E4
Greater Fort Lauderdale Convention & Visitors Bureau ✉ 100 East 101 NE Third Avenue, Suite 100
☎ 954 7 65 44 66 ⊕ www.sunny.org

Water Taxi
☎ 954 4 67 66 77 ⊕ www.watertaxi.com ❶ tgl. 10.30–24 Uhr ♦ 28 $

Las Olas Gondola Rides
☎ 1 800 2 77 13 90 ⊕ www.lasolasgondola.com

NSU Museum of Art ✉ 1 E. Las Olas Boulevard ☎ 954 5 25 55 00 ⊕ www.moafl.com ❶ Di-Mi, Fr-Sa 11–17, Do 11–20, So 12–17 Uhr ♦ 12 $

41 Biscayne National Underwater Park

Südöstlich von Miami liegt etwas abseits der Straße zu den Keys der 700 km² große Biscayne National Park. Er besteht zu 95 % aus Wasserfläche und schützt das vorgelagerte Korallenriff, das zum (sich über die ganze Südküste Floridas erstreckenden) drittgrößten Riffsystem der Welt gehört (nach dem Great Barrier Reef und dem Riff vor der Küste von Belize). Legen Sie im Dante Fascell Visitor Center eine Pause ein. Hier können Sie Filme über die Riffe sehen und Ausflüge zum Tauchen oder Schnorcheln buchen. Wenn Sie die Unterwasserwelt trockenen Fußes erkunden möchten, können Sie auch eine Tour mit dem Glasbodenboot machen, um die Unterwasserwelt zu besichtigen. Mit etwas Glück beobachten Sie dabei auch Manatees, während Sie über das Wasser hinweg gleiten.

✣ 213 E3
Dante Fascell Visitor Center
✉ 9700 S.W. 328th Street, Homestead ☎ 305 2 30 11 44 ⊕ www.nps.gov/bisc ❶ tgl. 8.30–17 Uhr

42 Dry Tortugas National Park

Etwa 110 km westlich vor Key West erstreckt sich der Dry Tortugas National Park, ein marines Naturschutzgebiet, das eine Gruppe winziger Koralleninseln und ausgedehnter Unterwasser-Korallenriffe umfasst. Der spanische Seefahrer Juan Ponce de León entdeckte diese Inselchen anno 1513 und benannte sie nach den hier brütenden Seeschildkröten (span. »Tortugas«).

✣ 212 A1
National Park Service ☎ 305 2 42 77 00 ⊕ www.nps.gov/drto

Garden Key Campground ☎ 305 2 42 77 00 ⊕ www.nps.gov/drto ♦ 3 $

Yankee Freedom III
☎ 305 2 94 70 09 ⊕ www.drytortugas.com ♦ 180 $

Wohin zum ... Übernachten?

Preise für ein Doppelzimmer pro Nacht während der Hochsaison:
$ unter 150 $
$$ 150–250 $
$$$ über 250 $

MIAMI/MIAMI BEACH

Cadet Hotel $/$$
Bei ansonsten in die Höhe schnellenden Preisen ist dieses einfache, bescheidene, Hotel eine rühmliche Ausnahme. Nichts Exklusives (Parkplätze sind eingeschränkt verfügbar), nur ein süßes kleines Café auf der Veranda und im Garten, 38 Zimmer im Artdéco-Stil, Bambusböden und ägyptisches Leinen.
✣ 216 C3 ✉ 1701 James Avenue, Miami Beach ☎ 305 6 72 66 88 ⊕ www.cadethotel.com

Delano $$$
Das Delano ist ein Art-Deco-Schmuckkästchen mit 238 Zimmern und Suiten, das spätestens nach seiner Renovierung durch Star-Designer Philippe Starck auch zum Society-Treff aufstieg. Und was für ein unwiderstehlicher Pool!
✣ 216 C3 ✉ 1685 Collins Ave, Miami Beach ☎ 305 6 72 20 00 ⊕ www.morganshotelgroup.com

Eden Roc Renaissance Miami Beach $$$
Schick renovierte Luxusherberge mit schönem Pool und glamourös ausgestatteten Zimmern. Von den Zimmern mit Terrasse bietet sich ein herrlicher Blick auf den Ozean.
✣ 216 C3 ✉ 4525 Collins Avenue, Miami Beach ☎ 786 8 01 68 86 ⊕ www.edenrochotelmiami.com

The Hotel $$/$$$
Dieses Hotel wurde von dem ansonsten vor allem für seine Modekreationen bekannten Designer Todd Oldham entworfen und bietet auf 4 Stockwerken 52 Zimmer im Boutique-Stil. Wolkenmuster, Mosaikfliesen und handgeblasenes Glas sorgen für entspannte Eleganz. Komfortable Zimmer mit allen modernen Annehmlichkeiten. Beeindruckender Pool auf dem Dach mit Meerblick, Umkleiden, eine Saftbar und ein Fitnessbereich. Ein perfekter Rückzugsort.
✣ 216 C3 ✉ 801 Collins Avenue, Miami Beach ☎ 305 5 31 22 22 oder 877 8 43 46 83 ⊕ www.thehotelofsouthbeach.com

Loews Miami Beach Hotel $$$
Das am Strand gelegene Hotel bietet große, komfortable Zimmer und einen modernen Service inkl. Valet-Parken, was in den Art-déco-Hotels dieser Gegend selten der Fall ist. Der Poolbereich gehört zu den schönsten der Stadt – mit zahlreichen Palmen und Liegestühlen, einem Schwimmbecken in Nierenform und einem Whirlpool. Das Beste daran aber ist die direkte Verbindung zum Strand.
✣ 216 C3 ✉ 1601 Collins Avenue, Miami Beach ☎ 305 6 04 16 01 oder 877 5 63 97 62 ⊕ www.loewshotels.com

Mandarin Oriental $$/$$$
Eine der auch unter Geschäftsleuten beliebtesten Unterkünfte in Miami. Schöner Meerblick von den Zimmern und Suiten, erdige Farbtöne und Bambus verleihen dem Design einen leicht asiatischen Touch. Die Martini-Bar, der Poolbereich, der private Strand und das Restaurant sind weitere Pluspunkte. Eine Wohlfühloase im Herzen der Stadt.
✣ 216 B3 ✉ 500 Brickell Key Drive ☎ 305 9 13 82 88 ⊕ www.mandarinoriental.com

The Setai $$$
Im Setai vereinen sich die Architektur kambodschanischer Tempel und chinesisches Interieur zum teuersten und außergewöhnlichsten Hotel von Miami. Exzellenter Service (auf jeder Etage stehen rund um die Uhr Butlerteams bereit) – glücklich alle diejenigen, die sich das leisten können.
✣ 216 C3 ✉ 2001 Collins Avenue, Miami Beach ☎ 305 5 20 60 00 ⊕ www.setai.com

KEY WEST

Avalon B&B $$/$$$
Am ruhigen, Lichtjahre vom Rummel am Mallory Square entfernten Ende der Duval Street bietet dieses in einem traditionellen »Conch House« untergebrachte B&B 4 Zimmer und ein Cottage sowie entspannte »Old Florida«-Atmosphäre mit Himmelbetten, Bastsesseln und pastellfarbenen Wänden.
✢ 212 B1 ✉ MM 1317 Duval Street, Key West ☎ 305 294 82 33 ⊕ www.avalonbnb.com

PALM BEACH

The Breakers $$$
Bereits seit dem Jahr 1926 ist dieser schmucke Hotelpalast das Wahrzeichen von Palm Beach – und seine schönste Visitenkarte! Die einem italienischen Palazzo nachempfundene 540-Zimmer-Luxusherberge liegt direkt am Meer und wirkt trotz ihrer Größe nicht allzu pompös. Mit dem Flagler Club in den oberen beiden von sieben Etagen beherbergt das Breakers darüber hinaus ein noch edleres »Hotel im Hotel«: Auf die Gäste der 28 Suiten warten ebenso viele Butler, um das Wörtchen »Service« neu zu definieren.
✢ 211 F1 ✉ 2801 N. Roosevelt Blvd ☎ 30 58 09 22 00 ⊕ www.parrotkeyresort.com

BOCA RATON

Boca Raton Marriott at Boca Center $/$$
Erstklassiges Haus in hervorragender Lage mit 256 geräumigen, modern eingerichteten Zimmern, Außenpool (mit Bar und Grill am Pool), Whirlpool und Fitnessbereich.
✢ 213 E5 ✉ 5150 Town Center Circle ☎ 561 3 92 46 00 ⊕ www.marriott.com

FORT LAUDERDALE

Pelican Grand Beach Resort $$$
Das sandfarbene Strandhotel verwöhnt mit rund 180 großzügig bemessenen Zimmern und Suiten. Über den Strand zum Meer sind es gerade einmal 100 Schritte.
✢ 213 E4 ✉ 2000 N Ocean Blvd. ☎ 954 568 94 31 ⊕ www.lagomar.com

Wohin zum ... Essen und Trinken?

Preise für ein Hauptgericht ohne Getränke:
$ unter 20 $
$$ 20–35 $
$$$ über 35 $

MIAMI/MIAMI BEACH

Joe's Stone Crab Restaurant $$$
Von Mitte Oktober bis Mitte Mai herrscht hier Hochbetrieb. Dann gibt es jene Delikatessen, durch die das Lokal zu einer Institution geworden ist: die leckeren Scheren von Steinkrebsen. Diese werden kalt in einer würzigen Senfsoße serviert, das Fleisch schmeckt süß und köstlich – ein wahres Vergnügen.
✢ 216 C3 ✉ 11 Washington Avenue, Miami Beach ☎ 305 6 73 03 65 ⊕ www.joes-stonecrab.com

Michael's Genuine Food & Drink $$/$$$
Michael's Genuine besticht vor allem durch sein gleichbleibend hohes Niveau: Tintenfisch und Snapper kommen ebenso präzise zubereitet auf den Teller wie Hühnchen und Steak. Fein abgestimmt ist auch die vor allem amerikanische Tropfen präsentierende Weinkarte.
✢ 216 B3 ✉ 130 NE 40th St., Design District ☎ 305 573 55 50 ⊕ https://michaelsgenuine.com

News Cafe $$
Das News Café an der Ecke 8th und Ocean Street serviert ganztägig Sandwiches und Frühstück, abends internationale Küche. Das Essen ist nichts Besonderes, aber das Restaurant ideal zum Leutebeobachten. Außerdem gibt es einen rund um die Uhr geöffneten Zeitungskiosk.
✢ 216 C3 ✉ 800 Ocean Drive, South Beach ☎ 305 5 38 63 9 ⊕ www.newscafe.com

Spris $
Rund 30 Pizzen mit dünnem Knusperboden und großzügig bemessene Salate, »Pizza

Rohen Fisch vom Feinsten gibt's im »Sushisamba« in der Lincoln Road in Miami Beach – und die Caipirinhas sind auch nicht zu verachten.

Happy Hour« von 17.30 bis 19 Uhr – und all das für keine 20 Dollar auf der munteren Lincoln Road!
✢ 216 C3 ✉ 731 Lincoln Rd. ☎ 305 673 20 20

Smith & Wollensky $$$
In diesem Paradies für Fleischliebhaber dreht sich alles um Steaks in jeder Form und Zubereitungsart – alles auf Wunsch genau auf den Punkt. Zudem hat man von hier einen herrlichen Blick über South Beach und die auslaufenden Kreuzfahrtschiffe.
✢ 216 C3 ✉ 1 Washington Avenue, nahe Collins Avenue, Miami Beach ☎ 305 6 73 28 00 ● www.smithandwollensky.com

Stubborn Seed $$
Eines der angesagtesten Restaurants von Miami Beach liegt jenseits der Fifth Street ganz im Süden von South Beach – in einer Nachbarschaft, die ansonsten eher bekannt ist für sündhaft teure Apartmentblocks und Prachtexemplare kosmetischer Chirurgie. »Jeden Bissen zu einer Belohnung machen«, lautet das Motto der beiden Chefs, und zwar mit organischen Produkten aus der Umgebung, vom Land wie aus dem Meer. Die Renner der Speisekarte sind Marlin namens »Hawaiian Nairagi« in Buttermilch und »Kusshi Oyster«, kleine, aber umso fleischigere Austern mit Thai Chili in Pfefferöl ... hmh, lecker!
✢ 216 C3 ✉ 101 Washington Ave., Miami Beach ☎ 786 322 5211 ● http://stubbornseed.com

Spiga Ristorante Italiano $$$
Traditionelle italienische Gerichte in gemütlicher Atmosphäre bei Kerzenschein serviert das romantische Restaurant vor dem Impala Hotel im Herzen des Art-déco- Districts. Das Brot ist hausgemachte, die Pasta-Gerichte sind schlicht delicious!
✢ 216 C3 ✉ 1228 Collins Avenue, Miami Beach ☎ 305 5 34 00 79 ● www.spigarestaurant.com

Sushisamba $$
Tausende Japaner verdingten sich einst als Landarbeiter in Südamerika. Einige zogen weiter nach Florida – und brachten eine innovative Fusion Cuisine aus Tapas, Ceviche und Sushi mit. Mit frischem Seafood und interessanten Gewürzen, raffiniert

WOHIN ZUM ...

präsentiert, sind die Sushis und Sashimis dieses netten Restaurants vor allem um die Mittagszeit beliebt.
✢ 216 C3 ✉ 600 Lincoln Road, Miami Beach ☎ 305 6 73 53 37
⊕ www.sushisamba.com

Wynwood Kitchen & Bar $$

Schöner speisen im Wynwood District: Wynwood Kitchen & Bar ist eine mit Werken hiesiger Talente dekorierte Lounge und bietet traditionelle spanisch-mediterrane Gerichte wie Tapas und Grillhühnchen, serviert auf kleinen Tellern, Ceviche, Calamari, Gazpacho & Co.
✢ 216 C3 ✉ 2550 NW 2nd Ave, Miami Beach ☎ 305 7 22 89 59 ⊕ www.wynwoodkitchenandbar.com

KEY LARGO

The Fish House Restaurant $/$$

Der Name ist hier schon das Programm: Probieren Sie gegrillten, frittierten oder in der Pfanne gebratenen Fisch oder Fischgerichte im kreolischen oder jamaikanischen Stil. Ebenfalls empfehlenswert: der hausgemachte Limettenkuchen.
✢ 2131 E2 ✉ MM 102.4 102401 Overseas Highway ☎ 305 4 51 46 65
⊕ www.fishhouse.com

KEY WEST

Blue Heaven $$/$$$

»No shoes, no shirt, no problem«, singt Jimmy Buffett. Dementsprechend relaxt gibt man sich auch hier. Holen Sie sich zunächst ein eiskaltes Bier aus der Wanne an der Bar. Dann können Sie sich entspannt zurücklehnen und eine riesige Portion karibische Barbecue-Shrimps, Hühnchen oder frischen Schnapper bestellen.
✢ 212 B1 ✉ 729 Thomas Street ☎ 305 2 96 86 66 ⊕ www.blueheavenkw.com

Margaritaville Cafe $

Wenn Sie gern vom Buffet essen, können Sie hier Fisch-Sandwiches, Gelbflossenthunfisch und Key-West-Krabben, Rippchen, Bier sowie natürlich Margaritas probieren. Livemusik.
✢ 212 B1 ✉ 500 Duval Street ☎ 305 2 92 14 35 ⊕ www.margaritavillekeywest.com

Mangoes $$

Was darf es denn sein: Muschelsuppe mit Hummerklößen oder doch lieber Feuer- und-Eis-Krabben mit Gurken-Tomaten- Relish und Schnapper? Wie auch immer Sie sich hier entscheiden: es schmeckt.
✢ 212 B1 ✉ 700 Duval Street ☎ 305 2 92 46 06 ⊕ www.mangoeskeywest.com

PALM BEACH

Bice Ristorante $$/$$$

Zwar bieten die meisten Filialen dieser trendigen italienischen Kette hervorragendes Essen, bei diesem Standort in Palm Beach sind aber auch die Gäste interessant. Denn die reichsten Einwohner der Region haben dieses Restaurant quasi zu ihrem zweiten Speisezimmer gemacht und gehen von Tisch zu Tisch, um Freunden Hallo zu sagen. Am begehrtesten sind die Plätze auf der Veranda. Lecker: das Safran- Risotto Mailänder Art.
✢ 211 F1 ✉ 313 1/2 Worth Avenue ☎ 561 8 35 16 00 ⊕ www.bice-palmbeach.com

Buccan $$/$$$

Im Bistro-Restaurant »Boo-Cahn« gibt sich das sonst eher zugeknöpfte Palm Beach hip und weltoffen. Angesagt ist progressive amerikanische, global inspirierte Küche aus frischen Zutaten auf kleinen Tellern. Ein absoluter Genuss: Oktopus-Tabouleh mit Chili, Minze und Petersilie.
✢ 211 F1 ✉ 350 S County Rd. ☎ 561 8 33 34 50 ⊕ www.buccanpalmbeach.com

BOCA RATON

Mississippi Sweets BBQ $/$$

Schon allein für die köstlichen BBQ-Rippchen und das Hühnchen in süßer hausgemachter Soße lohnt sich ein Besuch in diesem kleinen, äußerst beliebten Restaurant. Auch typische Gerichte des amerikanischen Südens gehören zum Angebot.

✆ 213 E5 ✉ 2399 N. Federal Highway
☎ 561 3 94 67 79 ⊕ www.mississippisweets
bbq.com

FORT LAUDERDALE

Casablanca Cafe $$

Wer zum Essen Ohrenschmaus liebt: In diesem Restaurant am Meer gibt es an den Mittwoch-, Freitag- und Samstagabenden Livemusik. Auf der Speisekarte stehen Gerichte der modernen Küche Floridas, kontinentale Spezialitäten wie Filet Mignon in Pilzsoße sowie moderne mediterrane Speisen. Entspannte Atmosphäre.
✆ 213 E4 ✉ 3049 Alhambra Street
☎ 954 7 64 35 00 ⊕ www.casablanca cafeonline.com

Floridian $/$$

Das von den Einheimischen liebevoll »The Flo« genannte 24-Stunden-Diner ist seit über einem halben Jahrhundert eine nicht versiegende Quelle cholesterinhaltiger US-amerikanischer Frühstücksklassiker.
✆ 213 E4 ✉ 1410 E Las Olas Blvd.
☎ 954 4 63 40 41 ⊕ http://thefloridian diner.com

Wohin zum ... Einkaufen?

MÄRKTE UND STRASSENFESTE

Das Art Deco Weekend (Ocean Drive von der 5th bis 15th Street, Tel. 305 6 72 20 14) ist ein viertägiges Straßenfestival im Januar. An den Verkaufsständen werden u.a. viele Vintage-Waren angeboten. Hinzu kommmen Kleidungsverkäufer und Imbissstände. Von Oktober bis Mai findet jeden 1. und 3. Sa im Monat der Outdoor Antique and Collectible Market (Blocks 800-1100, nahe Alton Road/LincolnRoad, Tel. 305 6 73 49 91, www.lincolnroadmall.info) statt. Eine gute Adresse für Handwerkskunst und gebrauchte Mode ist der Espanola Way Flea Market (Espanola Way zwischen Drexel und Washington Avenue, Fr-So).

SOUTH BEACH

Auf der Collins und Washington Avenue finden Sie alles – von Haute Couture bis zu außergewöhnlichen Accessoires. In der Lincoln Road werden gelegentlich Freiluftkonzerte und Bauernmärkte veranstaltet, außerdem gibt es viele Restaurants, Cafés und Galerien sowie unzählige Geschäfte. Das Crimson Carbon (524 Washington Avenue, Suite 101, Tel. 305 5 38 82 62) bietet eine Palette umweltfreundlicher und chemikalienfreier Kleidung an. Im En Avance (151 NE 41st St, Tel. 305 5 76 00 56) gibt's die aktuellsten Kollektionen von Midrange- und High-End-Designern.

BAL HARBOUR

Besuchen Sie die Bal Harbour Shops (9700 Collins Avenue, Tel. 305 8 66 03 11; www.balharbourshops.com), ein dreistöckiges Einkaufszentrum nördlich von Miami Beach.

BISCAYNE BOULEVARD

Bei Hiho Batik (6909 Biscayne Boulevard, Tel. 305 7 54 88 90, www.hihobatik.com) können Sie Ihr eigenes T-Shirt-Kunstwerk kreieren. Im angrenzenden Sprocket Gift Shop finden Sie viele Geschenkideen. Im Town Center Aventura (18701 Biscayne Blvd., Tel. 561 3 47 08 88, www.towncenteraven tura. com) gruppieren sich mehrere Dutzend feiner Bekleidungsgeschäfte um einen weitläufigen Ableger von Saks Fifth Avenue. Hinzu kommen noch einige gemütliche Cafés und Restaurants.

LITTLE HAVANA

Das Do Re Mi Music Center (1829 S.W. 8th Street, Tel. 305 5 41 33 74; tgl. 10-18 Uhr) verkauft lateinamerikanische Musik auf CD, Vinyl und sogar noch Kassette. Musikinstrumente gehören ebenfalls zum Angebot. Kubanische T-Shirts, Poster, Flaggen, Fotobücher und Visitenkartenboxen finden Sie im Little Havana-To-Go, dem offiziellen Souvenirshop der Gegend (1442 S.W. 8th Street, Tel. 305 8 57 97 20).

COCONUT GROVE

CocoWalk (3015 Grand Avenue, Höhe Virginia Street, Tel. 305 4 44 07 77, www.cocowalk.net) ist eine dreistöckige offene Mall mit tropischem Flair.

SOUTH MIAMI

The Falls (8888 S.W. 136th Street, bei US 1/S. Dixie Highway, Tel. 305 2 55 45 71, www.simon.com/mall/the-falls) ist eine riesige Outdoor-Mall.

Wohin zum ... Ausgehen?

Aktuelle Informationen zu den besten Clubs der Stadt finden Sie u.a. in der *Miami New Times* (www.miaminewtimes.com)

NIGHTCLUBS UND LOUNGES

Promi-DJs und einen hippen Mix aus House, Trance und Progressive gibt es auf dem Espanola Way an der Lincoln Road Mall sowie zwischen Block 1200 und 1500 auf der Washington Avenue. Das Yuca (501 Lincoln Road, Höhe Drexel Avenue, Tel. 305 5 32 98 22) ist ein beliebtes Restaurant mit lateinamerikanischem Einfluss und regelmäßig stattfindenden Salsa-Nächten. In der Skybar (1901 Collins Avenue, Tel. 305 6 95 31 00) im Shore Club können Sie bei einem Cocktail und schwindelerregendem Blick auf die Stadt genießen. Im Mango's Tropical Café tanzen knapp bekleidete Salsa-Tänzerinnen und Tänzer zu heißer Livemusik auf den Theken (900 Ocean Drive, South Beach, Tel. 305 6 73 44 22). Ball & Chain (1513 SW 8th St., Tel. 305 6 43 78 20) ist ein Hotspot für heiße Livemusik- und Tanznächte in Little Havana.

THEATER, MUSIK UND TANZ

Aktuelle Informationen zu den Ins & Outs bei den darstellenden Künsten finden Sie online unter www.miamidadearts.org. Mit einer aktuellen Ausgabe des Florida Dance Calendar (erhältlich über die Florida Dance Association, Tel. 305 3 10 80 80, www.floridadanceassociation.org) sind Sie auch zum Thema Tanz und Artverwandtes bestens informiert. Musicals zeigt das Actors Playhouse (280 Miracle Mile zwischen Ponce de León Boulevard und Salzedo Street, Coral Gables, Tel. 305 4 44 92 93, www.

Auch in Shoppingtempeln wie hier dem CityPlace in West Palm Beach gibt's Livekonzerte.

actorsplayhouse.org). Ausgezeichnete Aufführungen gibt es oft im New Theatre (4120 Laguna Street, Coral Gables, Tel. 305 4 43 59 09; www.new-theatre.org) zu sehen und zu erleben. Von Oktober bis Mai präsentiert die New World Symphony (Lincoln Theater, 500 17th St, Höhe Pennsylvania Road, Tel. 305 6 73 33 31 oder 800 5 97 33 31, www.nws.org) eine große Auswahl an Konzerten. Opernliebhaber gehen gern in die Florida Grand Opera im Miami-Dade County Auditorium (2901 W. Flagler Street, Höhe S.W. 29th Avenue, Tel. 305 8 54 16 43, www.fgo.org).

SPORT

Tickets für alle Sportveranstaltungen gibt es bei Ticketmaster (Tel. 305 3 50 50 50, www.ticketmaster.com).

Football
Miami ist stolz auf seine Football-Teams. Legendär bis heute: die niederlagenfreie Saison der Dolphins im Jahr 1972. Derart dominant war die Mannschaft in den letzten Jahren nicht mehr, aber in jedem Fall macht es Spaß, sich ein Profispiel anschauen (Pro Player Stadium, 2269 N.W. 199th Street, North Dade, Tel. 1-888, www.miamidolphins.com). Viel Begeisterung mit ekstatischen Fans, Blaskapellen, Cheerleadern und hochmotivierten Athleten entfacht in den USA auch der Collegesport. Die Hurricanes sind die Football-Mannschaft der University of Miami und vielfacher Meister, sie spielen im berühmten Orange Bowl (1501 N.W. 3rd Street, zwischen N.W. 14th und 16th Avenue, Tel. 305 6 43 71 00 oder 800 4 62 26 37, www.hurricanesports.com).

Basketball
Unter dem Coach Pat Riley hat sich Miami Heat (www.nba.com/heat/home) zu einer dominierenden Mannschaft im Basketball entwickelt. Superstar und Center-Spieler Alonzo Mourning ist einer der Top-Scorer; er führte die Heats in drei aufeinanderfolgenden Spielzeiten ins Finale. Seine Heimspiele – immer ein Erlebnis – trägt das Team in der Bayside American Airlines Arena aus (601 Biscayne Boulevard, Tel. 786 7 77 10 00, www.aaarena.com).

Golf
Viele der besten Golfplätze Miamis gehören zu Resorts, ihre Benutzung ist meist den Gästen vorbehalten. Legendär ist der Golfplatz im Doral Golf Resort and Spa (4400 N.W. 87th Avenue, N.W. 41st Street, Tel. 305 5 92 20 00, www.doralresort.com), der wegen seiner vielen Wasserhindernisse »Blue Monster« genannt wird. Gäste des Fairmont Turnberry Isle Resort and Club (19999 W. Country Club Drive, Tel. 305 9 32 62 00; www.fairmont.com/turnberry) können auf zwei Plätzen von Robert Trent Jones (1906–2000) spielen, einem der berühmtesten Golfplatzarchitekten der USA. Das Biltmore Hotel in Coral Gables (1200 Anastasia Avenue, Tel. 305 4 60 53 64) hat ebenfalls einen anspruchsvollen Platz, der auch für die Öffentlichkeit zugänglich ist.

Polo
Interessant sind die Spiele des Palm Beach Polo & Country Club (11199 Polo Club Road, Wellington, Tel. 561 7 98 70 00, www.palmbeachpolo.com). Dazu gehört auch der Equestrian Club, Gastgeber des Winter Equestrian Festivals.

Einladend: die Strände im Fort De Soto Park, am Ausgang der Tampa Bay.

Tampa Bay und der Südwesten

Die Strände, das Meer, der Himmel und Dalís Kunst: Hier scheint alles zu den schönsten Farben zu führen.

Seite 122–153

Erste Orientierung

Die Tampa Bay ist das herausragende geografische Merkmal der Golfküste. Drei Städte liegen an dieser über 1000 Quadratkilometer großen Meeresbucht: Tampa, St. Petersburg und Clearwater. Und die Strände am Golf von Mexiko sind alle vom Feinsten.

Überquert man, von Süden kommend, die Bay auf der eleganten Sunshine Skyway Bridge, sieht man die Anfänge der Tampa Bay Area als Rand über dem blauen, von Segeln weiß gesprenkelten Meer. Der Ballungsraum gehört zu den am schnellsten wachsenden Gebieten Floridas. Besinnt man sich jedoch darauf, wie jung das alles hier ist, erscheinen die sich bläulich aus dem Dunst schälenden Bürotürme Tampas unwirklich: Keine 500 Jahre ist es her, dass der Pfeil eines Indianers den spanischen Konquistador Juan Ponce de Léon tödlich verwundete. Und keine 160 Jahre sind die letzten Seminolenkriege her, die das Ende der letzten freien Indianergruppen besiegelten. Damals wurden jene Forts gebaut, aus denen in Florida später die vielen Städte mit dem »Ft.« vor dem Namen hervorgingen. Kaum mehr als 100 Jahre wiederum sind vergangen, seit die Ankunft der Eisenbahn den Startschuss für eine rasante Entwicklung gab, die den Tourismus zur Haupteinnahmequelle machte und noch längst nicht zu Ende ist.

TOP 10
⑩ ★★ Strände an der Tampa Bay

Nicht verpassen!
㊸ Busch Gardens
㊹ Ybor City

Nach Lust und Laune!
㊺ Adventure Island
㊻ Lowry Park Zoo
㊼ Tampa Museum of Art
㊽ Tampa Theatre
㊾ Florida Aquarium
㊿ Henry B Plant Museum & University of Tampa
51 St. Petersburg Museum of History
52 Museum of Fine Arts
53 Morean Arts Center
54 Florida Holocaust Museum
55 The Dalí Museum
56 The Pier
57 Tarpon Springs
58 John's Pass Village & Boardwalk
59 Fort De Soto Park
60 Sarasota County
61 Edison-Ford Winter Estates
62 Sanibel & Captiva
63 Naples

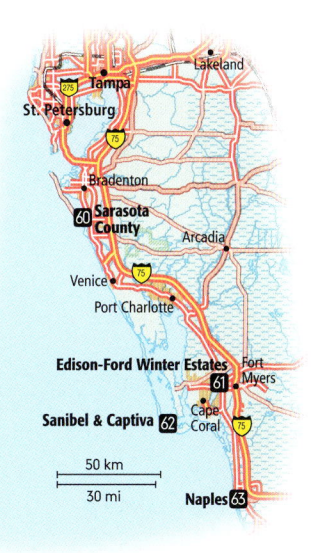

TAMPA BAY UND DER SÜDWESTEN

Mein Tag
mit schöner Kunst an schönen Küsten

Ob es das Blau des Meeres ist, das die Menschen hier so entspannt? Egal. Jedenfalls werden Sie diesen Tag nicht vergessen. Weil es nämlich noch nie so angenehm war, die schönen Künste zu genießen!

7 Uhr: Life is a beach
Beginnen Sie den Tag mit einem Strandspaziergang am rund 4 km langen Clearwater Beach bei St. Petersburg. Schwimmen Sie eine Runde, trocknen Sie in der warmen Brise und bummeln Sie dann zum Marketplace, dem Gourmet Counter im Sandpearl Resort (500 Mandalay Ave., www.sandpearl.com), wo Sie Kaffee und Sandwich mit auf die Terrasse nehmen können.

9.30 Uhr: So cool kann Kunst sein
Der Meister hätte es gemocht. Das aus über 1000 Glasdreiecken zusammengesetzte 55 Dali Museum (One Dali Blvd., https://thedali.org) in St. Petersburg empfängt Sie mal mit sanften Streichern und Pianoklängen, mal mit Hardrock-Klassikern wie »Stairway to Heaven« von Led Zeppelin und stimmt Sie so auf den kommenden Augenschmaus ein, dass Sie die nächsten Stunden als schönsten, eindrucksvollsten Museumsbesuch seit Langem in Erinnerung behalten werden.

12.30 Uhr: Mond unter Wasser
Auch wenn Ihnen Florida danach ein bisschen surreal vorkommen mag: Mit Dalí (dem Maler) hat The Moon Under Water nichts zu tun – das ist der Name des Restau-

19 Uhr: Sunset Celebration am Clearwater Beach

Start/Ende
19 Uhr
Pier 60 · Marketplace/Sandpearl Resort
Clearwater Beach
Cesare's At The Beach
Clearwater

5 km / 3 mi

ST. PETERSBURG

9.30 Uhr: So cool kann Kunst sein

The Moon Under Water
Salvador Dali Museum
9.30 Uhr

Gulfport
Project Free Gallery
Backfin Blue Café
22nd Ave S
Rejoys Art
Veteran's Park
14 Uhr

14 Uhr: Nichts von der Stange

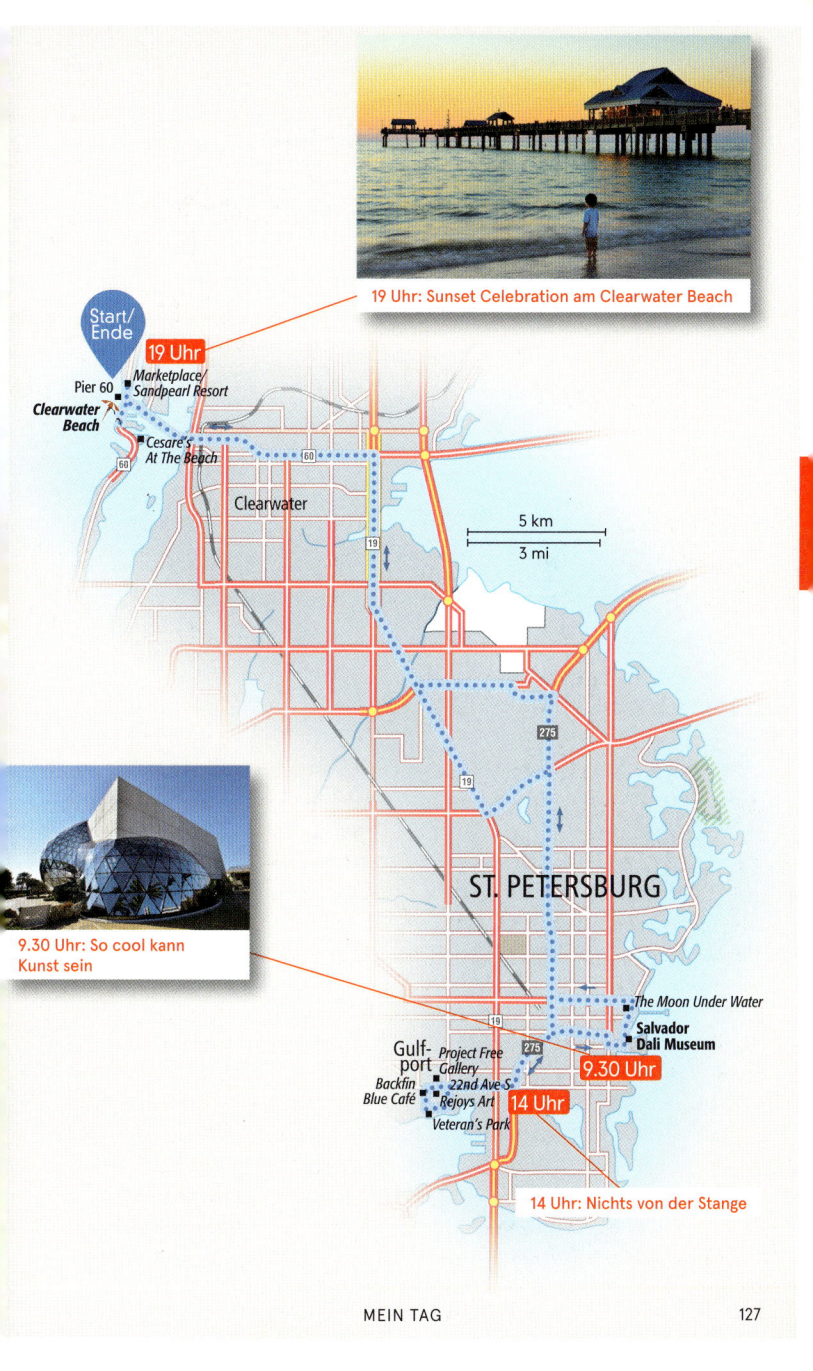

MEIN TAG

7 Uhr

Oben: Frühmorgens hat man den Clearwater Beach noch fast für sich allein.
Rechts: Kunst am (und im) Bau: das Dalí-Museum

rants für Ihr Mittagessen. Lassen Sie den Wagen beim Museum stehen und spazieren Sie etwas über 1 km auf dem Bayshore Drive dorthin. Nehmen Sie sich einen Tisch am Bürgersteig und bestellen Sie das leckere Curry.

14 Uhr: Nichts von der Stange
Dali hat Ihre Wahrnehmung für Ungewöhnliches geschärft. Deshalb sind Sie nun in Gulfport (www.gulfportareachamberofcommerce.org) goldrichtig. Nehmen Sie die Route 19 und die 22nd Avenue S in das ein paar Meilen südlich von St. Petersburg gelegene Städtchen und parken Sie am Veteran's Park (5350 31st Ave S) gleich neben der Marina. In diesem künstlerfreundlichen Städtchen ist man stolz darauf, das Zentrum mit seinen gepflasterten Straßen, 1950er-Jahre-Bungalows sowie den ausgefallenen Galerien und Restaurants vor den bauwütigen Städteplanern gerettet zu haben. So logiert der Gulfport Beach Bazaar (3115 Beach Blvd, www.gulfportbeachbazaar.com) in einem ehemaligen Postamt. Zudem gibt es in Gulfport wenigstens drei Dutzend kleiner, aber feiner Restaurants, Schmuckläden und Independentgalerien mit Namen wie Project Free Gallery (2825 Beach Blvd S, http://myprojectfree.org) und Rejoys Art (The Historic Peninsula Inn at 2937 Beach Blvd S, http://rejoysart.com/), die Ihre Sehgewohnheiten mit ungewöhnlichen und schon auch gewagten Mix-Media-Objekten zu neuen Horizonten führen. Einen

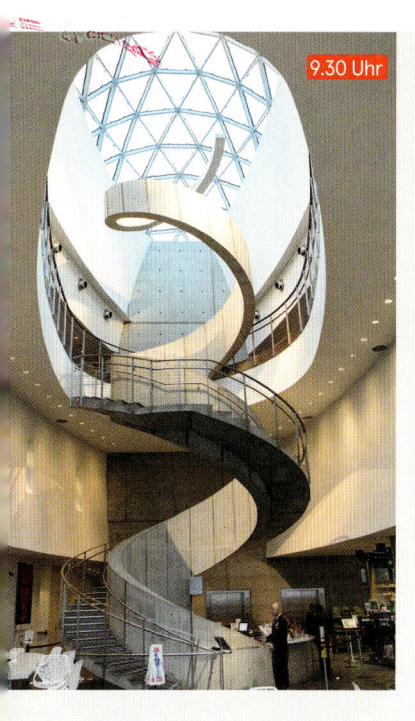

9.30 Uhr

14 Uhr

19 Uhr

Oben: im Gulfport Beach Bazaar. Unten: zurück am Ausgangspunkt, dem Clearwater Beach.

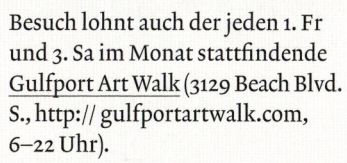

Besuch lohnt auch der jeden 1. Fr und 3. Sa im Monat stattfindende Gulfport Art Walk (3129 Beach Blvd. S., http://gulfportartwalk.com, 6–22 Uhr).

17.30 Uhr: Auf einen Kaffee und Snack mit den Locals

Hungrig geworden? Das Backfin Blue Café (2913 Beach Blvd S, www.backfinbluecafe.com) ist eine einfache Essstube unter moosbedeckten Eichen, wo man sich trifft, um auf der Veranda Kaffee zu trinken und Zeitung zu lesen sowie abends fangfrischen Fisch, Hummerravioli oder hausgemachten Hackbraten zu verzehren. Guten Appetit!

19 Uhr: Sunset Celebration am Clearwater Beach

Back again: Die Sonnenuntergänge über dem Golf von Mexiko sind so schön, dass die Menschen etwa rund um die Pier 60 am Clearwater Beach mit Decken und Klappstühlen kommen, um sie möglichst lange beobachten und am Ende sogar beklatschen zu können.

20 Uhr: So viel erleben macht hungrig

Beenden Sie dann den Tag, weil Sie nun wirklich Kohldampf haben, bodenständig – mit hausgemachter Pasta und knackigen Salaten bei Cesare's At The Beach (794 S Gulfview Blvd, http://cesareatthebeach.com, tgl. 17–22 Uhr) ein paar Gehminuten südlich von hier.

MEIN TAG

❿ ★★ Strände an der Tampa Bay

Warum?	Nirgendwo in Florida geht Strand und Kultur so leicht zusammen wie hier
Was?	Vormittags leicht verdauliche Hochkultur, nachmittags windsurfen
Wie lange?	Drei Tage
Wann?	Am besten zwischen März und April
Was noch?	Die Sonnenuntergänge über dem Golf sind die schönsten

Das Wasser im Golf bleibt meistens ziemlich ruhig. Am Strand kann man sich deshalb herrlich entspannen, der feine Sand lädt zum stundenlangen Verweilen ein.

In der Tampa Bay begeistern Traumstrände wie der Clearwater Beach.

Im Südwesten von St. Petersburg erstrecken sich 11 km lange Sandstrände bis hinunter zum Fort De Soto Park. Der North Beach ist bei den Einheimischen am beliebtesten. Wer nicht länger in der Sonne liegen will, kann das Fort besichtigen, am Pier fischen gehen oder einen schönen Strandspaziergang unternehmen. Viele bevorzugen allerdings den St. Pete Beach. Vielleicht deshalb, weil man an den Stränden, die den Highway 699 (Gulf Boulevard) begleiten, häufig im flachen Meer Stachelrochen beobachten kann. Beim Baden sollte man hier allerdings im Wasser ganz langsam vorwärtsgehen und dabei Sand aufwirbeln, um die nicht ganz ungefährlichen Tiere zu verscheuchen.

Einige Kilometer weiter nördlich gibt es eine Insel ohne Felsen und ohne Rochen. Treasure Island ist ein typischer Badeort, in dem man alles findet, was man für einen Tag am Strand so alles braucht. Es gibt genügend Parkplätze, Imbissbuden und Umkleidekabinen. Hat man mal Appetit auf etwas anderes, findet man gleich in der Nähe auch genügend Lebensmittelläden.

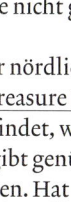

An vielen Stränden wie hier im Fort De Soto Park geht es noch angenehm ruhig und beschaulich zu.

Weiter im Norden kommt man durch John's Pass Village, den Boardwalk am Madeira Beach und durch Badeorte wie Redington Shores, Indian Rocks Beach und Belleair Shores mit versteckten Zugängen zu ruhigeren Stränden. Der schönste Strand ist Clearwater Beach. Die schmucken blauen Strandkörbe erinnern an die französische Riviera, der Strand ist breit und bedeckt von weichem, feinem Sand. Alles Nötige findet man in unmittelbarer Nähe. Am Hafen werden Bootsfahrten oder Parasailing angeboten. In der Abenddämmerung geht man zum Pier 60, um den Sonnenuntergang zu genießen.

KLEINE PAUSE
Für den Durst und den kleinen Hunger gibt an jedem dieser Strände zumindest einen Fastfood-Takeout.

✝ 208 A2

㊸ Busch Gardens

Warum?	Weil der Park auf seine Weise einzig ist
Was?	Eine schöne Kombination aus Zoo- und Kirmesbesuch
Wie lange?	Ein ganzer Tag
Wann?	Besser unter der Woche als an den Wochenenden

Der Themenpark der Mega-Brauerei Anheuser-Busch im Norden von Tampa gehört zu den beliebtesten Floridas und präsentiert sich als in dieser Art einmalige Kombination aus Tier-, Abenteuer- und Vergnügungspark.

Dass die Busch Gardens mit zu den größten zoologischen Gärten Amerikas gehören und dass sie sich um die Erhaltung bedrohter Tierarten verdient gemacht haben, fällt angesichts der zahlreichen, unüberhörbar talwärts bretternden Achterbahnen und sonstigen Attraktionen meist unter den Tisch. So hat man beispielsweise beträchtliche Zuchterfolge bei den seltenen Schwarzen Nashörnern, bei Koalas und Panda-Bären. Das durchgängige Thema des Parks ist Afrika. Tausende Tiere vom »Dunklen Kontinent« leben hier in artgerechten Einrichtungen. Dazu gehört auch eine nachempfundene Savanne, in der sich Zebras, Giraffen und Gnus ebenso wohlfühlen wie in ihrer angestammten Heimat.

Auf unterhaltsame Weise »unkorrekt«

Busch Gardens liegt 11 km nördlich von der Innenstadt Tampas und ist über die I-75 oder I-275 erreichbar (Ausfahrt: Busch Boulevard). Das Gelände selbst wurde in acht Bereiche gegliedert, von denen jeder ein anderes Stück Afrika repräsentiert, wobei es mehr auf den Unterhaltungswert ankommt als auf ein »korrektes« Abbild der Wirklichkeit in den jeweiligen Ländern. So treten etwa in Morocco hinter hohen Festungsmauern nicht nur Schlangenbeschwörer und Feuerschlucker auf, sondern es gibt dort auch eine Eisrevue zu sehen.

Gepard und Hund beim gemeinsamen Spiel auf dem Gelände der Busch Gardens.

Eine weitere große Attraktion der Busch Gardens neben den Tieren sind die teils spektakulären Achterbahnen.

Durch den »Kongo« streifen Tiger, in einem afrikanischen Dorf hausen Orang-Utans – doch wen stören schon solche kleinen Ungenauigkeiten, wenn das Ganze so viel Vergnügen bereitet?

In Egypt steht das nachgebildete Grabmal des Pharao Tut-ench-Amun Amateur-Schatzgräbern offen und wartet die »Montu«-Achterbahn mit haarsträubenden Loopings auf Leichtsinnige. In den Bereichen Congo, Timbuktu und Stanleyville gibt es weitere magenumdrehende Achterbahnen. In Edge of Africa stößt man auf ein nachgebautes Massai-Dorf und ein Safari-Camp. Hier nimmt man an »Wildlife Tours« mit fachkundiger Begleitung teil.

Im Parkbereich Nairobi ist ein Stück Regenwald namens »Myombe Reserve« angelegt. Dort leben Schimpansen und Gorillas und fühlen sich offensichtlich wohl. Die Sesame Street Safari of Fun richtet sich mit Karussels und einem schönen Baumhaus an die kleinsten Besucher.

»Enjoy the Joyride!«

Einige der Fahrgeschäfte in Busch Gardens gehören zu den Feinsten ihrer Art: SheiKra ist eine der steilsten Achterbahnen der Welt mit einem nach Max Immelmann, einem deutschen Jagdpiloten im Ersten Weltkrieg, benannten Loop: Zweimal stürzen die Passagiere praktisch im freien Fall in die Tiefe, um dann eine rasante Kehrtwende zu vollziehen. Cobra's Curse ist eine Achterbahn, deren Wagen sich während der Fahrt um 360 Grad drehen. Ganz sicher nichts für zartbesaitete Zeitgenossen ist Falcon's Fury – ein über einhundert Meter hoher Freifallturm, bei dem die Sitze um 90 Grad nach vorne gestellt werden können, sodass man während des »Sturzes« senkrecht nach unten blickt. Dabei beschleunigen die Sitze auf fast 100 km/h! Wer also immer schon mal wissen wollte, was ein jagender Falke so alles beim Sturzflug auf seine Beute sieht, ist hier goldrichtig.

KLEINE PAUSE

Das an einem kleinen See liegende **Garden Gate Café** serviert Sandwiches und Ofenpizza und ist der angenehmste Ort im Park für eine Pause von der Action ringsherum.

✝ 208 B3
✉ 10165 N. McKinley Drive ☎ 888 8 00 54 47
⊕ www.buschgardens.com

🕐 tgl. 9.30–18 Uhr, im Sommer, in den Ferien und am Wochenende länger

🎟 Tagesticket ab 79 $; Kombitickets für den Besuch weiterer Parks von SeaWorld ab 99 $

ⓜYbor City

Warum?	Stadtgeschichte vom Feinsten
Was?	Ein Hauch von Kuba, Salsa und Cohiba
Wie lange?	Nachmittags und abends
Was noch?	Vielleicht eine Fahrt mit der TECO Line Streetcar zwischen der Innenstadt, dem Channel District und Ybor City (Mo–Fr 10–24, Sa/So bis 3 Uhr, einfache Fahrt 2,50 $)?

Im Jahr 1886 gründete der »Zigarren-König« Don Vicente Martínez Ybor (1818–1896) das Quartier im Norden von Downtown Tampa. Ganze vier Jahrzehnte lang befand sich hier die beste Adresse für handgedrehte Zigarren in den USA.

Danach machte das Viertel allerlei Höhen und Tiefen durch, aber bis heute ist es überwiegend lateinamerikanisch geprägt. Ybor City gehört zu den National Historic Landmark Districts; die Behörden achten darauf, dass der spanisch-kubanische Stil bewahrt bleibt.

Schall und Rauch

Am Anfang stand eine Vision: Don Vicente Martinez Ybor, ein Zigarrenfabrikant aus Key West, wollte aus dieser un-

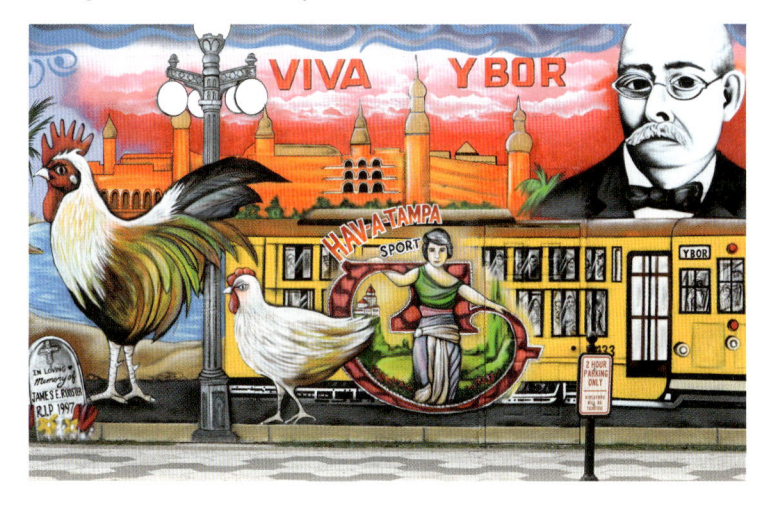

An die Ursprünge des Viertels erinnert auf Chico Garcias Wandbild in der 7th Avenue auch ein Porträt des »Zigarrenkönigs« Don Vincente Martinez Ybor.

scheinbaren Gegend die Welthauptstadt der Zigarren machen. Spanier, Kubaner, Italiener, Deutsche und jüdische Immigranten kamen wegen der Arbeitsplätze hierher. Auch an diese Entwicklung erinnert das im Gebäude einer alten Bäckerei eingerichtete Ybor City Museum.

Kubanoamerikanische Zigarrendreherin bei La Faraono Cigars (1517 E 7th Ave).

Im Herzen des Kubanerviertels

Am Ybor Square laden freundliche Geschäfte und Boutiquen zum Shopping ein, auch in einem der Lokale verweilt man gern. Nördlich befindet sich der geschichtsträchtige Cuban Club. Im Jahr 1917 eröffnet zu dem Zweck, alle Kubaner Tampas in Brüderlichkeit zu vereinen, traf man sich hier in Wohltätigkeitsvereinen – und diskutierte sicher auch über die politische Lage drüben in Kuba.

Nicht versäumen sollten Sie einen Bummel über die sich am Wochenende zur Fußgängerzone wandelnde Hauptstraße des historischen Bezirks: *La Setima*, die 7th Avenue. Sie erinnert ein wenig an das French Quarter in New Orleans: Alte Holz- und Ziegelbauten prägen das Straßenbild, von schmiedeeisernen Balkonen wird der Verkehr beobachtet, Passanten bummeln unter Arkaden, aus dunklen Straßencafés dringen Son und Salsa. Hier steht auch das im Jahr 1917 eröffnete Ritz Theater (1503 East 7th Ave., http://the ritzybor.com), dessen noch immer als Event-Arena genutzte Lobby prächtige Art-Deco-Motive zieren. Hinzu kommen diverse »Social Clubs«: Seinerzeit waren die verschiedenen Bevölkerungsgruppen dieses Viertels in vereinsähnlichen Interessenvertretungen organisiert.

KLEINE PAUSE
Das **Blind Tiger Café** (1901 E 7th Ave) im Zentrum des alten kubanischen Viertels ist ein guter Ort für Kaffeeliebhaber.

✝ 208 B3
Ybor City Chamber of Commerce ✉ 1514 1/2 8th Avenue ☎ 813 2 48 37 12 ⊕ www.ybor.org

Ybor City Museum
✉ 1818 E. 9th Avenue
☎ 813 2 47 63 23
⊕ www.ybormuseum.org
🕐 Mi–So 9–17 Uhr ✦ 4 $

Centro Ybor
✉ 1600 E. 8th Avenue
☎ 813 2 42 46 60
⊕ www.centroybor.com

Nach Lust und Laune!

45 Adventure Island

Von den Abenteuern in der »Savanne« der Busch Gardens erholt man sich am besten in diesem gleich gegenüber gelegenen Spaßbad. Mega-Wasserrutschen mit viel versprechenden Namen wie Runaway Rapids und Key West Rapids und Wellenbecken verheißen ein feucht-fröhliches Vergnügen.

> 208 B2 ✉ 10001 N. McKinley Drive, gleich neben Busch Gardens, Tampa Bay ☎ 813 9 87 56 00 ⊕ www.adventureisland.com ◐ März–Okt., wechselnde Öffnungszeiten ✦ Tagesticket: 50 $; Parken preiswert

46 Lowry Park Zoo

Etwa 1600 Tiere haben in diesem Tierpark eine neue Heimat gefunden – Tiger, Lemuren, Paviane, Schimpansen, Alligatoren, Panther und Schwarzbären leben hier genauso wie Zebras und Elefanten, Giraffen und Warzenschweine. Sanfte Seekühe schwimmen gemächlich durch riesige Wasserbecken, im Lorikeet Landing kommen Vögel angeflogen und fressen den Besuchern im Wortsinn aus der Hand.

> 208 B2 ✉ 1101 W. Sligh Avenue, Tampa, I-4 westlich zur I-275 North bis Ausfahrt 48; nach Westen auf der Sligh Avenue zum N. Boulevard ☎ 813 9 35 85 52 ⊕ www.lowryparkzoo.com ◐ tgl. 9.30–17 Uhr ✦ 35 $

47 Tampa Museum of Art

Kunstliebhaber werden von dieser ungewöhnlichen Mischung klassischer und zeitgenössischer Kunst begeistert sein: Zu sehen gibt es Vasen und Büsten aus Griechenland und der Römerzeit, aber auch Pop-

Der aus Uruguay stammende Architekt Rafael Viñoly schuf den Bau des Tampa Museums of Art.

Art, abstrakte Ölgemälde und Skulpturen sowie eine Auswahl der Werke des Fotografen Ansel Adams. Im Museumsladen kann man Andenken kaufen, von der Galerie des preisgekrönten Museumsgebäudes aus hat man einen herrlichen Blick auf den Hillsborough River und die University of Tampa.

✝ 208 B2 ✉ 120 W. Gasparilla Plaza (Eingang bei Twiggs außerhalb von Ashley), Tampa ☎ 813 2 74 81 30
⊕ http://tampamuseum.org ❶ Mo–Mi, Fr 10–17, Do 10–20, Sa–So 10–17 Uhr
✦ 15 $; Kinder bis 5 Jahre frei

48 Tampa Theatre

Das 1926 errichtete, hervorragend restaurierte Bauwerk ist einer der schönsten Kinopaläste in Florida. 1973, kurz vor der Pleite, kaufte es die Stadt für einen symbolischen Dollar. Mithilfe von Schenkungen und Sponsoren konnte der prächtige Originalzustand wieder hergestellt werden – seitdem führt man das Lichtspielhaus im National Register of Historical Places. Im Inneren erwartet Sie eine wahre Pracht: Überall funkeln Sterne, römisch inspirierte Statuen überragen die mit Blumen, Weinreben und dekorativen Säulen geschmückten Balkone. Angesichts des Dekors könnte der Blick leicht von der Leinwand abgelenkt wären, würden da nicht viele herausragende Werke gezeigt: Erstaufführungen ausländischer Filme und am Wochenende Klassiker wie »Casablanca« und »Vom Winde verweht«.

Der aus Uruguay stammende Architekt Rafael

Als wäre das noch nicht genug, spukt in diesem Theater sogar ein Gespenst: Foster »Fink« Finley, der hier einst am Filmprojektor stand, soll seine alte Wirkungsstätte auch als Toter noch gelegentlich heimsuchen ...

✝ 208 B2 ✉ 711 Franklin Street, Tampa ☎ 813 2 74 89 81 ⊕ www.tampatheatre.org ❶ tgl. ab 7.30 Uhr, Sa, So und bei Vormittagsvorstellungen unterschiedliche Öffnungszeiten ✦ 11 $, Backstage Tour 10 $

49 Florida Aquarium

Mit mehr als 10 000 Tieren und Pflanzen aus Binnengewässern und Ozeanen sowie der von der Karibik inspirierten Explore-A-Shore auf dem Außengelände bietet das Aquarium einen umfassenden Überblick über die Ökosysteme Floridas.

✣ 208 B2 ✉ 701 Channelside Drive, Tampa ☎ 813 2 73 40 00 ⊕ www.flaquarium.org ◐ tgl. 9.30–17 Uhr ✦ ab 27 $

50 Henry B Plant Museum & University of Tampa

Das Tampa Bay Hotel wurde 1891 von dem Eisenbahnmagnat Henry B(radley) Plant (1819–1899) errichtet. Sein Prestigeobjekt war das erste voll elektrifizierte, mit Dampfheizung ausgestattete Hotel in der Region; darin gab es sogar schon Aufzüge. Die eigentümliche Fassade mit ihren zahlreichen maurischen Elementen – Kuppeln, Spitzbögen, breite Veranden, zwiebelförmige Minarette mit Halbmonden – macht das Haus zu einem architektonischen Aushängeschild von Tampa. Der noch original ausgestattete Südflügel des Gebäudekomplexes ist heute als Henry B Plant Museum zugänglich. Gleich daneben liegt die University of Tampa, die Teile des ehemaligen Hotels – den großen runden Empfangssaal sowie einige weitere Gemeinschaftsräume und den Speisesaal – nutzen kann.

✣ 208 B2 ✉ 401 W. Kennedy Boulevard, Tampa ☎ 813 2 54 18 91 ⊕ www.ut.edu/plantmuseum/ ◐ Di–Sa 10–17, So 12–17 Uhr ✦ 10 $

51 St. Petersburg Museum of History

Wenn Sie wissen wollen, was in den letzten 500 Jahren vor Ihrer Ankunft hier so alles geschehen ist, dann sollten Sie sich dieses Museum zur Geschichte und Kultur des Landes ansehen. Das kleine Gebäude liegt gleich neben dem Pier; eine Ausstellung erinnert an Benoist Airboat, die erste kommerzielle Fluglinie der Welt. Im Jahr 1914 zahlte ein Fluggast 5 Dollar und konnte in 23 Minuten von St. Petersburg nach Tampa fliegen – mit dem Auto wäre er sechs Stunden lang auf den sumpfigen Straßen rund um die Bucht herum unterwegs gewesen.

✣ 208 B2 ✉ 335 2nd Avenue N.E., St. Petersburg ☎ 727 8 94 10 52 ⊕ www.spmoh.com ◐ Mo–Sa 10–17, So 12–17 Uhr ✦ 15 $

52 Museum of Fine Arts

Einen Block nördlich des Piers von St. Petersburg steht eine neoklassizistische Villa, die eine exquisite Kunstsammlung beherbergt. Die Palette reicht von Kunstwerken der Antike über Schöpfungen aus dem präkolumbischen Amerika und fernöstliche Kunst bis hin zu namhaften französischen Impressionisten und modernen US-amerikanischen Künstlern wie Georgia O'Keeffe.

✣ 208 B2 ✉ 255 Beach Drive N.E., St. Petersburg ☎ 727 8 96 26 67 ⊕ www.fine-arts.org ◐ Mo–Sa 10–17, Do 10–20, So 12–17 Uhr ✦ 17 $

53 Morean Arts Center

Dieses kleine, feine, auf mehrere Standorte verteilte Kunstzentrum beherbergt am Beach Drive die Chihuly Collection. Die spektakulären, bis zu vier Meter hohen Sulptu-

Das Dalí Museum präsentiert die größte außereuropäische Werksammlung des Künstlers.

ren des im Jahr 1941 geborenen US-amerikanischen Glaskünstlers und Bildhauers Dale Chihuly werden raffiniert ausgeleuchtet im Dunkeln präsentiert, was für sehr schöne Effekte sorgt.

 208 B2 720 Central Ave.,
St. Petersburg ☎ 727 822 7872
⊕ www. moreanartscenter.org
❶ Mo-Sa 10-17, So 12-17 Uhr ✦ 20 $

54 Florida Holocaust Museum

Das von Walter Lobenberg, einem Holocaustüberlebenden aus Frankfurt/Main, gegründete Museum zeigt als zentrales Exponat den originalen Eisenbahnwaggon Nr. 113-0695-5, der von Polen hierher gebracht wurde. Davon, dass in diesem Waggon einst Menschen in die Konzentrationslager transportiert wurden, zeugt ein ebenfalls zu besichtigender Ring eines Mädchens aus den 1930er-Jahren, der zwischen den Holzplanken gefunden wurde. Im Erdgeschoss wird die Geschichte des Holocausts vom Ende der Weimarer Republik bis zu den Nürnberger Prozessen dargestellt, in den beiden Stockwerken darüber gibt es Wechselausstellungen.

 208 B2 55 5th Street S., bei der
1st Avenue S., St. Petersburg
☎ 727 8 20 01 00 oder 800 9 60 74 48
⊕ www.flholocaustmuseum.org
❶ Fr-Mi 10-17 Uhr (letzter Einlass 15.30 Uhr), Do 10-20 Uhr (letzter Einlass 19 Uhr) ✦ 16 $

55 The Dalí Museum

Südlich der Downtown von St. Petersburg präsentiert das Dalí-Museum in einem auffälligen Gebäude aus Glaselementen und Beton, das dem katalanischen Surrealisten Salvador Dalí (1904–1989) sicherlich gefallen hätte, dessen Werk. Die Ausstellung zeigt 95 Ölgemälde, über 100 Zeichnungen und Aquarelle, Druckgrafik und Plastiken, die Dalí von 1914 bis 1980 schuf, darunter auch einige seiner größten Meisterwerke wie »Selbstbildnis (Figueres)« oder »Die Beständigkeit der Erinnerung« (»Schmelzende Uhren«). Angeschlossen sind eine umfangreiche Bibliothek und ein Museumsladen.

✢ 208 B2 ✉ One Dali Boulevard, St. Petersburg ☎ 727 8 23 37 67 ⊕ www.thedali.org ⌚ tgl. 10–17.30, Do bis 20 Uhr ✦ 24 $; Kinder bis 5 Jahre frei

56 The Pier

St. Petersburgs Liebesgeschichte mit seinem Pier begann schon im Jahr 1889 mit der Eröffnung einer fast 1000 m weit in die Tampa Bay reichenden Eisenbahnpier und war mit dem Abriss der vierten, im Unterhalt zu teuer gewordenen Pier mit der berühmten, auf dem Kopf stehenden Pyramide 2015 noch immer nicht zu Ende. Die Eröffnung des neuen Pier Park ist für Frühjahr oder Sommer 2019 vorgesehen. Erwarten dürfen Sie eine großflächig begrünte, mit Wäldchen bestandene Fläche, die auf Stelzen ruht und neben schönen Wegen und Bänken mit Aussicht ein Informationszentrum, eine Plaza für Events und an ihrem Ende einen diamantähnlichen Pavillon mit Restaurant und Café bieten wird.

✢ 208 B2 ⊕ www.newstpetepier.com

57 Tarpon Springs

Der Ort nördlich von Tampa wirkt, als hätte Poseidon ein griechisches Dorf an Floridas Westküste verfrachtet: Durch den Ort winden sich »Bayous« genannte Kanäle, Restaurants und Bäckereien tragen griechische Namen, aus dunklen Kafenions dringt Musik der alten Heimat. Ein Drittel der Einwohner sind griechischer Abstammung, Nachkommen der um 1900 von Key West aus hierher gekommenen griechischen Schwammtaucher. Die begannen damals im großen Stil Naturschwämme von den Schwammriffen zu »ernten«. Ab 1940 setzten Bakterien den Riffen zu, zudem untergrub die Produktion synthetischer Schwämme den Handel. Erst in neuerer Zeit hat die Nachfrage nach Naturschwämmen wieder zugenommen. Reizvoll ist ein Bummel auf dem Dodecanese Boulevard. In den alten Sponge Docks kann man Naturschwämme kaufen. Die Spongeorama's Sponge Factory informiert ausführlich über Schwämme und die griechische Einwanderung – natürlich gibt es deren Produkte auch zu kaufen. In Ausflugsbooten der St. Nicholas Boat Line kann man von den Docks zu den Schwammgründen hinausfahren, im Konger Tarpon Springs Sea Aquarium beim Füttern von Haien zuschauen.

✢ 208 A3 ✉ City of Tarpon Springs, 324 E. Pine St., Tarpon Spring ☎ 727 9 38 3711 ⊕ www.ctsfl.us/welcome.htm

NACH LUST UND LAUNE!

58 John's Pass Village & Boardwalk

Am Madeira Beach stehen die Zeichen naturgemäß auf Badeurlaub. Dazu passt dieses im Stil der Jahrhundertwende nachgebaute Fischerdorf, in dem man auf einem Plankenweg zu hübschen Geschäften, gemütlichen Fischrestaurants und Bars kommt. Auch Bootsausflüge können von hier aus unternommen werden.

Lädt zum Bummeln ein: John's Pass Village.

+ 208 B2 ✉ 12901 Gulf Boulevard E., St. Petersburg ❷ Shopping tgl. 10–22, Restaurants Fr-Sa 10–24 Uhr

59 Fort De Soto Park

Fünf miteinander verbundene Inseln bieten alles, was man zum Sporttreiben und zum Erholen braucht – herrliche Strände im Süden inklusive. Zu jedem der sehr begehrten 238 Stellplätze des Campingplatzes gehören ein Grill und ein Picknicktisch; Duschen und Toiletten befinden sich in der Nähe. Wollen Sie nur einen Tag bleiben, bietet sich ein Picknick am nahe gelegenen East Beach oder etwas weiter ostwärts mit dem grandiosen Blick auf die Sunshine Skyway Bridge an. Hier können Sie zwar nicht im Meer schwimmen, dafür aber ihre Angel auswerfen. Vom 300 m langen Pier aus beobachten sie die kleinen und großen Schiffe, die aus dem Golf hinaus und in die Tampa Bay hineinfahren. Weiter oben bietet das Fort De Soto einen Einblick in die Geschichte des Landes. Das Fort steht unweit des alten Leuchtturms von Egmont Key. Von da aus sollte man – das Beste zum Schluss! – noch zum North Beach fahren.

+ 208 A2 ✉ 3500 Pinellas Bayway S., Tierra Verde ☎ 727 5 82 22 67
⊕ www.pinellascounty.org/park ✦ 5 $
Campingplätze im Voraus reservieren: Tel. 727 5 82 21 00 ✦ ab 30 $

Kajakverleih United Park Services at Fort De Soto Park ✉ 3500 Pinellas Bayway S., Terra Verde ☎ 727 8 64 19 91
⊕ www.unitedparkservices.com
❷ tgl. 9–18 Uhr ✦ Kajak 55 $ pro Tag

60 Sarasota County

Den Beinamen »Stadt der Künste« verdankt Sarasota dem Zirkusmagnaten und Kunstsammler John Ringling (1866–1936) sowie seiner Frau Mable. Seit dem Jahr 1959 hat Sarasota eine Oper mit eigenem ständigem Ensemble sowie ein eigenes Orchester. Wie diese Oper machte sich auch das Asolo Repertory Theater bis weit über Florida hinaus einen guten Namen. In der Van Wezel Performing Arts Hall treten häufig namhafte Interpreten moderner wie klassischer Musik auf. Die Strände auf den vorgelagerten Inseln Lido Key, Siesta Key und Longboat Key, ein ganzjährig mildes Klima und ausgezeichnete Freizeitmöglichkeiten ziehen bis heute eine kontinuierlich wachsende Zahl von Erholungsuchenden und Pensionären an. Hinzu kommen viele Studenten der Ringling School of Art and Design. Sehenswert sind die Marie Selby Botanical Gardens im Süden der Stadt (811 S Palm Ave., www.selby.org, tgl. 10–17 Uhr). Ein Drittel der weit über 20 000 Pflanzenarten sind Orchideen. Hübsche Spaziergänge führen durch Bambus- und Banyanwälder, und wer noch keinen Mangrovenwald aus der Nähe gesehen hat, kann dies hier an der Bay nachholen. Im Botanischen Garten stehen auch zwei Musterbeispiele eleganter Südstaaten-Architektur: das ehemalige Wohnhaus der Familie Selby sowie die Christy Payne Mansion, die das Museum of Botany & Art beherbergt. Hauptattraktion Sarasotas aber ist das John and Mable Ringling Museum of Art ca. 5 km nördlich des Stadtzentrums an der Bayshore Road. Ringling hat den 1927 bis 1930 im Neorenaissancestil errichteten Gebäudekomplex im Jahr 1936 dem Staat Florida vermacht. Er steht inmitten manikürter Gartenanlagen, von denen aus man herrliche Blicke auf die Sarasota Bay hat. Das Museum präsentiert nicht nur eine bedeutende Kollektion antiker zypriotischer Kunst, sondern auch eine hervorragende Sammlung europäischer Meister der Renaissance und des Barock, darunter bekannte Werke von Lukas Cranach, Peter Paul Rubens und

Zum Ringling Museum of Art gehören gepflegte Gartenanlagen mit Repliken berühmter Statuen.

Anthonis van Dyck, die John Ringling, seinerzeit nicht nur einer der reichsten Männer Amerikas, sondern auch ein rastloser Reisender, von seinen Touren durch Europa mitbrachte.

Direkt an der Sarasota Bay liegt Ca' d' Zan, die feudale Winterresidenz des Ehepaares John und Mable Ringling. »Johns Haus«, eine luxuriöse 30-Zimmer-Villa, bei deren Bau der Namensgeber keine Unkosten scheute, wurde 1926 als venezianischer Renaissance-Palast errichtet. Extra aus Barcelona kamen die alten Ziegel für das Dach und den ca. 30 m hohen Turm. Die Fenster wurden aus venezianischem Glas gefertigt. Von der Terrasse führen Marmorstufen hinab zum Wasser, wo einst die venezianische Gondel von Mable Ringling lag. Das Zirkusunternehmen der Ringlins wurde auch nach ihrem Tod noch viele Jahrzehnte weitergeführt – bis schließlich im Mai 2017 der letzte Vorhang fiel. An die alten Zeiten erinnert ein Circus Museum mit alten Zirkuswagen, Kostümen und Plakaten; zudem können Drehorgeln gespielt, Drahtseile begangen und Spaßautos bestiegen werden.

Nach der Besichtigung fahren Sie auf der US 41 südwärts bis zum John Ringling Causeway, dann rechts zu den Stränden und nach St. Armands Keys, eine Insel in der Sarasota Bay, auf der Sie neben Restaurants, Straßencafés und hübschen Innenhöfen den St. Armands Circle (www.starmandscircleassoc.com) finden, ein berühmtes Einkaufszentrum. Die Sonnenuntergänge hier sind fantastisch, und wenn Sie von diesem Naturschauspiel nicht genug bekommen können, sollten Sie vielleicht auf dem

Der ehemalige Winterwohnsitz des Erfinders Thomas Alva Edison in Fort Myers.

Heimwerkstatt: Edisons Labor in Fort Myers.

Highway 789 in Richtung Norden fahren und in einem der kleinen Motels oder einem Cottage am Strand übernachten.

Die nächste größere Stadt südlich von Sarasota ist Venice – eine moderne Siedlung mit vielen Kanälen und schönen Stränden, an denen immer wieder versteinerte Zähne von Haien angespült werden.

✢ 208 A2 ✉ 1945 Fruitville Road, Sarasota ☎ 941 9 55 81 87 ⊕ www.sarasotachamber.org

John and Mable Ringling Museum of Art ✉ 5401 Bay Shore Road, Sarasota ☎ 941 3 59 57 00 ⊕ www.ringling.org ❶ tgl. 10–17 Uhr ✈ 25 $

61 Edison-Ford Winter Estates

In Fort Myers verbrachte der legendäre Erfinder Thomas Alva Edison (1847–1931) die Wintermonate. Hier arbeitete er an seinem Phonographen und experimentierte mit Pflanzen, um neue Grundstoffe für Gummi zu gewinnen. Sein Arbeitsraum ist noch unverändert erhalten, die Becher stehen immer noch dort, wo er sie hingestellt hat. Sein Wohnhaus gegenüber ist ein gutes Beispiel dafür, wie die Häuser in Florida damals aussahen. Zu diesem gehörte bereits ein (1910) gebauter Pool, in dem Edison sich nach einem harten Arbeitstag entspannen konnte.

✢ 210 B1 ✉ 2350 McGregor Boulevard, Fort Myers ☎ 239 3 34 74 19 ⊕ www.efwefla.org ❶ tgl. 9–17.30 Uhr ✈ geführte Tour 30 $

62 Sanibel and Captiva

Gegenüber von Fort Myers liegen zwei von Floridas schönsten Inseln. Sanibel, via Damm und Brücke mit Fort Myers verbunden, ist ein wahres Naturparadies. Sehenswert ist hier das Bailey-Matthews National Shell Museum, in dem Muscheln aus aller Welt präsentiert werden. Auch – aus Muscheln gefertigtes – Kunsthandwerk ist hier zu besichtigen. Das 21 km² große J. N. »Ding« Darling National Wildlife Refuge rechts des durch die Insel führenden Periwinkle Way (später: Sanibel Captiva Rd.) schützt weitgehend unberührte Mangrovenwälder. Geführte Kajaktouren (www.tarponbayexplorers.com) machen diese faszinierende Welt auch für Kajaknovizen erlebbar. Links der Straße

Magischer Moment

Sanibel: ein Himmel wie gemalt

Die Sonnenuntergänge über dem Golf von Mexiko sind wunderschön. Aber sicher fällt Ihnen ein noch viel besseres Adjektiv ein, wenn Sie die Vorstellung einmal vom Bowman Beach auf Sanibel Island aus gesehen haben. Dazu noch ein wichtiger Hinweis: Gehen Sie nicht sofort, wenn die Sonne am glühenden Horizont verschwunden ist, sondern warten Sie den zweiten Akt ab. Denn jetzt kommt die Purpurphase, und spätestens das stille Lächeln auf den Gesichtern in Ihrer Umgebung macht ihn dann wirklich und wahr: diesen Magischen Moment.

1700 Bowmans Beach Rd, Sanibel

führen Abfahrten zwischen versteckt gelegenen Villen zu einigen der schönsten Strände am Golf, allen voran der schier endlose Bowman's Beach. Am Ende geht es über die Blind Pass Bridge nach Captiva. Auch die kleinere Nachbarinsel hat schöne Strände und ist Start- und Zielort für Tagestouren nach Cabbage Key: Vom South Seas Island Resort fahren Boote zum nördlichen Nachbarn, auf dem es weder Straßen noch Autos gibt, sondern nur eine Pier und das Cabbage Key Inn.

✣ 210 A1 ✉ 159 Causeway Road, Sanibel, ☎ 239 4 72 10 80 ⊕ www.sanibel-captiva.org

J.N. »Ding« Darling National Wildlife Refuge ☎ 239 4 72 11 00 ⊕ www.fws.gov/dingdarling/ ✦ 5 $

Bailey-Matthews Shell Museum ✉ 3075 Sanibel-Captiva Road, Sanibel ☎ 239 3 95 22 33 ⊕ www.shellmuseum.org ❷ tgl. 10–17 Uhr ✦ 15 $

63 Naples

Naples liegt etwa 265 km südlich von Tampa und ist eine der reichsten Gemeinden Floridas. Das Seebad gilt als schläfrige Enklave privilegierter Senioren. Am Stadtrand haben sich aber auch dynamische High-Tech-Firmen angesiedelt. Im Jahr 1886 von Bodenspekulanten gegründet, wurde hier schon bald das erste Hotel eröffnet. Die Investoren warben mit Slogans wie »Diese Bucht ist noch schöner als die von Neapel in Italien« für ihr Stück Land und gaben so der Stadt ihren Namen. Mit dem Bahnanschluss (1926) und dem Bau des Tamiami Trail (1928) wurde Naples Seebad. Die Grundstückspreise stiegen im gleichen Tempo wie Häuser und Hotels gebaut wurden. Die »Millionaire's Row« entstand, eine Reihe repräsentativer Strandhäuser, die heute zur »Olde Naples« genannten, schachbrettartig zwischen Bay und Golf angelegten »Altstadt« gehört. Wo einst die Fischfabrik stand, steht nun der Old Marine Marketplace at Tin City (1200 5th Ave. S), ein fotogenes Ensemble aus bunten Lagerhäusern mit Restaurants und Souvenirläden. Elegant, aber auch ziemlich teuer shoppen kann man in der noblen 3rd Street und der noch teureren 5th Avenue. In schattigen Seitenstraßen lustwandelt man unter Palmen an emsig bewässerten Rasenflächen und tollen Villen vorbei und sammelt Appetit fürs Abendessen. Schönster Treffpunkt am Abend ist der über 300 m weit in den Golf von Mexiko hinausragende hölzerne Naples Pier. In und um Naples gibt es über 60 km besten

Schmucke Villen in Naples.

Farbenfrohe Marina und Bayfront in Naples.

Sandstrand. In »Olde Naples« enden alle Straßen in Sichtweite des zwischen alten Villen schimmernden Naples Municipal Beach. Nördlich davon lockt der Strand im Lowdermilk Park (Banyan Blvd./Gulf Shore Blvd.). Der Clam Pass Beach Park besteht aus dichtem Mangrovendschungel, durch den ein längerer Plankenweg über Priele und Marschen hinweg zu Dünen und einem wunderschönen, naturbelassenen Strand führt. Nördlich schließt der von Luxusherbergen besetzte, kilometerlange Vanderbilt Beach County Park an. Der auf einer Barriere-Insel gelegene Delnor Wiggins Pass State Park im Norden hat ebenfalls einen herrlichen Strand zu bieten (www.floridastateparks.org). Einen Besuch lohnt auch das mit Plankenwegen durch ursprüngliche Marsch- und Sumpflandschaft ausgestattete Conservancy of Southwest Florida (1495 Smith Preserve Way, Mo–Sa 9–16 Uhr). Für Kunstinteressierte gibt es das Baker Museum of Art (5833 Pelican Bay Blvd., Di 10–20, Mi–Sa 10–16, So 12–16 Uhr, Eintritt 12,95 $) und das Von Liebig Art Center (585 Park St., Mo – Sa 10–16 Uhr, Eintritt frei).

✣ 212 B4 ✉ 1900 Fifth Avenue S., Naples ☎ 239 2 62 63 76 ⊕ www.naplescham ber.org ⊕ www.naples-florida.com

Strandleben am 1888 erbauten Fishing Pier, dem über 300 m langen Wahrzeichen von Naples.

Wohin zum ... Übernachten?

Preise für ein Doppelzimmer pro Nacht während der Hochsaison:
$ unter 150 $
$$ 150–250 $
$$$ über 250 $

Baugebiet direkt vor dem Festland und gleich in der Nähe vom Konferenzzentrum sowie vom Stadtzentrum von Tampa. Die großzügigen, in warmen Sand- und Erdfarben eingerichteten Zimmer haben zum großen Teil Meerblick.
✣ 208 B2 ✉ 725 S. Harbour Island Boulevard, Harbour Island ☎ 813/ 229-5000
⊕ www.westintampawaterside.com

Eine gute Adresse ist das Don CeSar Beach Resort am St. Pete Beach bei St. Petersburg.

TAMPA

Grand Hyatt Tampa Bay $$$
Das direkt am Flughafen von Tampa gelegene elegante Gebäude beherbergt das wohl beste Hotel der Stadt. Zu den erstklassigen Angeboten des Hauses gehören das Restaurant Armani's, ein Pool, ein Fitnesscenter und ein Trimmpfad.
✣ 208 B2 ✉ 2900 Bayport Drive ☎ 813 8 74 12 34 oder 800 2 33 12 34
⊕ https://tampabay.grand.hyatt.com/en/hotel/home.html

Hilton Garden Inn Tampa Ybor Historic District $$
Im Herzen der hippsten Gegend von Tampa, Ybor City, bietet dieses Hotel Komfort in Hilton-Qualität mitten im lebendigen Stadtzentrum. Die Zimmer sind nüchtern designt und vergleichsweise günstig.
✣ 208 B2 ✉ 1700 E. 9th Avenue ☎ 813 7 69 92 67 ⊕ https://hiltongardeninn3.hilton.com/en/

Westin Tampa Waterside $$$
Dieses Hotel liegt auf seiner eigenen, 72 ha großen Insel (Harbour Island), einem kleinen

ST. PETERSBURG

Don CeSar Beach Resort & Spa $$$
Das wohl schönste Hotel und Thermalbad an der Golfküste ist auch unter dem Namen »Pink Palace« bekannt. Zu ihm gehören zwei große Swimmingpools, ein herrlicher Strand zum Entspannen und Flanieren, an dem man sich die Ausrüstung für verschiedene Wassersportarten leihen kann, und eine Thermalanlage.
✣ 208 A2 ✉ 3400 Gulf Boulevard, St. Pete Beach ☎ 727 3 60 18 81
⊕ www.doncesar.com/contact.aspx

The Vinoy Renaissance Resort & Golf Club $$$
Etwa eine halbe Stunde südwestlich von Tampa fühlt man sich hier vom Design her in die Zwanzigerjahre versetzt. Das Hotel verfügt über jeglichen Komfort inklusive Wasserfall, dessen Ströme sich in die Swimmingpools ergießen. Hinzu kommen Golf- und Tennisplätze sowie drei Restaurants mit Terrassen.
✣ 208 B2 ✉ 501 5th Avenue N.E. (Beach Street) ☎ 727 8 94 10 00 oder 800/HOTELS-1 ⊕ www.marriott.com

Wohin zum ... Essen und Trinken?

Preise für ein Hauptgericht ohne Getränke:
$ unter 20 $
$$ 20–35 $
$$$ über 35 $

Die moderne US-amerikanische Küche beschränkt sich längst nicht mehr nur auf Steaks und Burger, sondern überzeugt auch mit kreativen Kreationen wie hier: Avocado-Guacomole und Salat von der Blaukrabbe auf würzigem Tomatensaucenspiegel mit frittierter Garnele.

TAMPA

Armani's $$$
Im 14. Stock des Grand Hyatt Tampa Bay serviert man edle italienische Kost. Dazu gehören Bresaola mit schwarzen Trüffeln, Rindfleisch mit Krabben und Langusten oder Thunfisch mit scharfer Pfefferkruste. Hinten im Restaurant gibt es eine lange Bar mit leckeren Antipasti. Von der Terrasse genießt man einen herrlichen Blick auf Tampa. Die Kleidung der Gäste sollte zum stilvollen Ambiente des Restaurants passen.
✢ 208 B2 ✉ Hyatt Regency Westshore, 2900 Bayport Drive ☎ 813 2 07 68 00
⊕ www.hyatt.com/en-US/hotel/florida/grand-hyatt-tampa-bay/tparw/dining

Bernini $$/$$$
Das romantische Restaurant in Ybor City bietet Köstlichkeiten, die einem schon beim Studieren der täglich wechselnden Speisekarte das Wasser im Mund zusammenlaufen lassen: geschmorte Lammhaxe mit roten Johannisbeeren und Marsalasoße, Rinderfilet mit Gorgonzola oder ein Sorbet aus knallroten, in der Sonne getrockneten Tomaten. Die Speisekarte wechselt täglich.
✢ 208 B2 ✉ 1702 E. 7th Avenue, Ybor City
☎ 813 2 42 95 55 ⊕ www.bernininofybor.com

Bern's Steak House $$$
Fleisch vom Feinsten: In einem kitschigüberladenem Ambiente werden hier seit vier Jahrzehnten mit die besten Steaks am Golf von Mexiko gegrillt.
✢ 208 B2 ✉ 1208 S. Howard Avenue ☎ 813 2 51 24 21 ⊕ www.bernssteakhouse.com

Columbia Restaurant $$
In diesem bereits im Jahr 1905 eröffneten ältesten Restaurant Floridas erwarten den Gast die Gaumenfreuden einer spanisch-kubanischen Zusammenarbeit: »Paella a la Valenciana« und »La Completa Cubana« (mit Schweinefleisch, Pataten und schwarzen Bohnen). Und: Fast jeden Abend wird hier eine tolle Flamenco-Show geboten.
✢ 208 B2 ✉ 2117 E. 7th Avenue, Ybor City ☎ 813 2 48 49 61
⊕ www.columbiarestaurant.com

Kojak's House of Ribs $
Das Kojak's ist gut für ein gemütliches Barbecue und ein idealer Ort, um ungezwungen ins Gespräch zu kommen. Und es gibt leckere Gerichte zu günstigen Preisen.
✢ 226 B2 ✉ 2808 Gandy Boulevard
☎ 813 8 37 37 74 ⊕ www.kojaksbbq.net

Mise en Place $$
Dutzende Kerzen leuchten in diesem edlen, in mehrere Räume aufgeteilten

Restaurant. Küchenchef Marty Blitz serviert moderne amerikanische Küche zu vergleichsweise günstigen Preisen. Empfehlenswert sind besonders die kreativen Menüs, die der Chef zu harmonisch aufeinander abgestimmten Speisenfolgen arrangiert »wie ein Komponist ein Sonnett«.
✣ 208 B2 ✉ 442 W. Kennedy Boulevard ☎ 813 2 54 53 73 ⊕ www.miseonline.com

P.F. Chang's China Bistro $

Wie in allen Filialen der US-amerikanischen Restaurantkette P. F. Chang's China Bistro bekommt man auch hier in Tampa in ungezwungener Atmosphäre asiatische Speisen serviert wie Salat-Wraps, Orangen-Hühnchen und mongolisches Rindfleisch. Lecker: »Hot Fish« (knusprige Fischfilets in Szechuansauce mit gebratenem Gemüse).
✣ 208 B2 ✉ 219 Westshore Plaza ☎ 813 2 89 84 00 ⊕ www.pfchangs.com

Samurai Blue $$

In der Centro Ybor Mall in Ybor City empfängt Sie dieses beliebte japanische Restaurant mit einer 9 m langen Sushi-Bar und einer langen Liste von Sake-Weinen. Zusätzlich gibt es eine asiatische Fusion- Karte mit leckeren Nudelgerichten.
✣ 208 B2 ✉ 1600 E. 8th Avenue, Ybor City ☎ 813 2 42 66 88 ⊕ http://samuraiblue.com

ST. PETERSBURG

Birch & Vine $$

Wie in den meisten Restaurants im Land ist auch hier die Zeit der schweren Küche vorbei. Saisonale Gerichte, zubereitet mit globalem Touch, heißt das Motto!
✣ 208 B2 ✉ 8340 Beach Dr. NE (im Hotel »Birchwood«) ☎ 727 8 28 99 40 ⊕ www.thebirchwood.com/birchandvine

Hurricane Seafood Restaurant $$

Das Hurricane liegt etwa 20 Minuten vom Stadtzentrum St. Petersburgs entfernt gegenüber einem der besten Strände der Stadt, dem St. Pete Beach, im Pass-a-Grille Historic District. Besonders schön sitzt man hier auf der Veranda mit Blick aufs Meer. Nach Einbruch der Dunkelheit wird in der Bar auf dem Dach oft auch noch Live-Unterhaltung angeboten.
✣ 208 A2 ✉ 809 Gulf Way ☎ 727 3 60 95 58 ⊕ www.thehurricane.com

Marchand's Bar & Grill $$$

Das gute alte »Marchand's« wacht seit vielen Jahren über den Jachthafen in Downtown St. Pete. Die Speisekarte bietet organische, kreativ inszenierte Fleisch- und Seafoodgerichte, harmonisch abgestimmt mit regionalen und karibischen Aromen.
✣ 208 B2 ✉ 501 5th Ave. NE (im »The Vinoy Renaissance St. Petersburg Resort & Golf Club«), St. Petersburg ☎ 727 8 24 80 72 ⊕ www.marriott.com

The Moon Under Water $

Der Name ist schon mal vielversprechend: »The Moon Under Water« hat George Orwell einen seiner Essays überschrieben, in dem er seinem (fiktiven) »idealen« Pub eben diesen Namen gab. Hier in St. Petersburg wird aus der Fiktion ein realer Pub mit handgezapftem Bier und Ales, indischen Currys, Hirtenkuchen sowie Fish & Chips.
✣ 208 A2 ✉ 332 Beach Drive N.E. ☎ 727 8 96 61 60 ⊕ www.themoonunderwater.com

Tryst $$$

Diese Adresse an St. Petersburgs beliebtem Beach Drive ist nicht nur ein hipper Nachtklub, sondern auch ein hervorragendes Restaurant. Steaks, Seafood, Pasta, Burger und Pierogies – alles vom Feinsten. Was sich dann auf der Speisenkarte z.B. als Tuna Tataki in süßer Sojasauce und Hühnchenleber-Paté wiederfindet ...
✣ 208 B2 ✉ 8240 Beach Dr. ☎ 727 8 21 45 67 ⊕ http://dinetryst.com

NAPLES

Chops City Grill $$$

»Chops« wirbt mit den besten Steaks in diesem Teil von Florida. Und, ja: Die am Knochen bei kontrollierter Temperatur gereiften Steaks sind ein Genuss!
✣ 212 B4 ✉ 837 5th Ave. ☎ 239 2 62 46 77 ⊕ www.chopscitygrill.com

Souvenir, Souvenir: Marilyn-Shirts gehen in den zahlreichen Shops in der Tampa Bay immer, und so ein Lifeguard-Oberteil hat auch seinen Reiz.

Wohin zum ... Einkaufen?

TAMPA

In und um Tampa gibt es viele Shopping Malls wie The Shops an der Channelside oder den Westfield Shoppingtown Citrus Park nördlich des Stadtzentrums. Ein beliebter Ort zum Einkaufen und Essen ist das Centro Ybor (1600 E. 8th Street, www.centroybor.com). Das Old Hyde Park Village (744 South Village Circle, www.hydeparkvillage.com) befindet sich mitten in einer schönen Wohngegend mit Häusern aus dem späten 18. Jh. Gleich neben dem Florida Aquarium direkt am Wasser findet man The Shops at Channelside (615 Channelside Drive; Tel. 813 2 23 42 50). Auf dem Big Top Flea Market (9250 E. Fowler Avenue, Thonotosassa, www.bigtopfleamarket.com) finden Sie alles – von Kleidung über Elektronik bis zu Kochtöpfen. Hier gibt es auch so manches Schnäppchen. In der Damenboutique Penelope T (3310 W Bay to Bay Blvd, Tampa, Tel. 813 2 54 57 40, https://penelopetboutique.com) bekommen Sie schick gestylte Designermode.

ST. PETERSBURG

Auf dem Beach Drive bieten zahlreiche Geschäfte Kleidung, Tischwäsche und Kunsthandwerk an. Antiquitäten gibt es in der Central Avenue zwischen der 12. und 13. Straße in der Gas Plant Antique Arcade (1246 Central Avenue, Tel. 727 8 95 03 68). Händler präsentieren hier ihre Waren. In Gulfport schließlich, der alten Arbeiterstadt im Süden von St. Petersburg, die sich heute zusehends in eine Künstlerkolonie verwandelt, reihen sich immer mehr Ateliers, Workshops und Galerien aneinander. Wer bezahlbare Off-Beat-Kunst sucht, wird hier garantiert fündig (www.visitgulfportflorida.com).

Wohin zum ... Ausgehen?

TAMPA

Inside Tampa ist ein kostenloses wöchentliches Veranstaltungsmagazin, auf dessen zweiter Seite man eine Liste aller Veranstaltungen, Konzerte, Theater, Kinos, Sporthallen, Museen und Ausstellungen findet. Hier werden hauptsächlich kulturelle Highlights des offiziellen Kulturbetriebs aufgeführt. Alternativen dazu bietet das Creative Loafing Tampa (www.cltampa.com), ein Monatsheft der Off-Kultur der Musikszene in Florida. Ein recht umfangreicher Kalender im Heft listet alle Konzerte mit alternativer Musik auf. Eine weitere

Quelle aktuell stattfindender Veranstaltungen bietet **Weekly Planet**.
An der **7th Avenue** in **Ybor City** haben sich viele attraktive Bars und Restaurants angesiedelt. Werktags ist es hier noch relativ ruhig, aber am Wochenende erinnert die Atmosphäre oft an eine College-Party. Auch in der Altstadt von Tampa findet man viele gemütliche Bars und attraktive Nachtclubs. **Four Green Fields** (205 West Platt, Tel. 813/254 4444) ist ein typisch irischer Pub mit einer Riesenauswahl an Bieren. Im **Centro Ybor** (1600 E. 8th Avenue, Tel. 813 2 42 46 60) zeigt das **Muvico Centro Ybor 20 Theater** die neuesten amerikanischen Blockbuster.

ST. PETERSBURG

Informationen über die Veranstaltungen in St. Petersburg entnehmen Sie am besten der Wochenendbeilage in der Freitagsausgabe der **Tampa Bay Times** oder dem kostenlosen Wochenmagazin **Daily Planet**. Für Filmfreunde gibt es das **Muvico Baywalk 20** (151 2nd Avenue North, Tel. 727 5 02 09 65), zum Tanzen das **Coliseum** (535 4th Avenue North, Tel. 727 8 92 52 02).

SPORT

Karten für alle Sportveranstaltungen erhält man über **Ticketmaster**, Tel. 813 2 87 88 44, www.ticketmaster.com

Eishockey
In der **Amalie Arena** (401 Channelside Drive, Tampa, www.amaliearena.com) spielt das NHL-Team **Tampa Bay Lightning** (www.nhl.com/lightning).

Football
Die Fans der **Tampa Bay Buccaneers** (www.buccaneers.com) versammeln sich zu den NFL-Heimspielen im **Raymond James Stadium** (http://raymon djamesstadium.com).

Baseball
Im **George M Steinbrenner Field** (1 Steinbrenner Drive, Tampa, www.steinbrenner field.com) bestreiten die **New York Yankees** im Februar und März ihre Vorsaison. Von April bis September gehört das Stadion der B-Mannschaft der Yankees.
Die **Tampa Bay Devil Rays** spielen im Tropicana Field Stadium (Tropicawna Field, 1 Stadium Drive, St. Petersburg; www.devil rays.com).

Golf
Den 90 Min. von Tampa entfernten World Woods Pine Barrens Golf Course (17590 Ponce de Léon Boulevard, Brooksville, www.worldwoods.com) halten manche für den besten in ganz Florida. Städtische Anlagen: **Babe Zaharias Municipal Course** (11412 Forest Hills Drive, www.babezahariasgolf.net), **Rogers Park Municipal Golf Course** (7910 N. 30th Street, www.rogersparkgolf.net).

Nightclubbing: Ob in Tampa, St. Petersburg oder Naples – hier findet jede(r) eine Location nach seinem Geschmack.

WOHIN ZUM ...

Das schlossähnliche Casa Monica Resort & Spa wurde im Jahr 1888 mitten im Zentrum von St. Augustine eröffnet und gehört heute zur renommierten Marriott-Kette.

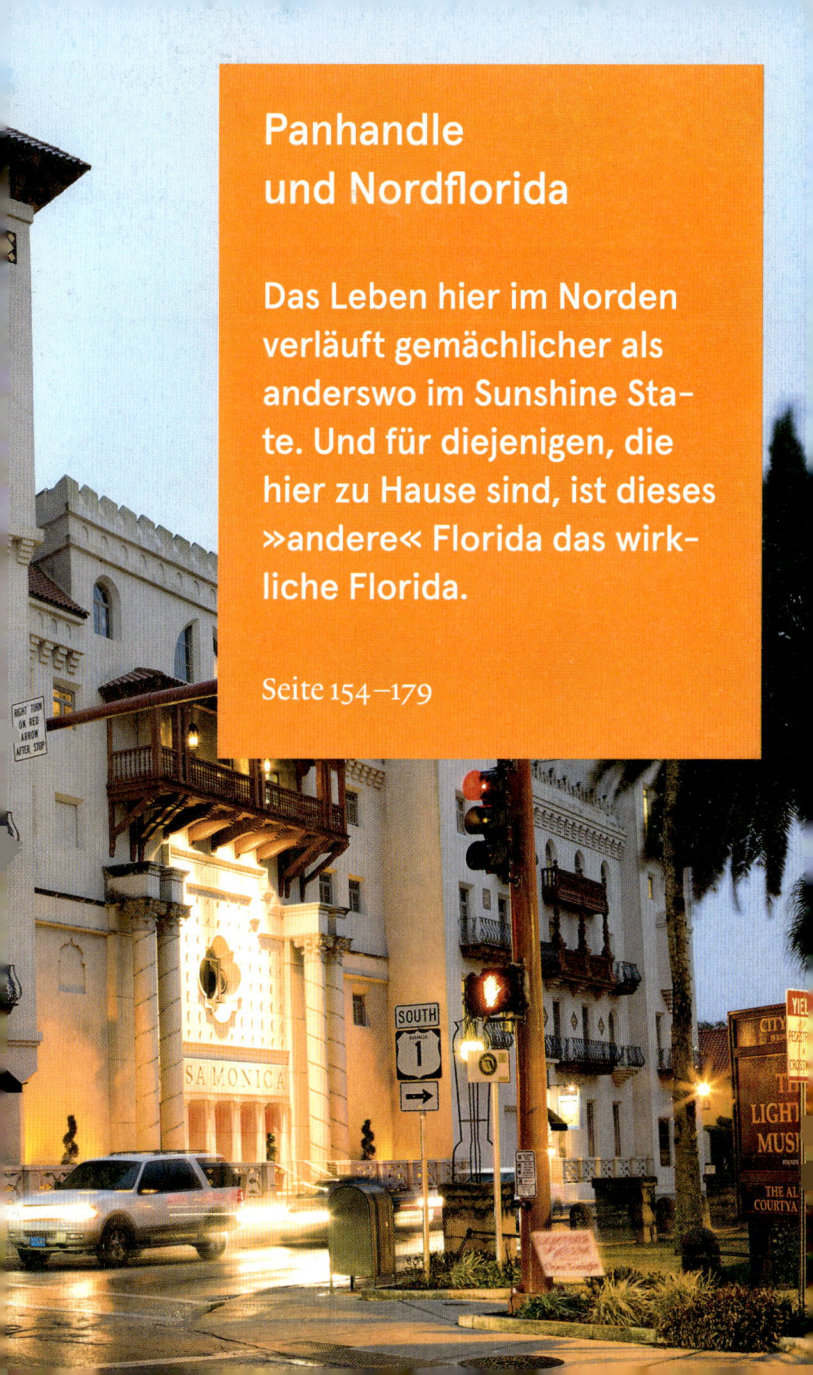

Panhandle und Nordflorida

Das Leben hier im Norden verläuft gemächlicher als anderswo im Sunshine State. Und für diejenigen, die hier zu Hause sind, ist dieses »andere« Florida das wirkliche Florida.

Seite 154–179

Erste Orientierung

Floridas Norden mit dem Panhandle (»Pfannenstiel«) erstreckt sich von Jacksonville am Atlantik bis nach Pensacola an der Grenze zu Alabama. Diese Region nimmt ungefähr ein Drittel des gesamten Staates ein, und für den Reisenden gibt es hier noch viel zu entdecken.

Etwa auf der Höhe von Orlando überquert man eine unsichtbare Linie. Südlich von ihr liegt das Florida der Badestrände und Themenparks. Nördlich davon scheint der Sunshine State Atem zu schöpfen. Hier sind die Städtchen älter, die Menschen tief verwurzelt, es gibt wunderbar entlegene Straßen, riesige Wälder, schöne Strände und kristallklare Quellen, den berühmten Suwannee River, Daytona Beach und die Bundeshauptstadt Tallahassee sowie St. Augustine – die älteste von Europäern gegründete und durchgehend besiedelte Stadt der USA. Nicht zufällig heißt es, dass man, je weiter man in Florida nach Norden fährt, umso tiefer in den Süden gelangt – in den Alten Süden, der nach offziel-

TOP 10

(7) ★★ Pensacola

(9) ★★ St. Augustine

Nicht verpassen!

(64) Tallahassee

(65) Panama City Beach

Nach Lust und Laune!

(66) Amelia Island & Fernandina Beach

(67) Jacksonville

(68) Daytona Beach

(69) Cedar Key

(70) Suwannee River State Park

(71) Apalachicola & the Barrier Islands

(72) Marianna & Florida Caverns State Park

(73) Ponce de León Springs State Recreation Area

(74) Grayton Beach

ler Lesart erst in den Nachbarstaaten Georgia und Alabama beginnt. Das Leben verläuft hier noch in einem ruhigeren Rhythmus als anderswo, und wer sich darauf einlässt, der kann im Panhandle und im ländlichen Norden herrliche Urlaubstage erleben.

Mein Tag
in »Old Florida«

Je weiter Sie in Florida nach Norden reisen, desto mehr fühlen Sie sich wie im Alten Süden. Selbst unverbaute Küsten gibt es noch und kaum befahrene Landstraßen, die zu alten Fischernestern mit Pier, Pub und Tante-Emma-Laden führen. Ein gutes Beispiel dafür ist Cedar Key, das wir uns heute mal genauer ansehen werden.

8.30 Uhr: Morgenmusik – vom Plattenspieler

Wäre sie nicht aspaltiert, die parallel zur Küste verlaufende 2nd Street könnte mit ihren bunten Häusern und überdachten Bürgersteigen glatt als Zeitmaschine durchgehen. Genießen Sie das gemächliche Tempo der einander grüßenden Einheimischen bei frischem Kaffee und noch warmen Scones im 1842 Daily Grind & Mercantile (598 2nd St, Tel. 352 543 5004, tgl. 7.30–15 Uhr).

10 Uhr: Was nur wenige Menschen sehen

Cedar Key grenzt an zwei Wildschutzgebiete. Begleiten Sie Captain O'Dell von Tidewater Tours (302 Dock St, www.tidewatertours.com) auf einer Bootsfahrt durch die kaum berührte Marschlandschaft gleich hinter der Ortsgrenze. Zwischen Frühjahr und Herbst werden Sie hier Fischadlernester zählen, zig Zugvogelarten beobachten und die herrlich durch die Lüfte segelnden Pelikane bewundern.

12.30 Uhr: Hunger?

Fragen Sie jemanden auf der Straße nach einer Empfehlung zum Einkehren, wird er Sie höchstwahrscheinlich zu Tony schicken. Tony's Seafood Restaurant (597 2nd St., Tel. 352 543 0022, www.tonys

16 Uhr: Zum Muschelberg

Lower Suwannee National Wildlife Refuge

16 Uhr

Shell Mound

3 km / 2 mi

Cedar Key National Wildlife Refuge

10 Uhr: Was nur wenige Menschen sehen

10 Uhr

Cedar Key National Wildlife Refuge

12.30 Uhr: Hunger?

Island Room & Sand Bar/Cedar Cove Hotel

Ende

Neptune Bar/Island Hotel

20 Uhr

18 Uhr

18 Uhr: Dinner with a view

Cedar Key Arts Center Museum

12.30 Uhr

14 Uhr

Tony's Seafood Restaurant

Cedar Key Museum

1842 Daily Grind & Mercantile

Tidewater Tours

Start

100 m / 100 yd

10 Uhr

10 Uhr: Was nur wenige Menschen sehen

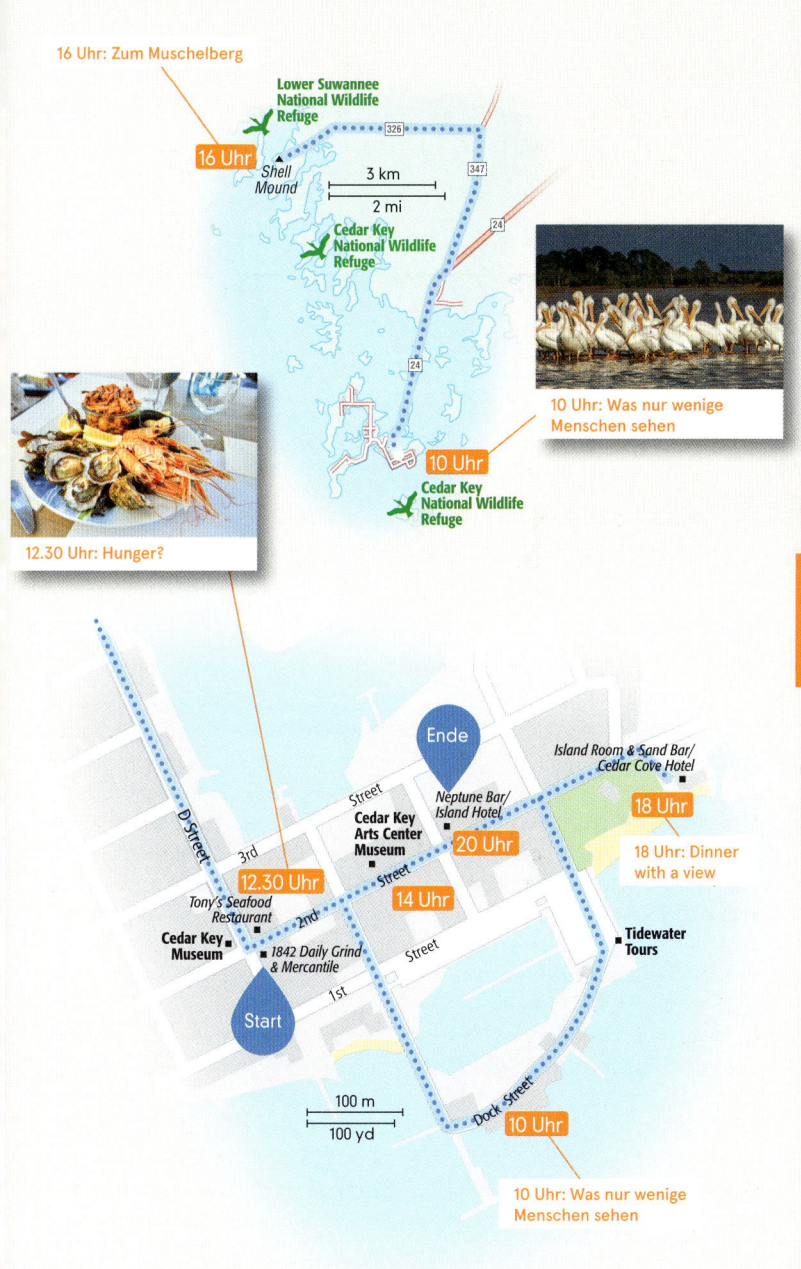

MEIN TAG

8.30 Uhr

Im winzigen Cedar Key mit seinen alten Holzhäusern scheinen die Uhren langsamer zu ticken. Der Ort grenzt an zwei Naturschutzgebiete (rechts das Suwannee National Wildlife Refuge).

chowder.com) ist eine regionale Berühmtheit mit hemdsärmeliger Atmosphäre, sämigen Fisch- und Muschelsuppen sowie spielfeldgroßen Seafoodtellern.

14 Uhr: Eine Stadtrundfahrt der etwas anderen Art

Selbst wenn Sie keine Stadtrundfahrten mögen: Diese sollten Sie in Betracht ziehen. Nicht nur, weil Sie dabei Ihr eigener Boss sind, sondern auch, weil Sie am Steuer eines lautlosen, solargetriebenen Golfcart genüsslich durch das Städtchen rollen (Golf Cart Rentals, 8030 A St., http://gulfkartcompany.com/, tgl. 9–17 Uhr). Schauen Sie auch im Cedar Key Arts Center (457 2nd St., www.cedarkeyartscenter.org, tgl. 10–17 Uhr) vorbei, wo regionale Künstler ausstellen, und besuchen Sie zudem das Cedar Key Historical Society & Museum (2nd & D St., www.cedarkeyhistorical museum.org/, tgl. 13–16 Uhr), dessen leicht verstaubte, aber interessante Ausstellungen von den Seminolenkriegen bis zur Gegenwart reichen.

16 Uhr: Zum Muschelberg

Sie möchten noch tiefer in die Ortsgeschichte eintauchen? Dann tauschen Sie Ihren Golfcart gegen den Mietwagen ein und fahren Sie auf der Landstraße 326 ein paar Kilometer aus Cedar Key heraus, bis Sie den Shell Mound Trail (ausgeschildert) erreichen. Der leicht begehbare Weg führt zu einer Stelle,

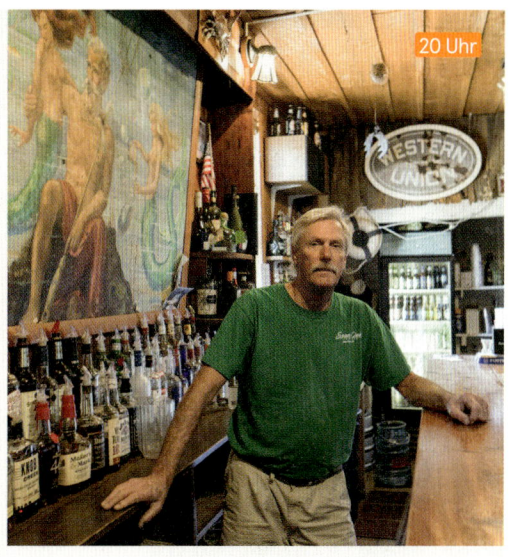

Gut für einen Absacker oder zwei: Die Neptune Bar ist laut Eigenwerbung »die einzige Bar der Gegend ohne Fernseher«.

an der prähistorische Indianer zig Millionen Muschel- und Austernschalen hinterließen, die sich über einen Zeitraum von gut 1000 Jahren zu einem 10 m hohen, inzwischen natürlich überwachsenen Muschelberg angehäuft haben. Die Aussicht von hier auf die Marschen, Priele und Wälder wird Sie daran erinnern, wie Floridas Küsten einst wirklich ausgesehen haben.

18 Uhr: Dinner with a view
Es gibt Restaurants, in denen fühlt man sich auf Anhieb wohl. Im Island Room & Sand Bar (192 E 2nd St., Tel. 352 543 6520) im Cedar Cove Hotel (http://cedarcovehotel.com) blickt man über die Pier aufs Meer hinaus, die Kellner(innen) sind wunderbare Gastgeber, und die Speisekarte liest sich wie eine Liebeserklärung an die Unterwasserfauna und -flora vor der Küste. Zubereitet wird all das mit leicht italienischem Akzent, daher auch die Lobster-Ravioli und die Cioppino, eine Meeresfrüchtesuppe.

20 Uhr: Nightlife?
Ist in Cedar Key Fehlanzeige. Aber Sie sind ja ohnehin hier, um das alte Florida zu erleben. Gehen Sie nach dem Dinner zur Dock Street hinunter oder kehren Sie im historischen Island Hotel & Restaurant (373 2nd St) ein: Die für ihre Wandbilder berühmte Neptune Bar ist der schönste Ort für einen gepflegten Absacker am Ende des Tages.

MEIN TAG

❼ ★★ Pensacola

Warum?	Pensacola ist die interessanteste Stadt im Panhandle
Was?	450 Jahre Geschichte
Wie lange?	Einen Tag
Wann?	Mitte September bis Ende Oktober
Was noch?	Samstags Livemusik und frisches Gemüse auf dem Markt

Nach Alabama sind es nur ein paar Kilometer, Orlando liegt (gefühlt) auf einem anderen Stern: Pensacola, entspannt, charmant und im Kern mit Patina bedeckt, hat mehr vom Alten Süden als vom rasant wachsenden Sunshine State.

Einen Rundgang beginnt man am besten in der Nähe der Innenstadt an der schönen Bucht im Seville Square Historic District. Die Geschichte des Stadtgebiets reicht bis zu spanischen Besiedlungsversuchen im frühen 16. Jh. zurück. Ortsnamen wie »Barracks«, »Government« und »Church Street« erinnern noch an die ursprüngliche Bestimmung des Orts.

Pensacola entdecken

Einige Blocks von Seville entfernt liegt der Palafox Historic District: Hier finden Sie Musikläden, Theater, Kaufhäuser und Museen, darunter das T.T. Wentworth Museum. Es zeigt u.a. Kunsthandwerk und alte Fotografien, für Kinder gibt es ein Discovery Center. Die Stadt, auch »City of Five Flags« genannt, blickt auf eine wechselvolle Geschichte zurück, der sie ihr multikulturelles Erbe verdankt. Viele Zeugnisse der Stadtgeschichte werden im Museum Voices of Pensacola ausgestellt. Eine schöne historische Kulisse für Ballettaufführungen, Opern und Konzerte bildet das im Jahr 1925 eröffnete, im Stil des spanischen Barock und Rokoko errichtete Saenger Theatre (118 South Palafox Place, Tel. 850 5 95 38 80, www.pensacolasaenger.com). Eine weitere Attrak-

Liebevoll gestaltet: Häuserfassade in Pensacola.

tion ist die Pensacola Naval Air Station mit dem imposanten National Museum of Naval Aviation, einem der größten Luftfahrtmuseen der Welt.

In der Umgebung

Vor Pensacola erstreckt sich feiner, ursprünglich herrlich weiß bis silbern schimmernder Sand zweier Barriere-Inseln – Perdido Key und das nur wenige hundert Meter breite, dafür jedoch rund 80 km lange, bis nach Fort Walton reichende Santa Rosa Island. Abschnitte besonderen ökologischen oder historischen Interesses sind als Gulf Islands National Seashore geschützt.

In Gulf Breeze, auf halbem Weg zwischen Fort Walton und Pensacola gelegen, gibt es einen großen Zoo mit rund 700 Tieren in relativ naturnah gestalteter Umgebung. Das Gelände, zu dem auch ein Botanischer Garten gehört, lässt sich bequem mit einer kleinen Safaribahn durchqueren.

Mit rund 30 000 m^2 drinnen und weiteren 150 000 m^2 draußen hat das Luftfahrtmuseum reichlich Platz für seine mehr als 150 ausgemusterten Flugzeuge.

KLEINE PAUSE

Erst über den Palafox Market (Martin Luther King jr. Plaza) streifen, dann zwei Blocks nordwestlich im **Cottage Café** (203 W. Gregory Street) einkehren und auf der Terrasse unterm Sonnenschirm einen frischen Salat genießen.

✝ 202 B4

Pensacola Area Conventiona und Visitors Bureau
✉ 1401 E. Gregory Street ☎ 800 8 74 12 34 ⊕ www.visitpensacola.com

T.T. Wentworth Museum
✉ 330 S. Jefferson Street ☎ 850 5 95 59 90 ◐ Di bis Do 10–16, Fr–Sa 10–19, So 12–16 Uhr ✦ 8 $

Voices of Pensacola
✉ 117 E. Goverment St ◐ Di–Do 10–16, Fr 10–16, Sa/So geschl. ✦ 8 $

National Museum of Naval Aviation
✉ 1750 Radford Boulevard ☎ 850 4 53 36 04 oder 800 3 27 50 02 ⊕ www.navalaviationmuseum.org ◐ tgl. 9–17 Uhr ✦ frei

Gulf Breeze Zoo
✉ 5701 Gulf Breeze Parkway ☎ 850 9 32 22 29 ⊕ www.gulfbreezezoo.org ◐ März–Sept. tgl. 9–17, sonst tgl. 9–16 Uhr ✦ 18,95 $

Gulf Islands National Seashore
☎ 850 9 34 26 00 ⊕ www.nps.gov/guis ✦ 10 $, Fahrzeug 20 $

Perdido Key, Visitor Center
✉ 15500 Perdido Key Drive ☎ 850 4 92 46 60 ⊕ www.visit-perdido.com

Perdido Key State Recreation Area
☎ 850 4 92 15 95 ⊕ www.abfla.com/parks/PerdidoKey/perdidokey.html

❾ ★★ St. Augustine

Warum?	Um auf eine Zeitreise zu gehen
Was?	Den Atem der Geschichte spüren
Wie lange?	Zwei Tage müssten reichen
Wann?	Jederzeit

Eng gewundene Gassen, Häuser mit gusseisernen Toren, die in schattige Innenhöfe führen, romantische Balkone und weitläufige, mit Palmetto und moosbehängten Bäumen bestandene Plazas: Für viele ist St. Augustine nicht nur die älteste von Europäern gegründete und durchgängig besiedelte Stadt der USA, sondern auch die schönste in Florida.

Von der Festung in die Altstadt

Das mit Zugbrücke, Wassergraben und Bastionen versehene Castillo de San Marcos an der Mündung des Matanzas River wurde im Jahr 1672 errichtet. Innerhalb der dicken Mauern ist die dramatische Geschichte des Forts dokumentiert. Die verwinkelte Altstadt von St. Augustine konzentriert sich rund um die alte Calle Real bzw. die heutige St. George Street und reicht vom nördlichen Stadttor in Sichtweite des Castillo de San Marcos bis zur Plaza de la Constitución. An ihr liegen Dutzende restaurierter Häuser aus kolonialspanischer Zeit.

Gleich hinter dem Stadttor findet man das an eine Filmkulisse erinnernde »Oldest Wooden Schoolhouse in the USA« (14 George St.). Etwas südlich, an der Ecke George und Cuna Street, lassen im Colonial Quarter Museum (33 St. George St.) kostümierte Darsteller den Alltag hier um 1740 aufleben. Am nordöstlichen Altstadtrand (gegenüber dem Castillo) erinnert das St. Augustine Pirate & Treasure Museum (12 S Castillo Dr.) an das Piratenunwesen, das einst auch an diesen Küsten herrschte. Zuletzt mündet die St. George Street in die Plaza de la Constitución, den zentralen Platz, um den herum die Stadt im Jahr 1598 angelegt wurde. An ihm liegen das

Das Flagler College wurde im spanisch-maurischen Revival-Stil errichtet.

Geschichte auf Schritt und Tritt (im Uhrzeigersinn von ganz oben): Castillo de San Marcos, das älteste hölzerne Schulhaus der USA, schauspielernde »Soldaten« in der Festung.

historische Luxushotel Casa Monica, das interdisziplinäre Lightner Museum und das Flagler College. Das prachtvolle Interieur des heute als Hochschule genutzten Gebäudes lässt sich auf geführten Touren erschließen.

KLEINE PAUSE
Sich hinsetzen, die Beine ausstrecken und einfach schauen: Die nur für Fußgänger geöffnete **St. George Street** bietet mit ihren schönen Bänken reichlich Gelegenheit dazu.

✝ 207 E3
St. Augustine, Ponte Vedra & The Beaches
✉ 29 Old Mission Ave.
⊕ www.floridashistoric coast.com

Castillo de San Marcos
✉ 1 S. Castillo Drive
⊕ www.nps.gov/casa

❶ Führungen tgl. 8.45 bis 17.15 Uhr ✦ 15 $

Oldest Wooden Schoolhouse ⊕ http://oldest woodenschoolhouse.com

Colonial Quarter Museum ⊕ www. colonialquarter.com

Pirate & Treasure Museum ⊕ www.the piratemuseum.com

Flagler College
⊕ www.flagler.edu

Lightner Museum
⊕ www.lightner museum.org

Castillo de San Marcos

Seit mehr als 300 Jahren wacht dieses mächtige Festungsbauwerk über die älteste kontinuierlich besiedelte Stadt der USA.

Das Castillo de San Marcos wurde in den Jahren 1672 bis 1695 von den Spaniern zum Schutz der Stadt und zur Sicherung der aus Westindien nach Spanien zurückkehrenden Gold- und Silberschiffe errichtet. Mit ihren bis zu vier Meter dicken Mauern aus widerständigem hiesigem Coquina-Kalkstein sowie mit ihren Kanonen und Mörserdecks bot die Festung guten Schutz vor angreifenden Seeräubern und vor dem Beschuss feindlicher Truppen.

❶ Kaimauer an der Hafeneinfahrt (Matanzas River).
❷ Ravelin Dieses dreieckige Vorwerk hatte den Eingangsbereich zu schützen.
❸ Graben Er war normalerweise trocken, konnte aber bei einer drohenden Gefahr geflutet werden.
❹ Äußere Zugbrücke Über sie erreicht man das Vorwerk. Sie wurde jeden Abend geschlossen.
❺ Innere Zugbrücke Einziger Zugang zur Festung, mit einem Fallgitter versehen.
❻ Südwestbastion (San Pedro Bastion) mit Wachtürmchen und Kanonendeck.
❼ Südostbastion (San Agustin Bastion) mit Wachtürmchen, Flaggenmast und Kanonendeck.

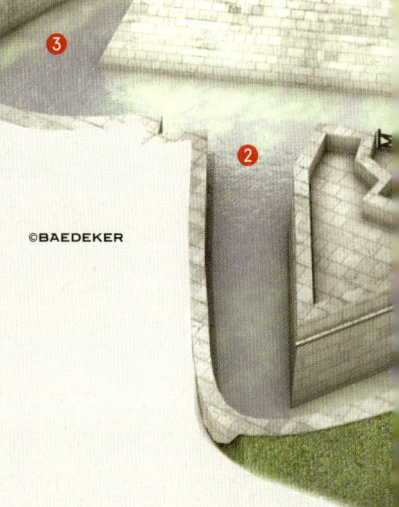

©BAEDEKER

8 <u>Kanonen- und Mörserdeck</u>
Hier standen schwere, aus Bronze und Eisen gefertigte Kanonen und Mörser.

9 <u>Nordostbastion</u> (San Carlos Bastion) mit hohem Wach- und Glockenturm.

10 <u>Plaza de Armas</u> Innenhof, der als Waffen- und Exerzierplatz diente.

11 <u>Kapelle</u> An diese schließt westlich der »British Room« an.

12 <u>Pulverlager</u> Es wurde später auch als Warenlager und Gefängnis benutzt.

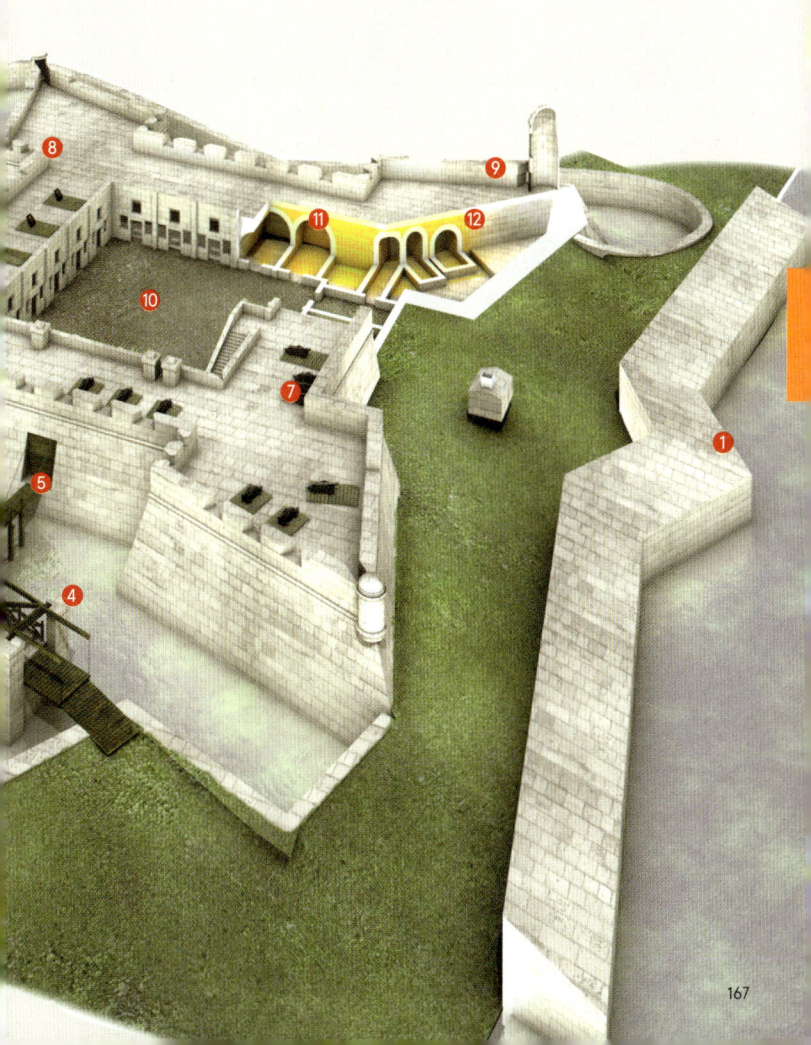

64 Tallahassee

Warum?	Um die Hauptstadt des Landes kennenzulernen
Was?	Alte Eichenalleen, schwerer Magnolienduft …
Wie lange?	Ein Tag reicht
Wann?	Immer

Tallahassee wurde im Jahr 1824 zur Hauptstadt Floridas gewählt, weil es auf halbem Weg zwischen den damals wichtigen Orten Pensacola und St. Augustine lag. Wer die Stadt heute besucht, fühlt sich dem Alten Süden näher als dem geografischen.

Ein Besuch im ruhigen Tallahassee wird zu einem entspannenden Vergnügen. Die zwischen grünen Hügeln liegende Stadt erwartet ihre Gäste mit dichten Alleen und ruhigen Wegen, von Provinzläden gesäumt. Die sprichwörtliche Gastfreundschaft des Südens – hier ist sie zu spüren.

Sehen und erleben

Ein guter Ausgangspunkt ist das Old Capitol an der Kreuzung US 27 und Monroe Street (www.flhistoriccapitol.gov/). In dem 1842 errichteten Bau präsentiert ein Museum die politische Geschichte Floridas; hinzu kommen die alten Räumlichkeiten des Obersten Gerichts und des Senats. Dainter erhebt sich der zentrale Blickfang der Hauptstadt, das 22-stöckige New Capitol. Das Büro des Gouverneurs befindet sich im Erdgeschoss, Parlament und Senat tagen im vierten Stock. Vom obersten Stockwerk aus genießen Gäste einen hervorragenden Blick auf die Florida State University, die City Hall, das León County Courthouse und ganz Tallahassee. Unbedingt sehenswert sind auch das Museum of Florida History und das Tallahassee Museum of History and Natural Science.

Kaum eine andere Stadt im Sunshine State eignet sich besser für angenehme Spazierfahrten. Talahassee, wo alte Eichen, Gummi- und Hickorybäume von Moos überwachsen sind wie mit Lametta dekorierte Weihnachtsbäume, hat ein

Das Westcott-Gebäude ist das architektonische Zentrum des Campus der Florida State University.

gutes Dutzend Canopy Roads genannte Straßen, auf denen man wie durch grüne, lichtfurchflutete Tunnel fährt. Hier seien nur die sechs schönsten genannt: Old Bainbridge Rd., Centerville Rd., Pisgah Church Rd., Sunny Hill Rd., Mocassin Gap Rd. und Miccosukee Rd.

Vor den Toren der Stadt ...

... liegt zunächst die für viele interessanteste Attraktion im Norden, die Mission San Luis. Dabei handelt es um ein hervorragendes Freilichtmuseum an der Stelle, an der spanische Franziskaner-Mönche 1633 auf dem Land der Apalachee-Indianer eine Missionsstation errichteten. Zu sehen sind imposante Nachbauten, darunter ein traditionelles Versammlungshaus der Apalachees und eine spanische Missionskirche.

In einer halben Stunde erreicht man von Tallahassee die Sonnenstrände der Golfküste. Wenn Sie etwas weiter fahren, können Sie in Apalachicola ein Austerngericht bestellen oder an der naturbelassenen Küste des St. George Island State Park) Delfine beobachten. Innerhalb einer Stunde erreichen Sie auch das Naturschutzgebiet Wakulla Springs State Park. Eine Lodge im spanischen Stil bietet zwar keinen 4-Sterne-Komfort, aber im glasklaren Wasser dieser Karstquelle können Sie ein erfrischendes Bad nehmen.

In den südlich von Tallahassee gelegenen Wakulla Springs kann man einen erholsamen Spaziergang unternehmen – und im klaren Wasser baden.

KLEINE PAUSE

Mal was anderes: In **Sharkey's Capitol Café** (www.sharkeys capitolcafe.com) im 10. Stock des New Capitol gibt's nicht nur den besten Latte der Stadt, sondern auch echte Abgeordnete und das Old Capitol (von oben) zu sehen!

✣ 204 C4
Tallahassee CVB ✉ 106 E. Jefferson St. ☎ 850 6 06 23 05 ⊕ www.visit tallahassee.com

Museum of Florida History ✉ 500 South Bronough Street ☎ 50 2 45 64 00

⊕ www.museumofloridahistory.com ❶ Mo–Fr 9–16.30, Sa 10–16.30 Uhr, So 12–16.30 Uhr ✦ frei

Tallahassee Museum of History and Natural Science ✉ 3945 Museum Drive ☎ 850 5 75 86 84 ⊕ www.tallahassee museum.org ❶ Mo–Sa 9–17, So 11–17 Uhr ✦ 12 $

Mission San Luís Archeological and Historic Site ✉ 2100 W. Tennessee Street ☎ 850 2 45 64 06 ⊕ www.missionsanluis.org ❶ Di–So 10–16 Uhr ✦ 5 $

❻❺ Panama City Beach

Warum?	Oh, wie schön ist Panama (City Beach)
Was?	Lange, weiße Strände (fast) ohne Ende
Wie lange?	Zwei Tage, mindestens
Wann?	Hier scheint die Sonne an 320 Tagen im Jahr. Ende Mai und Anfang September wird es etwas ruhiger

Das schönste an Panama sind die Strände. Die schaffen es immer mal wieder in die Top Ten der Beach Rankings. Das erklärt, warum alle da hin wollen. Und warum man angesichts der dahinter liegenden Hotelburgen schon mal ein Auge zudrücken kann.

Der Panama City Beach aus der Vogelperspektive.

Die Schönheit von Panama City Beach zieht Gäste an, die wissen, was sie hier wollen: Sommer, Sonne, Sand. Dazu ein gutes Segelrevier und ein großes Sportangebot mit der entsprechenden Infrastruktur: Umkleidehäuschen, Sonnenschirme, Schwimmflossen- und Segelbootverleih. Wagemutige, die einen spektakulären Blick aus der Vogelperspektive auf den Strand werfen wollen, können sich einen Fallschirm umgurten und sich als Parasailer von einem Schnellboot aufs Meer und in die Luft ziehen lassen. Auch Tauchen und Schnorcheln erfreuen sich in diesen klaren Gewässern großer Beliebtheit. Sie können sogar zwischen Schiffswracks tauchen, die hier versenkt wurden, um künstliche Korallenriffe entstehen zu lassen.

Die lange Kette weitgehend gesichtsloser Hotelbauten zeigt, worum es hier am meisten geht: um Fun am weißen Sandstrand vor dem türkisfarbenen Meerwasser im Golf von Mexiko.

Jenseits des Strands

Wenn Sie die Unterwasserwelt mit festem Boden unter den Füßen erkunden wollen, besuchen Sie den Gulf World Marine Park. Der Park ist zwar nicht mit SeaWorld in Orlando vergleichbar, doch können Sie auch hier Seelöwen, Papageien, tropische Gärten und vieles andere mehr bewundern.

Am östlichen Rand des Panama City Beach liegt der St Andrews State Park. Das knapp 5 km² große Gelände umfasst Strände, kleine Wälder und Feuchtgebiete, aber auch Zeltplätze, Badezonen, Stege für Angler und Wanderwege. Von hier aus verkehren Fähren nach Shell Island.

KLEINE PAUSE

Heißer und kalter Kaffee in allen Variationen – sowie den bequemsten Ohrensessel an diesem Küstenabschnitt – findet man im **The Pour** (12902 Front Beach Rd.)

✢ 203 D4 **Panama City Beach Visitor Information Center** ✉ 17001 Panama City Beach Parkway ☎ 850 2 33 65 03 ⊕ www.visitpanamacitybeach.com ❶ tgl. 8–17 Uhr
Gulf World Marine Park ✉ 15412 Front Beach Road ☎ 850 2 34 52 71 ⊕ www.gulfworldmarinepark.com ❶ Feb–Nov tgl. 9.30–16.30, Dez–Jan 10–15 Uhr ✦ 30 $
St Andrews State Park ✉ 4607 State Park Lane ☎ 850 7 08 61 00 ⊕ www.floridastateparks.org ✦ 8 $ pro Auto, 4 $ pro Person

Nach Lust und Laune!

66 Amelia Island & Fernandina Beach

Amelia ist eine Insel an der Nordgrenze Floridas, Fernandina ihre einzige Stadt und zugleich die »Garnelen-Hauptstadt« Floridas. Die Atlantikküste bietet schöne Strände; in der Stadt gibt es ein historisches Viertel. Souvenirshops, Pubs, Läden und Restaurants findet man vor allem an der Centre Street. Der Palace Saloon gilt als der älteste im Staat, das Amelia Island Museum of History präsentiert die Inselgeschichte. Auch der Fort Clinch State Park (Tel. 904 2 77 72 74) lohnt einen Besuch: Neben dem Fort gibt es hier schöne Wege und Plätze für Wanderer und Angler.

✢ 207 D4
⊕ www.ameliaislandcom

Amelia Island Museum of History
✉ 233 S. 3rd Street ☎ 904 2 61 73 78; ⊕ www.ameliamuseum.org ◆ 8 $

Fort Clinch State Park
✉ 2601 Atlantic Avenue, Fernandina Beach ☎ 904 2 77 72 74 ⊕ www.florida stateparks.org/fortclinch ❶ tgl. 9–17 Uhr ◆ 6/4 $ pro Auto/Person

67 Jacksonville

Schwerindustrie, Papierfabriken, Großbanken, Hafen und Tourismus: Die Stadt im äußersten Nordosten Floridas steht auf vielen Beinen. Die Einheimischen nennen ihre Stadt an der Biegung des St. Johns River schlicht »Jax«. Im flächenmäßig zu den größten Städten der USA gehören Konglomerat liegen die Sehenswürdigkeiten weit auseinander, weshalb viele Besucher gleich zu den ausgedehnten Badestränden durchfahren. Dabei lohnt »Jax« durchaus einen genaueren Blick. In der Innenstadt sind die Bezirke Avondale, San Marco und Riverside am interessantesten; hier finden Sie eine Mischung aus Cafés, Antiquitätenläden und modischen Boutiquen. Das im Jahr 1927 eröffnete Florida Theatre ist ein schönes Beispiel eines Konzertsaals im Mediterranean-Revival-Stil. Jacksonville Landing (www.jacksonvillelanding.com) am Ufer des St. John's River heißt ein großes Veranstaltungs- und Einkaufszentrum. Zwischen August und September treten die Jacksonville Jaguars (www.jaguars.com) im Alltel Stadium zu ihren Footballheimspielen an.

✢ 207 D4
⊕ www.visit jacksonville.com

Florida Theatre ✉ 128 E. Forsyth Street ☎ 904 3 55 27 87 ⊕ www.florida theatre.com

68 Daytona Beach

Die Stadt mit Amerikas möglicherweise berühmtestem Strand ist bekannt für die wüsten Springbreak-Partys, die die College-Studenten hier alljährlich feiern. Vorangegangen ist dann bereits die Bike Week im Februar, ein Treffen von rund einer halben Million Motorradfah-

Magischer Moment

Schwimmen wie im Paradies

Im Norden Floridas gibt es mehrere Hundert mit kristallklarem Wasser gefüllte Karstquellen, sogenannte »springs«. In vielen darf man baden, etwa im Ichetucknee Springs State Park bei Fort White: So klar ist das H_2O dort, dass Sie es nur sehen, wenn eine Brise über die Wasseroberfläche streicht. Lassen Sie sich also bezaubern, durch einen ganz besonderen Moment: wenn die Sonne ihr »flüssiges« Licht bis auf den Grund der Quelle schickt.

www.ichetuckneesprings.com

rern aus aller Welt. Einige Meilen landeinwärts liegt die Rennstrecke Daytona International Speedway.

✢ 207 E1
⊕ www.daytonachamber.com
⊕ www.daytonainternational
speedway.com

69 Cedar Key

Als Endstation der Eisenbahn war Cedar Key einmal für Florida sehr bedeutend: Von hier aus wurden Fisch und Holz Richtung Norden transportiert. Heute schätzen Künstler die friedliche Atmosphäre des Ortes. Im Zentrum des Dorfs findet man Läden und Galerien, in Nebenstraßen verstecken sich kleine Restaurants, in denen man frische Meeresfrüchte genießt.

✢ 206 A1
⊕ www.cedarkey.org

70 Suwannee River State Park

Der State Park umfasst ein schönes Stück Flusslandschaft, in der sich der Withlacoochee River mit dem Suwannee River vereinigt. An vielen Stellen werden Kanus und Kajaks vermietet, für die Übernachtung stehen kleine Blockhäuser zur Verfügung. Für Zeltplätze werden 22 $ pro Nacht berechnet.

✢ 206 A4 ✉ 20185 County Road 132
☎ 386 3 62 27 46 ⊕ www.floridastate
parks.org ❶ tgl. 8 Uhr bis zur Dämmerung ✦ 8 $ pro Auto, 4 $ pro Person

71 Apalachicola & the Barrier Islands

Im 19. Jh. war Apalachicola der südlichste Hafen für die Dampfschifffahrt in Florida. Die Austern, die hier vor der Küste gesammelt werden, sind in ganz Amerika bekannt. Und die Stadt hat einen berühmten Sohn: 1851 tüftelte der Arzt John Gorrie an einem Apparat, der die Körpertemperatur von Patienten

Angeln am Pier von Cedar Key.

senken sollte – und erfand dabei die Eismaschine. Der Küste vorgelagert ist St. George Island mit geschützten Buchten und klarem Wasser – ein Paradies für Schwimmer und Angler. Ganz im Osten der Insel stellt der St. George Island State Park einen 15 km langen naturbelassenen Strand unter Schutz; durch die Dünen führen Wanderwege. Westlich von

St. George Island liegt direkt vor der Mündung des Apalachicola River das an Flora und Fauna besonders artenrreiche Schutzgebiet St. Vincent National Wildlife Refuge.

✛ 204 B2 St. George Island State Park ✉ 1900 E. Gulf Beach Drive ☎ 850 9 27 21 11 ⊕ www.floridastateparks.org ⏱ tgl. 8 Uhr bis Dämmerung 💲 6 $ pro Auto, 4 $ pro Saison

72 Marianna & Florida Caverns State Park

Lust auf eine Höhlentour? Bei einer Wanderung durch die unterirdische Tropfsteinwelt zeigt man Ihnen eindrucksvolle Stalaktiten, Stalagmiten, steinerne Vorhänge und andere ausgefallene Formationen. Der Park bietet darüber hinaus stille Wanderwege, Zelt- und Angelplätze und die Möglichkeit, im Chipola River zu schwimmen oder Kanu zu fahren. Marianna ist ein hübscher Ort nahe am Park.

✛ 204 B5 ✉ 3345 Caverns Road, Marianna ☎ 850 4 82 95 98 ⊕ www.floridastateparks.org/floridacaverns ⏱ Führungen Do–Mo 9.30–16 Uhr 💲 Eintritt zu den Höhlen 5 $

73 Ponce de León Springs State Recreation Area

Das Erholungsgebiet verbindet zwei dünn besiedelte Bezirke des Panhandle (Holmes und Walton). Hier treffen zwei unterirdische Flüsse aufeinander, pro Tag treten hier 53 Mio. Liter klares Quellwasser an die Oberfläche.

✛ 203 D5 ✉ Nahe Highway 90 am SR 181A, Ponce de León ☎ 850 8 36 42 81 ⊕ www.floridastateparks.org ⏱ tgl. 8 Uhr bis zur Dämmerung 💲 4 $

74 Grayton Beach

Die kleine Stadt mit ihren schmalen Gassen und den verwitterten Holzhäusern liegt abseits des Highway 98 inmitten von Nadelwäldern. Hauptattraktion ist der Grayton Beach State Park: Es zeigt eigt Florida von seiner schönsten Seite: Salzmarschen, sanft geschwungene Dünen mit Strandhafer und weißen Sand am blaugrünen Wasser des Golfs von Mexiko.

✛ 203 D4 Grayton Beach State Park ✉ 357 Main Park Road (bei 30A) ☎ 850 2 67 83 00 ⊕ www.floridastateparks.org/graytonbeach ⏱ tgl. 8 Uhr bis zur Dämmerung 💲 5 $

Wohin zum ... Übernachten?

Preise für ein Doppelzimmer pro Nacht während der Hochsaison:
$ unter 150 $
$$ 150–250 $
$$$ über 250 $

ST. AUGUSTINE

Best Western Spanish Quarters Inn $
Angenehme Unterkunft (40 Zimmer und Suiten) liegt in der Nähe des Castillo de San Marcos. Die Altstadt ist zu Fuß erreichbar.
✣ 207 E3 ✉ 6 W Castillo Dr. ☎ 904 8 24 44 57 ⊕ http://bestwesternflorida.com

Casa Monica Hotel $$$

Das schlossähnliche Hotel von 1888 liegt an der Plaza de la Constitucion im Zentrum. Die alten Dekorelemente im neomaurischen Stil sind noch überall zu erkennen. Das Hotel besitzt 137 Zimmer und Suiten sowie thematisch gestaltete Speisesäle, einen Pool, Cafés und Shops.
✣ 207 E3 ✉ 95 Cordova Street
☎ 904 8 27 18 88 ⊕ www.kesslercollection.com/casa-monica

TALLAHASSEE

Best Western Tallahassee Downtown Inn & Suites $$
Hier gibt es freundlich ausgestattete Gästezimmer, einen kleinen Fitness-Raum und einen Pool. Der Frühstücks-Snack ist gratis.
✣ 204 C4 ✉ 2016 Apalachee Pkwy. ☎ 850 6 56 63 12 ⊕ http://bestwesternflorida.com

Governors Inn Hotel $$
Gemütliche Zimmer in einem umgebauten alten Lagerhaus. Kontinentales Frühstück in der einladenden Lobby.
✣ 204 C4 ✉ 209 S. Adams Street
☎ 850 6 81 68 55 ⊕ www.thegovinn.org

PANAMA CITY BEACH

Osprey on the Gulf $$
Freundliches Personal, Zimmer mit Meerblick und ein Pool zeichnen dieses Haus aus. Eine gute Wahl für Familien und Reisende mit schmalem Budget. In der Hauptsaison kann es laut werden.
✣ 203 D4 ✉ 15801 Front Beach Road
☎ 850 2 34 03 03 ⊕ http://gilmoreresorts.com

PENSACOLA

Days Inn Pensacola Beachfront $$
Das Days Inn liegt auf einer Insel vor Pensacola Beach und bietet makellose Zimmer mit kontinentalem Frühstück.
✣ 202 B4 ✉ 16 Via de Luna ☎ 850 9 34 33 00 ⊕ www.daysinn.com

AMELIA ISLAND

Elizabeth Pointe Lodge $$/$$$
In dieser am Meer gelegenen Frühstückspension fühlt man sich wie in Neuengland. Die Terrassen eignen sich wunderbar zum Entspannen. Von hier ist es nicht weit bis zum historischen Viertel von Fernandina.
✣ 207 D4 ✉ 98 South Fletcher Avenue
☎ 904 2 77 48 51 ⊕ www.elizabethpointe lodge.com

APALACHICOLA

Gibson Inn $/$$
Das historische Haus ist leicht an seinem Gitterwerkstil zu erkennen. Besonders reizvoll sind die Himmelbetten und die schönen alten Schränke.
✣ 204 B2 ✉ 51 Avenue C ☎ 850 6 53 21 91 ⊕ www.gibsoninn.com

Wohin zum ...
Essen und Trinken?

Preise für ein Hauptgericht
ohne Getränke:
$ unter 20 $
$$ 20–35 $
$$$ über 35 $

ST. AUGUSTINE

A1A Ale Works Brewery & Restaurant $$/$$$
Dieses Brauereirestaurant ist vor allem bei jüngeren Leuten beliebt – einige der Biere haben schon Preise gewonnen. Besonders schön sind die Tische auf dem Balkon mit Blick auf Bucht und Brücke. Karibisch inspirierte Küche.
↦ 207 E3 ✉ 1 King Street ☎ 904 8 29 29 77 ⊕ http://www.a1aaleworks.com

Columbia Restaurant $/$$

Leckere Speisen im historischen Rahmen: In diesem Lokal der zuerst 1905 in Tampa eröffneten Restaurantkette Columbia serviert man spanische Küche mit Tapas & Co. Es liegt direkt an der St. George Street, im Herzen der Altstadt. Hohe Decken und Palmen sorgen für ein extravagantes Flair.
↦ 207 E3 ✉ 98 St. George Street ☎ 904 8 24 33 41 ⊕ www.columbiarestaurant.com

Gypsy Cab Company $$
Das Restaurant jenseits der Bridge of Lions (gegenüber der Plaza de la Constitucion) hat einen guten Ruf. Es lohnt sich, hier auf einen freien Tisch zu warten. Gekocht wird »Urban Cuisine« – die Karte mit Fisch, Steaks, Kalbfleisch oder Hähnchen wechselt beinahe täglich. Besonders köstlich schmecken die Cajun-Shrimps.
↦ 207 E3 ✉ 828 Anastasia Boulevard ☎ 904 8 24 82 44 ⊕ www.gypsycab.com

TALLAHASSEE

The Edward Ball Dining Room $/$$
In der Wakulla Springs Lodge des Wakulla Springs State Park finden Sie diesen großen hellen Speisesaal, von dem aus man auf Grünanlagen mit Brunnen blickt. Auf den Tisch kommt bodenständige Südstaatenküche mit Bohnensuppe, Muffins, gebratenen Meeresfrüchten, Shrimps, Austern und Hähnchen mit Pekannuss-Kruste.
↦ 204 C4 ✉ 550 Wakulla Park Drive, Wakulla Springs ☎ 850 4 21 20 00

Andrew's 228 $$$
Im Schatten des neuen State Capitol, in einer restaurierten Häuserreihe aus altem Backstein, stehen Risotto und Gnocchi ebenso auf der Speisekarte wie Austern, Sushi, Steak, Lamm und Barsch. Und mehrere Dutzend Martinis – wohl für die durstigen Regierungsbeamten.
↦ 204 C4 ✉ 228 S. Adams St ☎ 850 2 22 34 44 ⊕ https://andrewsdowntown.com

PANAMA CITY BEACH

Boars Head Restaurant & Tavern $$
Dieses Restaurant im »Old English«-Stil ist spezialisiert auf geröstete und gegrillte Fleischgerichte und Meeresfrüchte, hier gibt es gebratenen Hummer und gegrillten Zackenbarsch.
↦ 203 D4 ✉ 17290 Front Beach Road ☎ 850 2 34 66 28 ⊕ http://boarsheadrestaurant.com

Saltwater Grill $$
Was darf es denn sein? Blauer Flunder mit Krabbenfüllung, gegrillter Atlantiklachs und sautierter Zackenbarsch mit Sherrybutter und frischem Crabmeat? Oder doch lieber Fleisch und Geflügel? Kein Problem!
↦ 203 D4 ✉ 11040 Hutchison Boulevard ☎ 850 2 30 27 39 ⊕ www.saltwatergrillpcb.com

Sonny's BBQ $
Für ein authentisches US-amerikanisches Barbecue gibt es kaum einen besseren Ort als die Lokale dieser Restaurantkette.
✢ 203 D4 ✉ 11341 Panama City Beach Parkway ☎ 850 2 30 47 42 ⊕ www.sonnysbbq.com

PENSACOLA

Global Grill $$
Trendige Tapas-Bar mitten in Downtown Pensacola mit köstlichen Lamm-»Lollipops«, Couscous, Andouille-Wurst aus Louisiana und anderen Leckereien sowie einer umfangreichen Weinkarte.
✢ 202 B4 ✉ 27 S. Palafox Place ☎ 850 4 69 99 66 ⊕ http://globalgrillpensacola.com

McGuire's Irish Pub $$
Eine lebendige Atmosphäre, eine belebte Bar sowie selbstgebrautes Ale, Porter und Stout machen diesen traditionellen irischen Pub zu einem Favoriten in Pensacola. Dazu gehört ein amerikanisches Steakhouse, das Rippchen, Burger, Steaks und Meeresfrüchte serviert.
✢ 202 B4 ✉ 600 E. Gregory Street ☎ 850 4 33 67 89 ✉ www.mcguiresirishpub.com

AMELIA ISLAND

Brett's Waterway Cafe $/$$
Am nördlichen Ende der Centre Street am Fernandina Hafen und mit Blick auf den Amelia River und den Staat Georgia in der Ferne liegt das Brett's. Es ist bekannt für seine Steaks und die (selbstverständlich) frischen Meeresfrüchte aus Florida. Elegante, aber lockere Atmosphäre.
✢ 207 D4 ✉ 1 S. Front Street, Fernandina Beach ☎ 904 2 61 26 60 ⊕ www.ameliaisland.com/Dining/Bretts-Waterway-Cafe

The Happy Tomato Courtyard Café & BBQ $
Draußen und drinnen sitzen, Badeschlappenatmosphäre und solider Pub Grub wie Ribs, Deli Sandwiches, Steaks und Salate.
✢ 207 D4 ✉ 7 S. 3rd St, Fernandina Beach ☎ 904 321 0707 ✉ www.thehappytomatocafe.com

Wohin zum … Einkaufen?

ST. AUGUSTINE

In St. Augustine finden Sie die meisten Läden in der St. George Street mitten in der Altstadt. In der belebten Fußgängerzone wechseln kleine Restaurants mit billigen Souvenirshops und hochwertigen Accessoires- und Schmuckläden ab. Ein paar Blocks entfernt, hinter dem Lightner Museum (75 King Street, Tel. 904 8 24 28 74), verkaufen Antiquitätenhändler ihre Waren. Noch weiter nördlich, an der San Marco Avenue, findet man weitere Antiquitätenläden sowie andere Geschäfte.

TALLAHASSEE

Hübsche Mitbringsel entdecken Sie vielleicht in den Andenkenläden im Old Capitol und im Museum of Florida History. Viele andere Geschäfte sind in der Governors Square Mall (1500 Apalachee Parkway, Tel. 850 8 77 81 06) konzentriert. Ein Einkaufserlebnis garantiert die 32 km entfernte Kleinstadt Havana. Alte Fabrikgebäude wurden in Antiquitäten-Malls umgewandelt. Ebenfalls außerhalb von Tallahassee liegt Bradley's Country Store (10655 Centerville Road, Tel. 850 8 93 47 42).

PANAMA CITY BEACH

Vielleicht reizt es Sie, einmal die Panama City Mall (2150 Martin Luther King Jr. Boulevard, Tel. 850 7 85 95 87) mit ihren über 100 Läden aufzusuchen.

PENSACOLA

Der Palafox District im Herzen der Altstadt ist der ideale Ort für einen Einkaufsbummel, die Quayside Art Gallery (17 E. Zaragoza Street, Tel. 850 4 38 23 63) die größte Co-op-Galerie im Südosten der Stadt. In diesem Viertel finden Sie auch viele andere Geschäfte. 16 km nördlich liegt die Cordova Mall (5100 N. Ninth Avenue, Tel. 850 4 77

7562) mit drei Kaufhäusern, 140 Fachgeschäften und mehreren Restaurants.

AMELIA ISLAND

Centre Street in Fernandina Beach ist das wichtigste Einkaufsviertel der Insel.

APALACHICOLA

Bei Go Fish (25 Avenue D, Tel. 850 653 1333) gibt es Freizeitkleidung für den Strand – Sandalen, Hüte, T-Shirts, Board Shorts sowie einige Einrichtungsgegenstände und Geschenkartikel. In einem alten Krämerladen befindet sich der Grady Market (76 Water Street, Tel. 850 6 53 40 99); dazu gehören mehr als ein Dutzend Antiquitätenläden, Boutiquen und Restaurants.

Wohin zum ... Ausgehen?

ST. AUGUSTINE

A1A Ale Works ist eine gut besuchte Brauereigaststätte, die neben einigen anderen kleinen Pubs und Bars an der St. George Street auf jeden Fall einen Besuch lohnt. Auch die Tradewinds Lounge (124 Charlotte Street, Tel. 904 8 26 15 90) in der Altstadt hat einen exzellenten Ruf. O. C. White's (118 Avenida Menendez, Tel. 904 8 24 08 08), ein Fischrestaurant mit hübschem Innenhof, liegt ein wenig weiter südlich.

TALLAHASSEE

Über 20 Mikrobrauereien gibt es im Großraum Tallahassee sowie kleine, innovative Brew Pubs wie Ology Brewing (118 E 6th St., Tel. 850 566 2463) und PROOF Brewing Co. (644 McDonnell St., Tel. 850 577 0517).

PANAMA CITY BEACH

Das Martin Theatre (409 Harrison Avenue, Tel. 850 7 63 80 80) bietet das ganze Jahr über Theater- und Konzertveranstaltungen. Der Club LaVela (8813 Thomas Drive, Tel. 850 2 35 10 61) ist nach eigenem Bekunden der größte Nachtclub Amerikas.

PENSACOLA

Im Mittelpunkt des Nachtlebens von Pensacola steht der Seville Square Historic District (130 E. Government Street, Tel. 850 4 34 62 11). Mit sieben Räumen, neun Bars und zwei Innenhöfen wird er den verschiedensten Anforderungen gerecht. Rosie O'Grady's Goodtime Emporium ist ein Jazzclub im Stil der 1920er-Jahre mit Livebands und Saloon-Girls; Phineas Phoggs eine Disko, in Apple Annie's Courtyard kann man eingängiger Folk-Musik lauschen, und Fast Eddie's Billiard Parlor hält, was der Name verspricht. Falls Sie mit den »locals« ein Bierchen kippen wollen, sind Sie in der Wisteria Tavern (3808 N. 12th Ave., Tel. 850 433 9222) im East-Hill-Viertel richtig. Ein gehobeneres Programm erleben Sie in der Pensacola Opera (75 S. Tarragona Street, Tel. 850 4 33 67 37) und beim Pensacola Symphony Orchestra (205 E. Zaragoza Street, Tel. 850 4 35 25 33).

AMELIA ISLAND

Neben dem Palace Saloon am Ende der Centre Street in Fernandina Beach besitzt auch Brett's Waterway Cafe (1 S. Front Street, Tel. 904 2 61 26 60) eine Bar im Freien direkt am Amelia River mit Blick nach Georgia. Immer tolle Livemusik von MoTown bis Hip Hop, freundliche Barkeeper und solides Pubfood gibt's in der Green Turtle Tavern (14th South 3rd St., Tel. 904 321 2324).

APALACHICOLA

Die besten Bars finden Sie hier in den Restaurants. Aber warum nicht mal ins Theater gehen? Das Dixie Theatre (21 Avenue E, Tel. 850 6 53 32 00) aus dem Jahr 1913 bringt von Januar bis März Stück auf die Bühne, ansonsten wechseln Konzerte und Gemeindeveranstaltungen einander ab.

Unterwegs mit einem Hochseeangler in den Keys. Hemingway hätte seine reine Freude daran gehabt.

Ausflüge & Touren

Ob mit dem Auto oder im Boot: In Florida ist man immer gut unterwegs.

Seite 180–191

Space Coast

Was?	Ausflug
Länge	Von Orlando aus etwa 210 km
Dauer	Einen ganzen Tag (inklusive Besichtung)
Start	Kennedy Space Center ☩209 F4
Ziel	Orlando oder Walt Disney Resort® ☩209 F3/4

Der Küstenabschnitt bei Cape Canaveral, einem östlich von Merritt Island gelegenen und von diesem durch den Banana River getrennten Kap, wird auch »Space Coast« genannt. Von hier hoben sie alle ab: die Geminis, Mercurys, Apollos und Space Shuttles; von hier aus griff die US-Raumfahrtbehörde NASA nach den Sternen. Ein Ausflug dorthin führt uns auf den Spuren der Pioniere durch Raum und Zeit ...

1–2
Ausgangspunkt ist das Kennedy Space Center. Im Visitor Complex können Sie die weltweit größte Sammlung von Raumschiffen und Ausrüstungen bestaunen. Die Ausstellung ist spannend, informativ und unterhaltsam präsentiert. Hinter der Kasse gehen Sie gleich rechts zum Bus, der Sie über das gesamte Gelände zum Vehicle Assembly Building bringt, in dem die Raketen zusammengebaut wurden, und der dann zur 18 m hohen Abschussrampe, dem Launch Complex 39 Observation Gantry, fährt.

Der nächste Halt ist das Apollo/Saturn V Center, in dem die Mission der Apollo 8 nachgebaut ist. Bei der Präsentation und einem Film über die Apollo-8-Mission von 1968 hat man das Gefühl, selbst dabei gewesen zu sein. Nach einem simulierten Start der Apollo 8 gelangt man zu einer stattliche 111 m langen Saturn V, die ursprünglich für eine Reise zum Mond vorgesehen war. Sie nimmt die ganze Länge des Gebäudes ein. Es gibt auch einen Stein vom

Der Rocket Garden im Kennedy Space Center Visitor Complex.

Mond zu sehen. Danach können Sie im <u>Lunar Surface Theater</u> die Landung der Apollo 11 verfolgen. Ein Vorfilm zeigt Szenen von der Mission der Columbia-Kapsel im Jahr 1969, als mehrere Kontrolloffiziere versuchten, wieder Funkkontakt zur Rakete herzustellen. Doch die Bildschirme meldeten nur noch »Loss of Signal«: Eine gespenstische Szene, bei der einem der Atem stockt.

Großartige Bilder erinnern Sie dann an eine nicht weniger atemberaubende Szene von der ersten Mondlandung am 20. Juli 1969: Bei der Landung der Fähre setzten die Bordcomputer aus, weshalb Neil Armstrong und Buzz Aldrin mit dem letzten Tropfen Treibstoff die Mondfähre per Hand landen mussten.

Jetzt brauchen Sie vermutlich erst mal eine kleine Pause und können sich im <u>Moon Rock Café</u> stärken. Danach bringt Sie der Bus wieder zum Haupteingang zurück. Hier können Sie sich noch einen der IMAX-

Weitere Infos: www.visitspacecoast.com, www.kennedyspacecenter.com, www.fws.gov/refuge/Merritt_Island/

Filme ansehen wie »Space Station 3D« zum Beispiel: Gefilmt von Astronauten und Kosmonauten, erzählt von Tom Cruise, ist der Eindruck überwältigend.

Vor dem Kino liegt der Rocket Garden, eine Ansammlung kleinerer Raketen und Zubehör älteren Datums. Ein paar Schritte weiter liegt der Bereich Heroes & Legends, der wichtige Zeugnisse aus der Frühzeit der Raumfahrt zeigt; interessant ist u. a. ein Nachbau der ersten mit flüssigem Treibstoff betriebenen Rakete in Originalgröße. Hier findet man auch viele Exponate der Mercury- und der Gemini-Missionen.

Machen Sie sich nun auf den Weg zum Astronaut Encounter, einem Pavillon in der Nähe des Eingangs. Jeden Tag sitzt dort ein Astronaut, der auch auf die kompliziertesten Fragen verständliche Antworten weiß. Sie können sogar einen »Lunch with an Astronaut« buchen, ein Mittagessen mit einem Astronauten, das inklusive Eintritt und Essen etwa 60 $ kostet.

Bevor Sie das Gelände verlassen, kommen Sie noch am Astronaut Memorial vorbei: Hier wurden die Namen der Besatzungsmitglieder der Columbia-Fähre in einem 60 t schweren Marmorgedenkstein verewigt, außerdem die Namen von 17 weiteren Astronauten, die ihr Leben bei ihrer Arbeit in der Raumfahrt verloren haben.

Kleiner Abstecher gefällig?

Es wäre schön, wenn Sie am Ende Ihres Besuches im Kennedy Space Center etwas Zeit für eine Extratour hätten. Denn nur 30 Minuten entfernt befindet sich der Eingang zum Merritt Island National Wildlife Refuge. Das in den 1960er-Jahren auf der vorgelagerten Barriereinsel Merrit Island eingerichtete Wild- und Naturschutzgebiet grenzt an das Gelände des Kennedy Space Center und schützt u. a. 31 Säugetier- und über 1000 Pflanzenarten. Mehrere asphaltierte Straßen führen Sie hier zu schönen Blick-

Ein Kuhreiher (Bubulcus Ibis) im Merritt Island National Wildlife Refuge.

Am 1. Oktober 1958 wurde die »National Aeronautics and Space Administration« (NASA) gegründet, eine Organisation zur Erforschung des Weltraums für friedliche Zwecke.

punkten auf den Atlantik sowie auf die Strand- und Dünenlandschaft.

2-3

Schließlich gelangen Sie zum beliebtesten Platz des Cocoa Beach, dem Ron Jon Surf Shop. Dieser Surf Shop ist absolut legendär: Touristen aus aller Welt kaufen hier nicht nur Surfbretter, sondern auch T-Shirts und alle möglichen Andenken an Ron Jon. Einen Block östlich der A1A liegt die Ridgewood Avenue. Meilenweit gibt es hier Zugänge zu den schönsten Stränden Floridas. Ein paar Blocks weiter nördlich von Ron Jon liegt der Cocoa Beach Pier (401 Meade Avenue, Tel. 321 7 83 75 49), an dem Sie etliche Geschäfte, Bars und Restaurants vorfinden.

3-4

Nach dem Sonnenbad am Strand können Sie auf dem Highway 520 gemütlich nach Orlando zurückkehren. Aber wenn Sie noch ein bisschen Zeit haben, sollten Sie etwa 10 km hinter der I-95 am rustikalen Lone Cabbage Fish Camp (Tel. 321 6 32 41 99) anhalten und eine Fahrt mit einem Luftkissenboot unternehmen.

4-5

Am Beeline Expressway (Highway 528) fahren Sie nun in östlicher Richtung, um wieder auf den International Drive oder zum Walt Disney World Resort zu gelangen.

Florida Keys

Was?	Autotour
Länge	408 km
Zeit	Mindestens zwei Tage
Start/Ziel	Miami ✝213 E3/4

Die Florida Keys sind ein Inselparadies mit azurblauem Wasser, weißen Sandstränden sowie hervorragenden Schnorchel-, Tauch- und Fischgründen. Die einzelnen Orte am Weg hinunter nach Key West wurden mit kleinen grünweißen Meilenangaben klar ausgeschildert: Diese beginnen bei MM 127 südlich von Florida City und enden mit MM 0 in Key West.

1-2

Weitere Infos: www.keylargochamber.org, www.floridastateparks.org/park/Bahia-Honda, www.keywestchamber.org

Nach Florida City gelangen Sie von Miami aus auf einer der zwei südlichen Straßen. Die US 1 ist die Hauptstrecke. Dort herrscht aber meist sehr viel Verkehr, während auf Florida's Turnpike weniger los ist. Dort kommen Sie also schneller voran, obwohl diese Straße im Westen von Miami liegt. Hier fällt auch eine kleine Maut an.

2-3

Florida City, das sich 31 km von MM 127 bis zum MM 108 erstreckt, dient als Pufferzone zwischen Miami und dem Hinterland bei Key Largo. Fahren Sie besonders vorsichtig, denn trotz der Geschwindigkeitsbegrenzungen auf 88 km/h fahren einige Autofahrer hier äußerst rücksichtslos. Sicherheitshalber lassen Sie besser auch tagsüber die Scheinwerfer an.

Ihre erste Rast sollten Sie bei MM 106 machen. Hier finden Sie auf der rechten Seite das Key Largo Chamber of Commerce and Florida Keys Visitor Center, in dem Sie sich mit Broschüren, Lageplänen und verbilligten Tickets ausstatten können. Man reserviert Ihnen hier auch gern ein Zimmer oder versorgt Sie mit Prospekten der 30 Tauchschulen auf den Keys. Die meisten Tauchschulen bieten relativ ähnliche Schnorcheltouren und Tauchfahrten an (Schnorcheln: mittel; Tauchen: teuer; Bescheinigung erforderlich, Ausrüstung kann geliehen werden). Im Atlantis Dive Center können Hochzeitspaare sogar Unter-Wasser-Trauungen buchen.

Danach fahren Sie weiter nach Süden bis MM 102.5 und achten links auf den Eingang zum John Pennekamp

Coral Reef State Park. Vom Ufer aus erstreckt sich das Naturschutzgebiet rund 5 km weit ins Meer hinein und zieht sich über 34 km an der Südküste der Keys entlang. Hat man den (preiswerten) Eintritt bezahlt, kann man bis zum Visitor Center (tgl. 8–17 Uhr) fahren, in dem eine kleine Ausstellung über den Naturschutz in Florida und über John Pennekamp informiert, einen Mitherausgeber des *Miami Herald*, der sich sehr für dieses Schutzgebiet eingesetzt hat.

Gleich neben dem Visitor Center gibt es einen Souvenirladen, eine Imbissbude und einen Fahrkartenschalter, an dem Bootsausflüge angeboten werden. Sie können schnorcheln, tauchen, in einem Glasbodenboot fahren oder Kanus

Wenn Sie einen Tag lang in Key Largo getaucht haben und nicht mehr Auto fahren wollen, können Sie im Largo Resort (MM 101.7, Tel. 305 451 04 24, www.largoresort.com) übernachten.

bzw. Kajaks mieten. Unter Wasser liegen etliche Schiffswracks; ein beliebtes Ziel ist die Unterwasser-Statue »Christ of the Deep« (siehe Abb. S. 84).

Fahren Sie dann weiter nach Süden und halten Sie am Dolphin Cove Research Education Center auf der rechten Seite bei MM 101.9. Dort legt man Wert auf einen artgerechten Umgang mit den Tieren – angebotene Aktivitäten wie »Schwimmen mit Delfinen« werden allerdings von Tierschützern immer wieder kritisiert.

Weiter südlich bei MM 100 sollten Sie anhalten und sich das Boot ansehen, das Humphrey Bogart und Katharine Hepburn weltberühmt gemacht haben: die »African Queen«. Sie liegt in einem Kanal gleich neben dem Holiday Inn vor Anker. Man kann sie ohne Eintritt besichtigen.

Auf die Spuren von Jacques Cousteau begeben Sie sich im World Watersports, angeblich Amerikas größtem Laden für Tauchausrüstungen. Hier finden Sie alles, was Sie für einen Tag unter Wasser benötigen.

Die knapp 11 km (6,79 Meilen) lange Seven Mile Bridge ist die längste Brücke des die Inseln der Keys miteinander verbindenden Overseas Highway.

3–4

Immer weiter in Richtung Süden fahrend kommen Sie an Einkaufsmeilen und Fischkuttern vorbei, bis Sie zum Windley Key und nach Islamorada gelangen: Als die Spanier auf diesen Eilanden vor Anker gingen, fanden sie dort viele violette Gehäuse der Janthina-Schnecken und nannten die Inseln deshalb *islas moradas,* Purpurinseln. Zu sehen gibt es hier nicht viel, zu angeln umso mehr ...

Bei MM 86.7 weist links eine riesige – auch selbst als Fotomotiv sehr beliebte – Languste auf ein gutes Dutzend Geschäfte hin. Danach kommt man auf halbem Weg hinunter zur Spitze der Keys bei MM 84.5 zum Theater of the Sea, einen alten Aquarium, in dem Sie Shows mit Delfinen und anderen Meeresbewohnern erleben können. Wenige Meilen weiter befindet sich bei MM 82.5 in einem alten Zugwaggon das Islamorada Chamber of Commerce. Hier erhalten Sie viele Informationen über die größte Attraktion weit und breit: Sportfischen hat hier das ganze Jahr über Saison, eine ganze Flotte von Charterbooten steht dafür bereit.

Bei MM 82 sollten Sie auf die riesige Meerjungfrau auf der rechten Seite achten. Gleich gegenüber liegt die Lorelei Restaurant and Cabana Bar. Wenn Sie abends ankommen, können Sie einen ähnlich schönen Sonnenuntergang wie in Key West erleben. Mit Stühlen am Strand und einem herrlichen Blick auf den Sonnenuntergang bietet das Lorelei Sixties-Atmosphäre, leckere Cocktails und frische Meeresfrüchte. Nachts können Sie zur Musik von Live-Rockbands am Strand tanzen. Das Lorelei organisiert u.a. auch geführte Angelausflüge.

Die im Jahr 1982 für den Verkehr eröffnete Seven Mile Bridge verläuft südlich der alten, im Jahr 1912 errichteten Brücke, deren größter Teil noch erhalten ist und als Pier zum Angeln sowie als Zufahrt zur Pigeon Key genutzt wird.

Weiter südlich, bei MM 81.1, schwören die Sportfischer auf »Tarpon Flats« für aufregende Erlebnisse im flachen Wasser: Wenn Sie mal einen Tarpun (oder »Silver King«), bekannt für seine majestätischen Sprünge und die glänzenden, bewehrten Schuppen im kristallklaren Salzwasser, fangen möchten, gibt es in den Keys dafür keinen besseren Ort.

Strandcafé in Islamorada, einer auch »Village of Islands« genannten Gemeinde der Florida Keys, die sich selbst als »Fishing Capitol of the World« bezeichnet.

4-5

Und immer weiter geht es in Richtung Süden: Von Key zu Key verläuft die US 1 entlang der alten Eisenbahnlinie, vorbei an smaragdgrünen Lagunen, tiefblauem Meer und im Wind schwankenden Palmen. Hier wimmelt es von Reihern, rosafarbenen Löfflern, Pelikanen, Seemöwen und Fischadlern. Bei MM 61 liegt der Eingang zu einem großen Resort, Hawk's Cay (Tel. 305 7 43 70 00). Hier finden Sie einen Verleih für Wassersportausrüstungen, aber auch für Motorboote, Wasserskier und Gleitschirme.

5-6

Gleich hinter Duck Key gelangen Sie zum Punkt MM 59, Grassy Key, und zum Dolphin Research Center (https://dolphins.org). Dabei handelt es sich nicht ausschließlich um ein kommerzielles Unternehmen, sondern auch um eine renommierte Forschungseinrichtung, in der die Delfine nicht in Pools untergebracht wurden, sondern in weitläufigen, vom Meer nur durch Netze unter Wasser getrennten Lagunen schwimmen. Es gibt hier keine Besuchertribünen – stattdessen spaziert man auf schmalen Stegen an den Lagunen vorbei und verfolgt die Darbietungen von dort aus. Erwarten sollte man auch keine perfekt durchchoreografierten Shows. Denn was gezeigt wird, so versichern die Trainer, hängt ganz von den Tieren ab. Und es gebe durchaus Tage, an denen die Delfinen keine Lust auf Saltos hätten …

6–7

Ab hier geht es nur noch südwärts zur nächsten Insel Marathon mit viel Verkehr, aber nichts wirklich Sehenswertem. Bei MM 47 allerdings kommt wohl die Hauptattraktion der Fahrt als solcher, die berühmte, von Marathon nach Bahia Honda Key führende Seven Mile Bridge.

7–8

Unmittelbar hinter der Seven Mile Bridge erwartet Sie ein Stück Bilderbuch-Karibik: Für einen Wochenend-Trip vom Festland aus ist der Bahia State Park schon zu weit weg und von hier bis nach Key West ist es nur noch noch eine halbe Autostunde. Aus diesem Grund werden die Inseln zwischen Bahia Honda Key und Coppitt Key vom Tourismus praktisch nur gestreift, und genau deshalb auch lassen sich Fauna und Flora hier am besten beobachten. Es gibt Pfade durch tropische Hammocks mit Palmen, seltenen Pflanzen und exotischen Vögeln, Mangrovenwälder und nicht zuletzt den schönsten Strand der Keys: Bahia Honda. Boote, Windsurfbretter, Tauch- und Schnorchelausrüstung können in der Bahia Honda Marina gemietet werden.

8–9

Bei MM 10 können Sie am Key West Information Center anhalten und sich mit Infomaterial versorgen. Oder Sie fahren einfach weiter geradeaus, mitten hinein ins schöne und lebendige Key West.

Ganz entspannt im Hier und Jetzt: Key West ist »der beste Fleck, der mir je irgendwo untergekommen ist« (Ernest Hemingway).

Stadtbesichtigung auf bequeme Art: mit Segway City Tours in (und durch) Naples.

Praktische Informationen

Was vor der Reise wichtig ist, wie Sie vor Ort gut zurechtkommen und viele Infos mehr erfahren Sie hier.

Seite 192–200

VOR DER REISE

Auskunft
Visit Florida: www.visitflorida.com/de
Orlando Tourism Bureau: www.visit orlando.com
Greater Miami C&VB: www.miamiandbeaches.com
Kissimmee/St Cloud Convention & Visitors Bureau: www.experiencekissimmee.com
Tampa Bay Convention & Visitors Bureau: www.visittampabay.com
The Florida Keys and Key West: www.flakeys.com
Key West Chamber of Commerce: www.keywestchamber.org
St. Petersburg/Clearwater Area CVB: www.stpeteclearwater.com

Botschaften
Deutschland: Botschaft der Vereinigten Staaten von Amerika, Clayallee 170, 14191 Berlin, Tel. 030 83 05-0, https://de.usembassy.gov/de/
Österreich: Botschaft der Vereinigten Staaten von Amerika, Boltzmanngasse 16 1090 Wien, Tel. 0 31339-0, https://at.usembassy.gov/de/
Schweiz: Botschaft der Vereinigten Staaten von Amerika, Sulgeneckstrasse 19, 3007 Bern, Tel. 031 3 57-70 11, www.botschaft-konsulat.com/ch/Schweiz/19723/Vereinigte-Staaten-in-Bern

Elektrizität
Die normale Spannung beträgt 110/120 Volt bei einer Frequenz von 60 Hz. Die Steckdosen sind für flache Zweipolstecker ausgelegt. Für zwei- oder dreipolige runde Stecker braucht man einen Adapter. Viele europäische Geräte benötigen noch immer einen Transformator, während solche neueren Datums zunehmend einen Umschalter besitzen oder sich automatische an die amerikanische Netzspannung anpassen.

Ermäßigungen
Viele Museen und Kulturstätten ermäßigen an bestimmten Tagen und Uhrzeiten den Eintritt bzw. sind ab einer bestimmten Tageszeit gratis. Nähere Informationen gibt es auf den entsprechenden Webseiten.

Feiertage
1. Jan.: Neujahr
3. Mo im Jan.: Martin Luther King Day
3. Mo im Feb.: Presidents' Day
März/April: Ostern
Letzter Mo im Mai: Memorial Day
4. Juli: Independence Day
1. Mo im Sept.: Labor Day
2. Mo im Okt.: Columbus Day
11. Nov.: Veterans' Day
4. Do im Nov.: Thanksgiving
25. Dez.: Weihnachten

Geld
Die Währung der USA ist der Dollar ($). Ein Dollar hat 100 Cent. Geldscheine gibt es mit den Werten 1, 5, 10, 20, 50 und 100 Dollar. Münzen sind als 1 Cent (Penny), 5 Cent (Nickel), 10 Cent (Dime), 25 Cent (Quarter) und 50 Cent (Half Dollar) im Umlauf. Es gibt auch Ein-Dollar-Münzen. Die Ein- und Ausfuhr ausländischer und US-amerikanischer Zahlungsmittel unterliegt allgemein keinen Beschränkungen. Eine Deklaration ist erforderlich, wenn mehr als 10 000 $ oder ein dementsprechender Gegenwert eingeführt werden. Dies gilt auch für gemeinsam reisende Familien. Das häufigste Zahlungsmittel, sei es in Hotels, Restaurants und allen Arten von Geschäften, ist die Kreditkarte. Wer die USA besucht, sollte sich auf jeden Fall eine der gängigen Karten anschaffen. (VISA, MasterCard, Diners Card). An amerikanischen Geldautomaten kann Bargeld zudem mit jeder Debitkarte, die das Logo des Maestro-Debitkartensystems trägt, abgehoben werden.

Sperrnummern: Unter Tel. 01149 116 116 kann man in Deutschland Bank- und Kreditkarten, Online-Banking-Zugänge, Handykarten und die elektronische Identitätsfunktion des neuen Personalausweises bei Verlust sperren lassen. Für Österreich gilt die Telefonnummer: 01143 1 204 88 00. Die Schweiz hat keine einheitliche Notfallnummer. Die wichtigsten sind: 01141 44 659 69 00 (Swisscard); 01141 44 828 31 35 (UBS Card Center);

01141 58 9 58 83 83 (VISECA);
01141 44 8 28 32 81 (PostFinance).

Gesundheit

Die meisten Beschwerden verursacht in Florida die Sonne. In Orlando ist es im Sommer heiß und schwül, die Sonne brennt den ganzen Tag. Bleiben Sie lieber im Schatten und trinken Sie viel.

Krankenversicherung: Eine Krankenversicherung mit einer Schadensdeckung von mindestens 1 Mio. $ ist zu empfehlen. Vor Ort geht im Übrigen nichts ohne Kreditkarte: Sobald Sie die Schwelle des Krankenhauses überschreiten, werden Sie kostenpflichtig und müssen umgehend für alle Leistungen bezahlen.

Zahnarzt: Die Auslandskrankenversicherung sollte auch eine zahnärztliche Versorgung abdecken, die Sie überall erhalten. Alle Zahnärzte akzeptieren Kreditkarten.

Medikamente: Medikamente erhalten Sie in den Drugstores und Pharmacies, die es oft auch in den Supermärkten gibt. Wenn Sie regelmäßig ein bestimmtes Medikament einnehmen, packen Sie eine Rezeptkopie ein.

Trinkwasser: In ganz Florida kann man das Leitungswasser trinken. Mineralwasser ist billig und überall erhältlich.

In Kontakt bleiben

Postkarten: Doch, es gibt noch immer viele Menschen, die den Lieben daheim eine Ansichtskarte schicken. Briefmarken erhalten Sie in Hotels, Schreibwaren- und Souvenirgeschäften, Drogerien und natürlich am Postschalter. Auch in vielen Hotels gibt's die guten alten »Postwertzeichen«.

Öffentliche Telefone: Münzfernsprecher sind auch in den USA so gut wie ausgestorben. Öffentliche Telefone funktionieren nur noch mit Telefonkarten, die von den verschiedenen Telefongesellschaften angeboten werden und in Drogerien, Tankstellen und Convenience Stores erhältlich sind. Die Gespräche kosten damit etwa 30 Cent pro Minute. Bei öffentlichen Telefonen müssen Sie eine 0 vorwählen, wenn Sie die Vermittlung wünschen. Bei US- Nummern wählen Sie eine 1 plus die Vorwahl des Ortes. Für internationale Gespräche (»international calls«) gilt: Die Telefonauskunft für USA und Kanada hat die Nummer 411. Gespräche mit 800- oder 888-Nummern können innerhalb der USA gebührenfrei geführt werden.

Internationale Vorwahlen

Deutschland: 01149, Österreich: 01143, Schweiz: 01141

Mobilfunkanbieter und -dienste: Mobiltelefone heißen in den USA nicht »Handy«, sondern »mobile« oder »cell phone«. Sie brauchen ein Tripleband- oder Quadband-Handy. Die meisten gängigen Smartphones lassen sich in den USA problemlos nutzen. Achten Sie darauf, dass keine hohen Roaming-Gebühren anfallen. Vor allem die Nutzung des mobilen Internetzugangs kann sehr teuer werden. Sie können auch ein Mobiltelefon mit Prepaid-Guthaben mieten – versuchen Sie es zum Beispiel bei www.t-mobile.com.

WLAN und Internet: Viele Hotels, Restaurants und Coffeeshops bieten kostenlose WLAN- bzw. WiFi-Verbindungen an.

Notruf: Zur Kontaktaufnahme mit der Polizei, Ambulanz oder Feuerwehr wird die gebührenfreie Rufnummer 911 gewählt. Bei Notfällen auf Highways oder Landstraßen erreichen Handy-Nutzer die Florida Highway Patrol unter ·FHP.

Reisedokumente: Aufgrund der verschärften Sicherheitsmaßnahmen bei Flügen in die USA sollte man bei Reiseantritt mindestens drei Stunden für die Kontrollen einplanen. Für die Einreise ist der rote, maschinenlesbare Europa-Reisepass erforderlich.
Nach Oktober 2006 ausgestellte Reisepässe müssen zusätzlich über biometrische Daten in Chipform verfügen. Seit Januar 2009 gilt zudem das elektronische Reisegenehmigungsverfahren ESTA, mit dem mindestens 72 Stunden vor Reiseantritt die Einreiseerlaubnis online eingeholt werden muss. Die ESTA-Beantragung ist gebührenpflichtig. Auf der ESTA-Webseite kann man sich zu allen diesbezüglichen Fragen informieren (https://esta.cbp.dhs.gov/esta/).

Reisezeit: Florida hat warme Winter und heiße, feuchte Sommer. Frische Seebrisen mildern die Hitze in Miami und Tampa etwas (25–30 °C). Im Winter ist es in Central Florida etwas kühler als im Süden. Im Sommer (Juni–Sept.) ist es morgens meist sonnig, am Nachmittag ziehen häufig Gewitter auf, die etwas Abkühlung bringen. Nur im Februar und im März ist es an manchen Tagen durchgehend bewölkt. Die besten Zeiten für einen Besuch in Orlando sind Anfang Mai und Oktober. Aktuelle Hurricane- Informationen erhalten Sie bei der Hurricane-Hotline (Tel. 305 2 29 44 83).

Sicherheit
In Florida gibt es das »Stand-your-Ground«- Gesetz, das besagt, dass Hausbesitzer einen unbefugten Eindringling töten dürfen. Deshalb ist die Sicherheit immer mal wieder ein Thema in den Medien. Wer jedoch auf den gesunden Menschenverstand hört, wird sich im Sunshine State nicht weniger sicher fühlen als daheim. Dazu gehört, den Mietwagen stets abzuschließen und Wertsachen nicht sichtbar auf den Sitzen zurückzulassen, sondern im Kofferraum zu verstauen. Unterwegs sollte man stets versuchen, unter Straßenlampen zu parken. Wenn Sie von der Polizei angehalten werden, lassen Sie die Hände für die Beamten gut sichtbar am Steuer. Ähnliches gilt für das Hotel: Wertsachen und Reisedokumente nicht offen im Hotelzimmer zurücklassen, sondern im Hotelsafe aufbewahren. Nie größere Bargeldbeträge mit sich führen.
An den Stränden weist ein farbenfrohes Flaggensystem auf die jeweiligen Badebedingungen hin. Blau und Grün entwarnen: Das Meer ist ruhig, das Schwimmen sicher. Gelb weist auf leichte Unterströmung und andere, noch relativ leichte Gefahren hin. Rot warnt vor gefährlichen Bedingungen, eine doppelte rote Flagge zeigt an, dass der Strand gesperrt ist. Lila signalisiert Meeresplagen wie Quallen, Stachelrochen oder Haie. Ist weit und breit keine Beflaggung erkennbar, bedeutet dies nicht automatisch, dass das Meer sicher ist. In diesem Fall sollte man sich sicherheitshalber bei der Strandwache informieren.

Zeit
MEZ - 6, im Panhandle -7 Stunden

Zollbestimmungen
Zollfrei sind bei der Einreise in die USA: 200 Zigaretten oder 50 Zigarren, 1 l Spirituosen. Frische Lebensmittel dürfen nicht eingeführt werden. In die EU dürfen zollfrei eingeführt werden: 200 Zigaretten oder 100 Zigarillos oder 50 Zigarren oder 250 g Tabak, 1 l Spirituosen, 50 g Parfüm oder 250 g Eau de Toilette und andere Artikel im Gesamtwert von 430 Euro (Schweiz 300 Franken). Streng verboten ist die Einfuhr von Alligatorleder (Gürtel, Taschen etc.) und Korallen.

ANREISE

Mit dem Flugzeug: Die Lufthansa und viele andere große Airlines bieten täglich Direktflüge nach Miami und Orlando an. Zudem gibt es Verbindungsflüge nach Ft. Lauderdale, Tampa und Ft. Myers. Die Preise sind im Sommer, an Ostern und Weihnachten am höchsten. Suchen Sie sich bei den Fluggesellschaften, im Reisebüro, bei Last- Minute-Agenturen, im Reiseteil der Zeitungen oder auf den einschlägigen Webseiten die Sonderangebote heraus. Wenn Sie Flugtickets kaufen, bei denen Sie umsteigen müssen, können Sie eventuell etwas Geld sparen. Tickets für kurze Aufenthalte sind meist teurer, wenn kein Samstag eingeschlossen ist. Komplettangebote mit Flugticket, Mietwagen, Unterkunft und verbilligten Städtetouren sind beliebt, Charterflüge in der Regel etwas preiswerter, allerdings sind die Maschinen häufig bis auf den letzten Platz besetzt.

Orlando International Airport: Nehmen Sie nach der Landung (MCO, www.orlando airports.net, Tel. 407 825 2001) zunächst einen der Elektro-Shuttles auf die dritte Ebene des Hauptterminals. Fahren Sie dort mit dem Lift nach unten, um Ihr Gepäck abzuholen. Ein weiterer Lift nach unten bringt Sie zu Autovermietung, Taxen und Bussen. Wenn Ihr Mietwagen im MCO steht, fahren Sie noch eine Ebene nach unten, wo

ein Tunnel zu einem mehrstöckigen Parkhaus führt. Ansonsten warten draußen Taxis und Busse, die Sie ins Hotel bringen, oder auch Shuttle-Busse zur Zentrale des jeweiligen Autoverleihs.
Die Busse der Stadt Orlando, das Lynx-System (Tel. 407 8 41 59 69), fahren an der Seite A des Terminals auf Ebene eins ab (ohne Gepäckraum).
Beim Verlassen des Flughafens halten Sie nach der Route 528 Ausschau (Beeline Expressway, gebührenpflichtig) und folgen Sie der Beschilderung nach Walt Disney World® und zu den Sehenswürdigkeiten. Die Route 528 führt nach Westen zur I-4, wo man am International Drive, nach Universal Orlando und zur Walt Disney World® gelangt.

Miami International Airport: Der Flughafen von Miami (MIA, C305 8 76 70 00; www.miami-airport.com) ist noch geschäftiger als der MCO, allerdings findet man sich hier besser zurecht. Auf der ersten Ebene befindet sich die Ankunft, auf der zweiten der Abflug, und auf der dritten gibt es ein Rollband, das sich durch das gesamte hufeisenförmige Terminal mit Ausgängen an den Gates B–H zieht. Begeben Sie sich darauf auf die Ebene zwei, wenn Sie einen Shuttle-Bus brauchen oder zum Main Tourist Information Center an Gate E wollen. Auf Ebene eins können Sie das Gepäck abholen, ein Auto mieten oder ein Taxi nehmen. Der kürzeste Weg vom MIA nach South Beach ist die Route 836 (Dolphin Expressway). Wenn Sie ein Auto mieten, mieten Sie besser gleich ein Navi dazu.
Miami hat ein »Follow The Sun«-System: Die sichersten Routen zu beliebten Zielen sind mit Sonnensymbolen auf den Verkehrsschildern vermerkt.
Die Fahrpreise für ein Taxi vom Flughafen nach South Beach, zum Art Deco District und zu Zielen bis zur 63rd Street im Norden halten sich im Idealfall im Rahmen, können aber während der Rush Hour von 16–18.30 und bei Staus rasant anziehen. SuperShuttle-Busse (Tel. 800 2 58 38 26) sind rund um die Uhr im Einsatz. Sie nehmen die Fahrgäste im Erdgeschoss jedes Gates auf. Der günstige Metrobus (Tel. 305 8 91 31 31) startet auf der unteren Ebene.

Tampa International Airport: Der internationale Flughafen von Tampa (TPA, Tel. 813 870 8700, www.tampaairport.com) ist kleiner, die Orientierung fällt leicht. Auch wenn TPA in zwei Seiten (Rot und Blau) unterteilt ist, begeben sich alle Fluggäste auf die erste Ebene, um das Gepäck abzuholen. Dort gibt es auch Mietwagen, Taxis, Busse und Hotelbusse. Mit Yellow Cabs kommen bis zu drei Personen ins gut 15 Minuten entfernte Zentrum. Die Ecken des Flughafens sind mit 1 und 2 beziffert, und zwar auf der roten und auf der blauen Seite. Hier warten Shuttle-Busse und Limousinen. Das städtische Bussystem HARTLine (Tel. 813 2 54 42 78) erreichen Sie bei der roten Eins. Halten Sie nach der Route 30 Ausschau. Mit einem Mietwagen nehmen Sie nach Tampa die I-275 nach Norden, nach St. Petersburg die I-275 nach Süden.

UNTERWEGS IN FLORIDA

Busse: Greyhound Lines (Tel. 800 2 31 22 22, www.greyhound.com) verbindet die wichtigsten Städte.

Mietwagen: Touristen benötigen in den USA einen gültigen nationalen Führerschein (zusätzlicher internationaler Führerschein empfehlenswert), man muss mindestens 25 Jahre alt sein und eine gängige Kreditkarte besitzen. In den USA besteht Anschnallpflicht. Bei Regen sind Scheinwerfer zu benutzen. Es herrscht ausnahmslos Rechtsverkehr. Wer mit Kleinkindern unter drei Jahren reist, muss einen Kindersitz benutzen. Achten Sie auf unbegrenzte Kilometer (unlimited mileage). Einige Tarife gelten ausschließlich für Florida. Wer den Staat verlässt, bezahlt ebenso Aufschläge wie bei der Überschreitung einer festgelegten Meilenpauschale.

Orlando
Wenn Sie Ihren gesamten Urlaub in Walt Disney World verbringen wollen, nehmen Sie einfach deren Transferbusse in An-

spruch. Wer selbst fährt, muss vor allem auf die I-4 achten. Die I-4 verläuft von Ost nach West und führt diagonal durch Orlando. Während der Stoßzeiten, d. h. wochentags 7-10 und 16-18.30 Uhr, ist sie stark befahren, aber dennoch die beste Verbindung vom Walt Disney World Resort nach SeaWorld, Universal Orlando, zum International Drive und nach Downtown Orlando.
Die Entfernung von Disney bis zur Innenstadt beträgt etwa 19 km. Die Route 528 (Beeline Expressway) nahe am Flughafen und Route 408 sind die beiden wichtigsten Ost-West-Verbindungen von Orlando. Die Mautgebühr beider Straßen beträgt zwischen 25 Cent und 1 $. Der Beeline Expressway bietet sich an, wenn Sie nach Port Canaveral, zum Kennedy Space Center und nach Cocoa Beach wollen. Die Route 408 führt zum Highway 50, der nach Titusville und Cape Canaveral geht – man muss sich allerdings durch den Stadtverkehr kämpfen.

Miami

Am schnellsten erreicht man den äußersten Norden oder den Süden von Miami über die I-95. Die I-75 führt vom Nordwesten her in die Stadt. Die Route 836 (Dolphin Expressway) bindet den Flughafen an die Innenstadt, Miami Beach und den Art Deco District an. Es empfiehlt sich, ein Navi zu benutzen. Die EASY Card können Sie an den U-Bahn- Haltestellen, bei EASY-Card-Verkaufsstellen und online (www.miamidade.gov.com) erwerben und aufladen. Für jede Fahrt wird der entsprechende Betrag abgebucht – so sparen Sie sich die Suche nach Kleingeld.
Der Metrobus fährt viele Ziele in der Stadt und außerhalb an. Die Metrorail ist ein Zug, der von der Innenstadt nach Norden bis Hialeah und über die US 1 nach Süden zur Dadeland Mall fährt. Die kostenlose Elektro-Tram Metromover fährt durch Miamis Innenstadt. South Beach Loop Trolley hat eine Flotte von Bussen, die Sie kostenlos an alle wichtige Punkte Miami Beachs bringt.

Tampa

Der größte Teil der Stadt liegt auf einer Halbinsel mit schachbrettartig angelegten Straßen. Von Süd-Tampa nach St. Petersburg führt Highway 92 jenseits der Gandy Bridge, von Nord-Tampa die I-275 über die Howard Frankland Bridge. Sobald Sie in St. Petersburg sind, können Sie über die Central Avenue direkt westlich von Treasure Island die Strände leicht erreichen. Von hier führt der Highway 699 nach Norden und Süden am Meer entlang. In Tampa selbst kann man mit den HARTLine-Bussen fahren.

ÜBERNACHTEN

Hotels und Resorts: Auch wenn so ziemlich jede Unterkunft in Florida einen Pool besitzt, unterscheiden sich Hotels und Resorts (Ferienanlagen) doch allein schon aufgrund ihrer Größe und ihres Angebots an Aktivitäten. Generell bieten Resorts mehr als Hotels, da der Gast das Areal möglichst gar nicht verlassen soll. Golf und Tennis zählen zum Basisangebot; Disney hat diesen Rahmen deutlich erweitert. Zugang zum Strand ist keine Selbstverständlichkeit. Vergewissern Sie sich, ob das Hotel direkt am Meer liegt oder ob Sie erst dort hinfahren müssen. Die Zimmer sind in der Regel groß, zwei Doppelbetten Standard. Suiten mit zwei oder drei Zimmern gibt es immer häufiger; sie sind eine günstige Alternative, wenn mehrere Familien gemeinsam unterwegs sind. Je umfangreicher der Sonderservice, desto wahrscheinlicher ist es auch, dass Ihnen Zusatzleistungen aufgeschlagen werden, vor allem beim Benutzen des Telefons. Wer die »Service Charge« sparen möchte, sollte daher z. B. die Kartentelefone in der Lobby nutzen, selbst bei Ortsgesprächen, oder sich nach dem nächsten kostenlosen WLAN umsehen. Parkplätze, das Anschauen von Filmen auf dem Zimmer, Wäsche- und Room-Service und andere Angebote haben ebenfalls oft exorbitante Preise. Man sollte sich deshalb gründlich informieren, bevor man einen solchen Service in Anspruch nimmt.

Disney: Mit Ihrem Gästeausweis erhalten Sie Anspruch auf Gratisleistungen wie das Parken bei den Themenparks, Zustellung des Gepäcks, früherer Parkeinlass, etc.

Obwohl es fast 30 000 Zimmer in rund 20 Anlagen gibt, ist es oft schwierig, eine Bleibe zu finden. Man sollte möglichst früh im Voraus buchen. Wer in einem der Deluxe- Resorts wohnen möchte, z.B. im Disney's Grand Floridian Resort Spa, Disney's Polynesian und Disney's Board-Walk Inn, muss mit rund 350 $ pro Nacht rechnen; günstige Resorts kosten ab 100 $ pro Nacht plus Steuern, Unterkünfte der mittleren Kategorie zwischen 100 $ und 300 $ pro Nacht plus Steuern. Die Preise sind abhängig von Saison und Verfügbarkeit. Jedes Resort verfügt über einen Pool, bietet guten Service und kostenlose Transportangebote; das spezifische Angebot steigt natürlich mit dem Preis. Reservierungen nimmt jedes Walt Disney World Resort Hotel entgegen, Tel. 407 939 1936, oder per Email über die Contact-Page der Website https://disneyworld.disney.go.com

Motels und Motor Inns: Motels und Motor unterscheiden sich dadurch von Hotels und Resorts, dass sie nur eine kleine oder gar keine Lobby haben und den Parkplatz für Ihr Auto direkt vor der Zimmertür. Der einzige Haken ist die Sicherheit – da die Zimmertür direkt ins Freie führt, gibt es ggf. keine Pufferzone, die unliebsame Besucher fernhalten kann.

Bed-and-Breakfasts: Eine gute Alternative zu den oft unpersönlichen großen Hotels und Resorts sind die Frühstückspensionen. B&Bs haben oft viel Lokalkolorit. Während der Hochsaison bestehen viele der B&Bs auf einer Mindestaufenthaltsdauer und auf Vorauskasse. Hilfreich: www.florida-inns.com

TRINKGELD

Die Höhe des Trinkgelds hängt davon ab, in welcher Art Hotel Sie sich aufhalten.In den Luxushotels bekommt das Personal, das für Sie tätig war – Zimmermädchen, Portier, Kofferträger etc. – pro Dienstleistung 1–5 $, je nach Service, und in der Regel 1 $ pro Gepäckstück. In einigen Hotels ist ein Aufschlag für den Service pro Tag enthalten. Erkundigen Sie sich an der Rezeption!

ESSEN UND TRINKEN

Klima, Einwanderer vor allem aus Lateinamerika und der Tourismus sorgen in Florida für ein breit gefächertes Angebot an Gaumenfreuden. In den Restaurants des Sunshine State geht es legerer zu als weiter nördlich. In gehobenen Lokalen ist »casual elegant« angesagt – was für die Herren lediglich ein gepflegtes Polo-Shirt bedeutet und für die Damen ein leichtes Sommerkleid. Die Bedienung ist in der Regel freundlich und sehr aufmerksam. Da auch in Florida der Autofahrer König ist, bieten alle Restaurants ausreichend Parkplätze. Schickere Lokalitäten haben einen Parkservice (Valet Parking).

Kleines Küchenlexikon
Café con leche: Starker, köstlicher kubanischer Kaffee mit heißer Milch.
Cherimoya: Die roh als Obst verzehrte, überaus nahrhafte Cherimoyafrucht kann auch auch zu Eis oder zu einem Saft verarbeitet werden.
Cuban Sandwich: Ein warmes Sandwich mit Schweinebraten, Schinken, Käse und eingelegtem Gemüse.
Dolphin: Es handelt sich um die Goldmakrele, nicht um einen Delfin.
Early-Bird Special: Preiswertes Menü am späten Nachmittag bis zum frühen Abend.
Key Limes: Sie haben ihren Namen von den Keys in Florida und sind saftiger und süßer als normale Limetten; aus ihrem Saft produziert man den beliebtesten Nachtisch, den Key Lime Pie (Keylimettenkuchen).
Mango: Die süße, fleischige Mango ist eine Spezialität von Südflorida.
Stone Crabs: Nur die Scheren der Steinkrabben werden gegessen.

Panasiatische Küche
Viele Küchenchefs kochen panasiatisch: Sie verwenden Zutaten und Techniken der asiatischen Länder, um aufregende Gerichte zu schaffen, die sich asiatisch anhören und auch so schmecken, aber dennoch durch und durch amerikanisch sind. Das Ergebnis ist oft interessant, aber nicht immer ein Genuss.

Spezialitäten

Florida ist ein Zentrum des Zitrusfrüchteanbaus. Die meisten Orangen werden zu Saft verarbeitet. In Truck Stops, an Obstständen und in Andenkenläden werden sie beutelweise verkauft. Die besten Grapefruits kommen aus dem Indian River County. Denken Sie daran, dass Saft-Orangen sich schwer schälen lassen und oft leicht bitter schmecken. Wer hier unterwegs ist, sollte auch Key-Limonen und Japan-Orangen probieren.

Fisch und Meeresfrüchte sind eine weitere Spezialität. Auch wenn der Golf von Mexiko überfischt und teilweise verschmutzt ist, bringt er noch immer einige köstliche Arten hervor. Red Snapper und Pompano sind mit ihrem süßlichen, weißen Fleisch wohl am gängigsten. Escolar findet man nicht so leicht, er ist aber die Suche wert. Sein saftiges, festes weißes Fleisch ist so köstlich, dass es manchmal mit Gänse- bzw. Entenleberpastete verglichen wird.

Vegetarische Gerichte

Auch wenn man Florida eher mit Obst als mit Gemüse verbindet, werden hier auch Vegetarier problemlos satt. In jedem Lokal gibt es wenigstens eine vegetarische Vorspeise, die etablierten Restaurants bieten komplette vegetarische Menüs an.

EINKAUFEN

Wie überall in den USA ist auch in Florida das Shoppen eine der beliebtesten Freizeitbeschäftigung. Highschool-Studenten treffen sich in den Einkaufszentren nach dem Unterricht, ältere schlendern durch die Fußgängerzone, Touristen suchen Andenken und Mitbringsel für zu Hause.

Shopping Malls: Wer den Einkauf genießen möchte, ist in einer der riesigen Shopping Mall genau richtig. In diesen von riesigen Parkplätzen umgebenen Einkaufszentren finden sich alle wichtigen Kaufhäuser (Saks Fifth Avenue, Neiman Marcus, JC Penney, Sears etc.), Ladenketten wie Gap, Pottery Barn, Crate & Barrel, Victoria's Secret und Barnes & Noble Booksellers, aber auch jede Menge Boutiquen mit einem reichen Warenangebot.

Factory Outlets: Factory Outlets befinden sich meist im Besitz der Hersteller und können deshalb besonders günstige Preise bieten. Preisunterschiede von bis zu 50 % im Vergleich zum Einzelhandel ist nicht ungewöhnlich. Diese Läden findet man oft an Durchgangsstraßen und Highways.

Superstores: Riesenläden (wie Home Depot, Borders Books & Music, Bed Bath & Beyond) haben sich auf einen Typ Ware spezialisiert (Eisenwaren, Bücher, Bad- und Küchenzubehör) und bieten ein enormes Angebot zu vernünftigen Preisen.

Öffnungszeiten: In Wohnlagen haben die Geschäfte in der Regel von 9 oder 10 Uhr bis 18 oder sogar 21 Uhr geöffnet, donnerstags und freitags auch länger. In touristischen Gebieten bleiben die Läden länger offen, damit nach den Besichtigungen noch Zeit zum Einkaufen bleibt.

AUSGEHEN

Florida war schon lange vor Disney ein Touristenziel. Hier kommt wirklich jeder auf seine Kosten, ob nun mit der Familie in den Disney-Themenparks oder beim heißen Nachtleben von Miami. Da die Floridians nicht nur die Strände bevölkern, sondern auch großen Wert auf ein reges Kulturleben legen, gibt es hier auch noch viele hochkarätige Events und Veranstaltungen, von Opern über Festivals für ausländische Filme bis zu Theaterfestivals. Der Zuzug vieler Amerikaner aus dem Norden hat außerdem zu einer größeren Nachfrage nach Sportdisziplinen geführt, die früher in Florida noch wenig verbreitet waren: Hockey und Basketball sind mittlerweile enorm beliebt. Über das ganze Jahr verteilen sich Festivals, Umzüge, Partys und andere Veranstaltungen in den bedeutenderen Städten des Bundesstaates. Genauere Infos und aktuelle Termine erfahren Sie in den Visitor Centers und Tourism Bureaus der jeweiligen Orte.

Reiseatlas

Legende

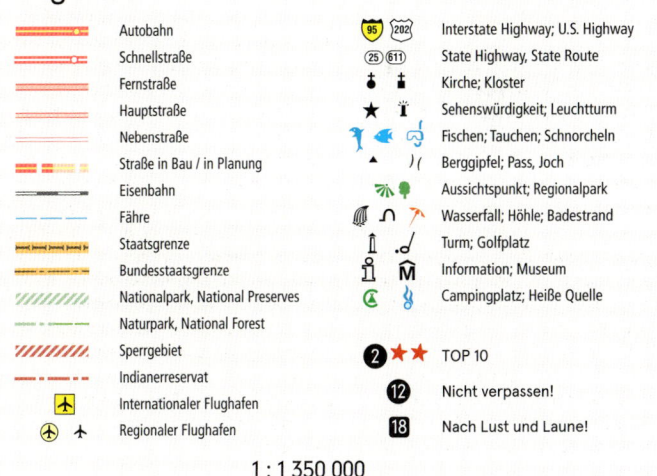

	Autobahn	🛣️	Interstate Highway; U.S. Highway
	Schnellstraße		State Highway, State Route
	Fernstraße		Kirche; Kloster
	Hauptstraße		Sehenswürdigkeit; Leuchtturm
	Nebenstraße		Fischen; Tauchen; Schnorcheln
	Straße in Bau / in Planung		Berggipfel; Pass, Joch
	Eisenbahn		Aussichtspunkt; Regionalpark
	Fähre		Wasserfall; Höhle; Badestrand
	Staatsgrenze		Turm; Golfplatz
	Bundesstaatsgrenze		Information; Museum
	Nationalpark, National Preserves		Campingplatz; Heiße Quelle
	Naturpark, National Forest		
	Sperrgebiet	❷ ★★	TOP 10
	Indianerreservat	⓬	Nicht verpassen!
	Internationaler Flughafen	⓲	Nach Lust und Laune!
	Regionaler Flughafen		

1 : 1 350 000

Pensacola, FL Area Map

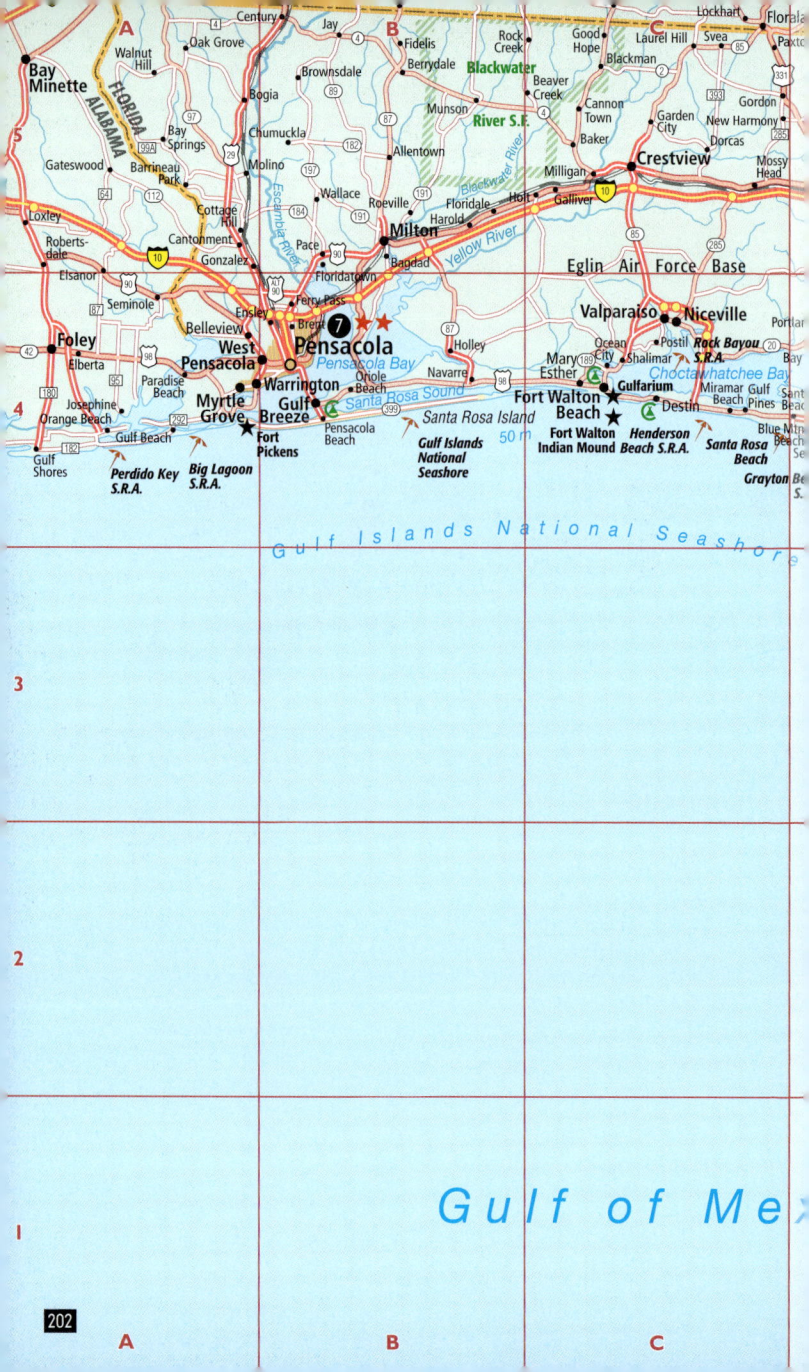

Grid A (top row, left to right):
Century, Walnut Hill, Oak Grove, Bay Minette, Bogia, Bay Springs, Gateswood, Barrineau Park, Chumuckla, Molino, Cottage Hill, Loxley, Robertsdale, Cantonment, Gonzalez, Elsanor, Seminole, Foley, Belleview, Ensley, Ferry Pass, Brent, West Pensacola, Pensacola, Elberta, Paradise Beach, Myrtle Grove, Warrington, Gulf Breeze, Orange Beach, Gulf Beach, Fort Pickens, Pensacola Beach, Gulf Shores, Perdido Key S.R.A., Big Lagoon S.R.A., Josephine

Grid B:
Jay, Fidelis, Brownsdale, Berrydale, Munson, Allentown, Wallace, Roeville, Milton, Harold, Baghdad, Floridatown, Oriole Beach, Holley, Navarre, Santa Rosa Island, Santa Rosa Sound, Pensacola Bay, Gulf Islands National Seashore

Grid C:
Lockhart, Florala, Rock Creek, Good Hope, Laurel Hill, Svea, Paxton, Blackwater, Blackman, Beaver Creek, Cannon Town, Garden City, Gordon, New Harmony, Baker, Dorcas, Milligan, Galliver, Crestview, Mossy Head, Holt, Eglin Air Force Base, Valparaiso, Niceville, Ocean City, Postil, Rock Bayou S.R.A., Mary Esther, Shalimar, Gulfarium, Fort Walton Beach, Miramar Beach, Gulf Pines, Destin, Fort Walton Indian Mound, Henderson Beach S.R.A., Santa Rosa Beach, Grayton, Blue Mtn. Beach, Choctawhatchee Bay, Blackwater River S.F., Yellow River

Gulf Islands National Seashore

Gulf of Mexico

FLORIDA / ALABAMA

202

ALABAMA
FLORIDA
Geneva
Paxton
Darlington
Sweet Gum Head
New Hope
Black
Holland Crossroads
Pittman
Browntown
Campbellton
Graceville
Malone
Chattahoochee S.P.
Donalsonville
Iron City
Lela
Caney Creek
Prosperity
Liberty
Richter Crossroads
Glass
Sills
Greenwood
Lovedale
Haynes
Reynoldsville
GEORGIA
Florida Caverns S.P.
Dellwood
Seminole S.P.
Lake Seminole
Chattahoochee River
De Funiak Springs
Ponce de Leon
Argyle
Bonifay
Chipley
Cottondale
Marianna
Steele City
Oakdale
Cypress
Grand Ridge
Sneads
Chattahoochee
Vernon
Wausau
Rock Hill
Redbay
New Hope
Compass Lake
Sink Creek
Altha
Ocheesee
Greensboro
Portland
Freeport
Red Head
Betts
Chason
Chipola
Rock Bluff
Torreya S.P.
Bay View
Bruce
Choctawhatchee River
Ebro
Crystal Lake
Fountain
Durham
Chipola R.
Santa Rosa Beach
Point Washington
Clarksville
Blountstown
Lowry
Seaside
Seagrove Beach
Seminole Hills
Northwest Florida Beaches Intern. Airport
Bennett
Camp Flowers
Vicksburg
Youngstown
Sharpstown
Hosford
Telogia
Woods
Inlet Beach
Hollywood Beach
Westbay
Southport
Cairo
Gasking
Laguna Beach
Gulf Resort Beach
West Bay
Lynn Haven
Bayou George
Marysville
Clio
Bahama Beach
Egdewater Gulf Beach
Panama City Beach
Panama City
Chipola Park
Dead Lake
Lewis
Vilas
Springfield
Dead Lakes S.R.A.
National
Bittmore Beach
St Andrews S.R.A.
Parker
Callaway
Wewahitchka
Lake Grove
Kern
Wilma
Popla Camp
East Bay
Wetappo
Allanton
Honeyville
Apalachicola River
Sumatra
Willis Landing
Mexico Beach
Beacon Hill
Fort Gadsden
Indian
Highland View
Port St Joe
White City
Swamp
Fort Gadsden St. Hist. Site
Beverly
Carrabelle Beach
St Joseph Peninsula S.P.
Oak Grove
St Joseph Bay
Constitution Convention Museum S.P.
John Gorrie Museum S.P.
Green Point
Apalachicola
St George Sound
Cape San Blas
McNeils
Eleven Mile
Apalachicola Bay
Cape St George
Gulf of Mexico
D
E
F
1
2
3
4
5
73
72
74
65
71
204

Chattahoochee S.P.
ALABAMA
FLORIDA
GEORGIA
Donalsonville
Iron City
Vada
Harrells Still
Holland Crossroads
Browntown
Campbellton
Malone
Graceville
Sills
Lela
Brinson
Lynn
Bainbridge
Climax
Whigham
Richter Crossroads
Glass
Greenwood
Lovedale
Haynes
Reynolds-ville
Florida Caverns S.P.
Dellwood
Seminole S.P.
Lake Seminole
Fowlstown
Reno
Bonifay
Chipley
Cottondale
Marianna
Recovery
Attapulgus
Steele City
Cypress
Grand Ridge
Sneads
Faceville
Oak Grove
Oakdale
Chattahoochee
Dogtown
Darsey
Concord
Havana
Wausau
Compass Lake
Sink Creek
Altha
Ocheesee
Gretna
Quincy
Shady Rest
Lake Jackson Mounds St. Arch. Site
Lake Jackson
Betts
Chason
Chipola R.
Greensboro
Rock Bluff
Torreya S.P.
Chipola
Sawdust
Crystal Lake
Fountain
Clarksville
Durham
Blountstown
Midway
Ochlockonee
Lake Talquin
Lowry
Bennett
Camp Flowers
Youngstown
Sharpstown
Hosford
Bloxham
Tallahassee International Airport
Belair
Vicksburg
Southport
Cairo
Gasking
Woods
Telogia
Helen
Hilliardville
Lynn Haven
Bayou George
Marysville
Clio
Bethel
Wakulla
Apalachicola
Panama City
Chipola Park
Dead Lake
Lewis
Vilas
Ivan
National
Forest
Springfield
Dead Lakes S.R.A.
Smith Creek
Arran
Parker
Callaway
Wewahitchka
Lake Grove
Kern
Wilma
Poplar Camp
Crawfordville
Wakulla Beach
East Bay
Wetappo
Allanton
Honeyville
Sanborn
Medart
Sumatra
Ochlockonee River
Sopchoppy
Shell Point
Apalachicola River
Ochlockonee River S.P.
Surf
Panacea
Mexico Beach
Beacon Hill
Willis Landing
Fort Gadsden
Fort Gadsden St. Hist. Site
Lanark Station
Lanark
St. Teresa Beach
Lighthouse Point
Highland View
Port St Joe
White City
Indian Swamp
Beverly
Carrabelle Beach
Carrabelle
St Joseph Peninsula S.P.
Oak Grove
Constitution Convention Museum S.P.
St Joseph Bay
John Gorrie Museum S.P.
Green Point
St George Sound
Apalachicola
St George Island S.P.
Cape San Blas
McNeils
Eleven Mile
Apalachicola Bay
Cape St George
Gulf of Mexico

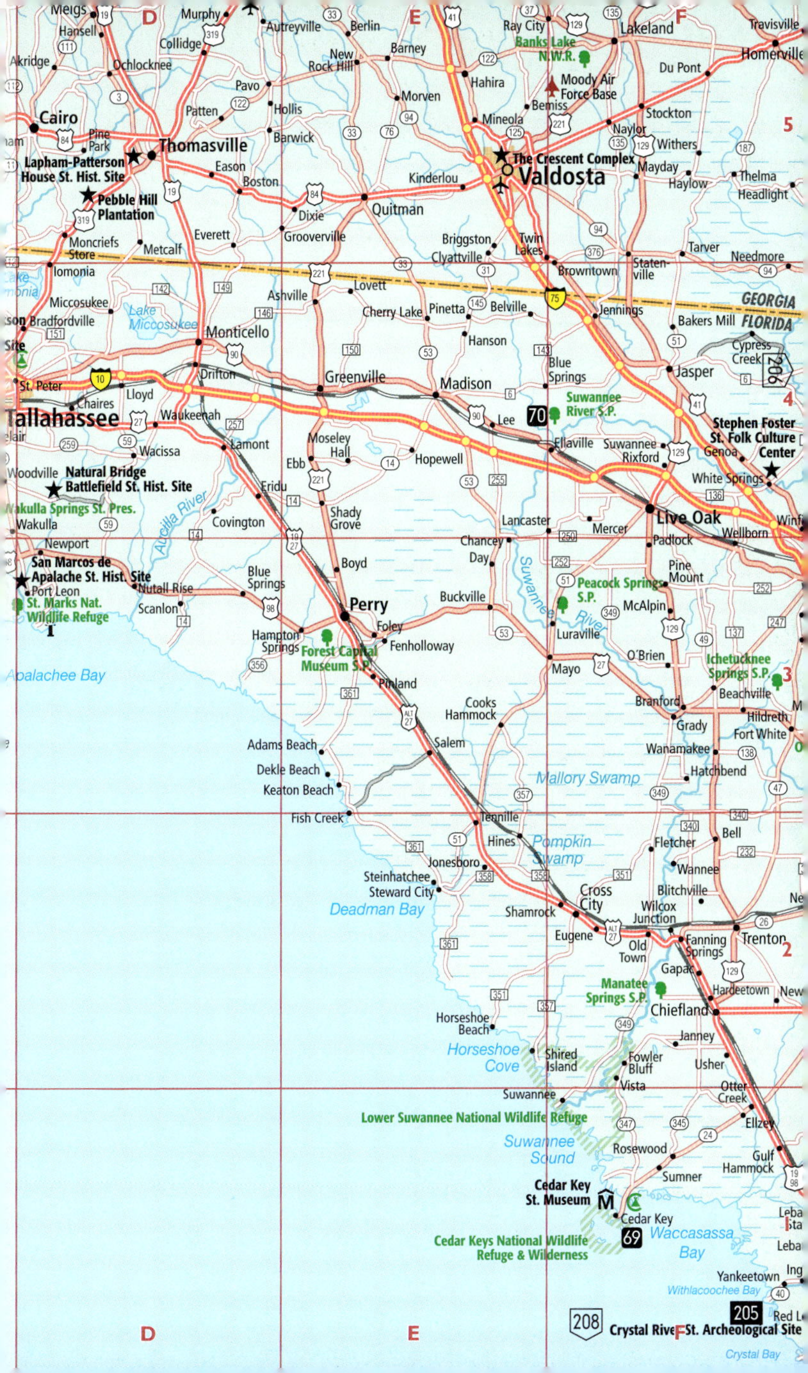

D
E
F
5
4
3
2
Meigs
Hansell
Akridge
Murphy
Collidge
Ochlocknee
Autreyville
Berlin
New Rock Hill
Barney
Ray City
Lakeland
Travisville
Homerville
Banks Lake N.W.R.
Moody Air Force Base
Du Pont
Hahira
Morven
Bemiss
Stockton
Cairo
Pine Park
Thomasville
Pavo
Patten
Hollis
Barwick
Mineola
Naylor
Withers
Lapham-Patterson House St. Hist. Site
Eason
Boston
Kinderlou
The Crescent Complex
Valdosta
Mayday
Haylow
Thelma
Headlight
Pebble Hill Plantation
Dixie
Quitman
Moncriefs Store
Metcalf
Everett
Grooverville
Briggston
Clyattville
Twin Lakes
Tarver
Needmore
Iomonia
Browntown
Staten-ville
Lovett
Ashville
Miccosukee
Lake Miccosukee
Pinetta
Belville
Cherry Lake
Jennings
Bakers Mill
GEORGIA
FLORIDA
Bradfordville
Monticello
Hanson
Cypress Creek
206
Blue Springs
Jasper
St. Peter
Drifton
Greenville
Madison
Suwannee River S.P.
Chaires
Lloyd
70
Tallahassee
Waukeenah
Lee
Stephen Foster St. Folk Culture Center
Lamont
Ellaville
Suwannee
Rixford
Genoa
Wacissa
Moseley Hall
Hopewell
Ebb
Woodville
Natural Bridge Battlefield St. Hist. Site
White Springs
Eridu
Aucilla River
Wakulla Springs St. Pres.
Wakulla
Covington
Shady Grove
Lancaster
Mercer
Live Oak
Wellborn
Newport
Chancey Day
Padlock
San Marcos de Apalache St. Hist. Site
Boyd
Pine Mount
Port Leon
Nutall Rise
Blue Springs
Suwannee River
Peacock Springs S.P.
St. Marks Nat. Wildlife Refuge
Scanlon
Perry
Buckville
McAlpin
Foley
Luraville
Hampton Springs
Fenholloway
Forest Capital Museum S.P.
O'Brien
Ichetucknee Springs S.P.
Apalachee Bay
Mayo
Pinland
Beachville
Branford
Cooks Hammock
Hildreth
Grady
Fort White
Adams Beach
Salem
Wanamakee
Dekle Beach
Hatchbend
Keaton Beach
Mallory Swamp
Fish Creek
Tennille
Bell
Hines
Pompkin Swamp
Fletcher
Jonesboro
Wannee
Steinhatchee
Steward City
Cross City
Blitchville
Deadman Bay
Shamrock
Wilcox Junction
Eugene
Old Town
Fanning Springs
Trenton
Gapac
Manatee Springs S.P.
Hardeetown
Chiefland
Horseshoe Beach
Janney
Horseshoe Cove
Shired Island
Fowler Bluff
Usher
Vista
Otter Creek
Suwannee
Lower Suwannee National Wildlife Refuge
Ellzey
Suwannee Sound
Rosewood
Gulf Hammock
Sumner
Cedar Key St. Museum
Cedar Key
69
Waccasassa Bay
Cedar Keys National Wildlife Refuge & Wilderness
Yankeetown
Withlacoochee Bay
208
205
Crystal River St. Archeological Site
Crystal Bay

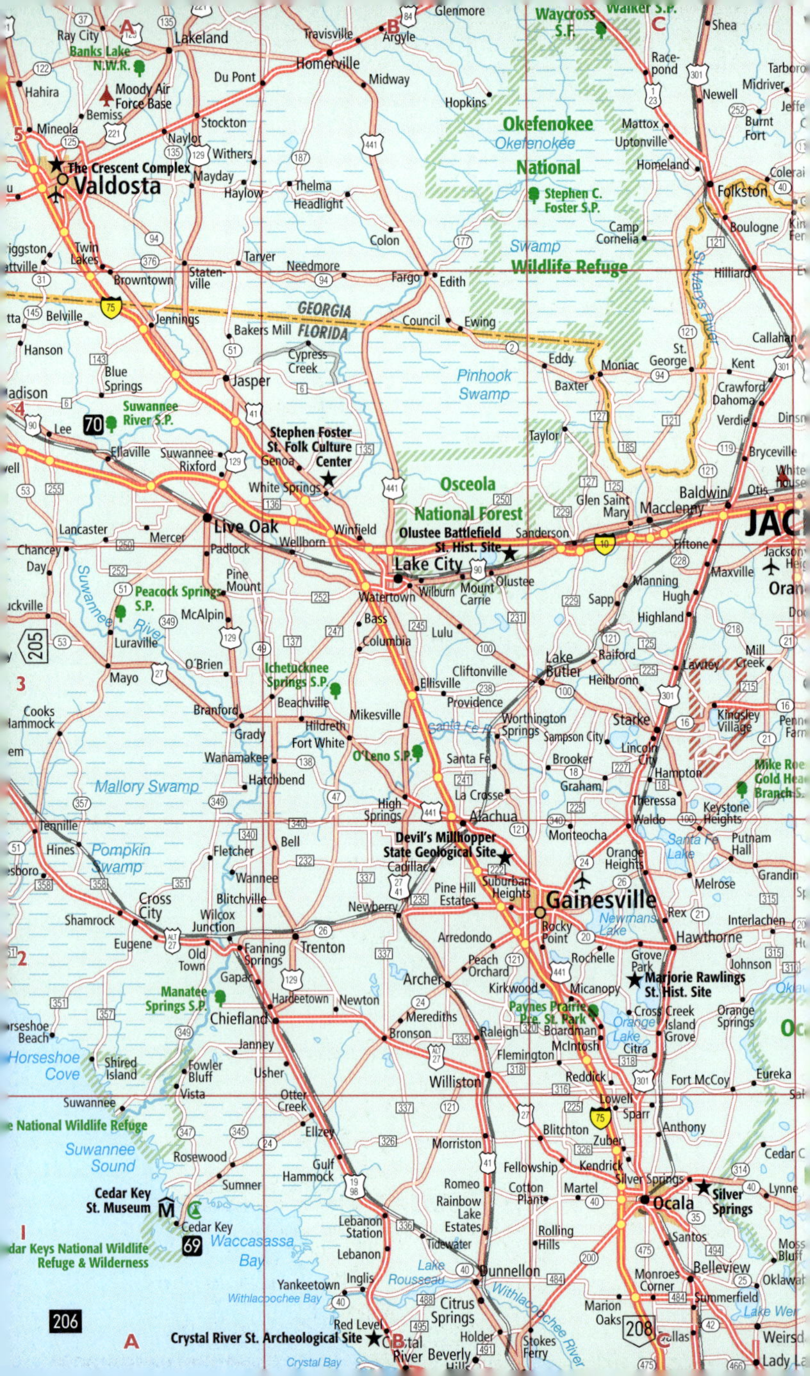
Glenmore
Waycross S.F.
Walker S.P.
Shea
Ray City
Lakeland
Travisville
Argyle
Banks Lake N.W.R.
Homerville
Race-pond
Tarboro
Midway
Midriver
Hahira
Moody Air Force Base
Du Pont
Newell
Hopkins
Jeffe
Bemiss
Stockton
Okefenokee
Mattox
Burnt Fort
Mineola
Naylor
Okefenokee
Uptonville
Withers
National
Homeland
The Crescent Complex
Mayday
Valdosta
Haylow
Thelma
Headlight
Stephen C. Foster S.P.
Folkston
Boulogne
Colon
Camp Cornelia
Swamp
Wildlife Refuge
Twin Lakes
Tarver
Needmore
Hilliard
Browntown
Staten-ville
Fargo
Edith
St. Marys River
Belville
GEORGIA
FLORIDA
Council
Ewing
Callahan
Jennings
Bakers Mill
Hanson
Cypress Creek
Eddy
Moniac
St. George
Kent
Blue Springs
Pinhook Swamp
Baxter
Crawford
Dahoma
Jasper
Suwannee River S.P.
Verdie
Lee
Taylor
Stephen Foster St. Folk Culture Center
Ellaville
Suwannee
Rixford
Genoa
Bryceville
White Springs
Osceola
Baldwin
Otis
Glen Saint Mary
Macclenny
National Forest
Live Oak
Winfield
Lancaster
Mercer
Olustee Battlefield St. Hist. Site
Sanderson
JAC
Chancey
Day
Padlock
Wellborn
Lake City
Fiftone
Suwannee River
Pine Mount
Wilburn
Mount Carrie
Olustee
Maxville
Peacock Springs S.P.
Watertown
Manning
Hugh
Sapp
McAlpin
Bass
Highland
Luraville
Columbia
Lulu
O'Brien
Lake Butler
Raiford
Mill Creek
Mayo
Ichetucknee Springs S.P.
Cliftonville
Lawtey
Ellisville
Heilbronn
Providence
Cooks Hammock
Branford
Beachville
Mikesville
Worthington Springs
Starke
Kingsley Village
Hildreth
Santa Fe River
Grady
Fort White
Sampson City
Lincoln City
O'Leno S.P.
Wanamakee
Santa Fe
Brooker
Hampton
Mike Roess Gold Head Branch S.P.
Hatchbend
Graham
Mallory Swamp
La Crosse
Theressa
High Springs
Keystone Heights
Alachua
Tennille
Waldo
Bell
Monteocha
Hines
Pompkin Swamp
Fletcher
Devil's Millhopper State Geological Site
Santa Fe Lake
Putnam Hall
Orange Heights
Wannee
Cadillac
Melrose
Suburban Heights
Pine Hill Estates
Cross City
Blitchville
Gainesville
Newberry
Shamrock
Wilcox Junction
Newmans Lake
Rex
Interlachen
Eugene
Rocky Point
Trenton
Arredondo
Hawthorne
Fanning Springs
Old Town
Rochelle
Grove Park
Johnson
Peach Orchard
Gapac
Archer
Marjorie Rawlings St. Hist. Site
Kirkwood
Micanopy
Manatee Springs S.P.
Hardeetown
Newton
Paynes Prairie Pre. St. Park
Cross Creek
Orange Springs
Meredith
Chiefland
Island Grove
Orange Lake
Horseshoe Beach
Bronson
Raleigh
Boardman
McIntosh
Citra
Janney
Horseshoe Cove
Flemington
Shired Island
Fowler Bluff
Usher
Reddick
Fort McCoy
Eureka
Williston
Vista
Otter Creek
Lowell
Suwannee
Sparr
National Wildlife Refuge
Ellzey
Blitchton
Anthony
Morriston
Zuber
Suwannee Sound
Rosewood
Gulf Hammock
Fellowship
Kendrick
Silver Springs
Sumner
Cedar Key St. Museum
Romeo
Cotton Plant
Martel
Ocala
Silver Springs
Lynne
Rainbow Lake Estates
Cedar Key
Lebanon Station
Waccasassa Bay
Rolling Hills
Santos
Tidewater
Moss Bluff
Cedar Keys National Wildlife Refuge & Wilderness
Lebanon
Belleview
Lake Rousseau
Dunnellon
Withlacoochee River
Monroes Corner
Oklawaha
Yankeetown
Inglis
Summerfield
Withlacoochee Bay
Citrus Springs
Marion Oaks
Lake Weir
Red Level
Holder
Crystal River St. Archeological Site
Crystal River
Stokes Ferry
Weirsdale
Beverly Hills
Lady Lake
Crystal Bay
206
208
205
A
B
C
1
2
3
4
5

D
E
F
5
4
3
2
1
Waverly
White Oak
Dover Bluff
Jekyll Island S.R.P.
Faith Chapel
Jekyll Island
St. Andrew Beach
St. Andrew Sound
Satilla R.
Woodbine
Jefferson
Billyville
Colesburg
Cumberland Island
Cumberland Island National Seashore
Cumberland Island National Seashore
Seals
Harriets Bluff
Kinlaw
Crooked River S.P.
Greenville
Kingsland
Kings Ferry
Gross
St Marys Entrance
St. Marys
Fort Clinch S.P.
Evergreen
Becker
Chester
Fernandina Beach
Yulee
O'Neil
Amelia Island
66
Summer Beach
Italia
Hero
Hedges
Amelia City
Nassau R.
Nassauville
Franklintown
Amelia Island S.R.A.
Tisonia
Pecan Park
Nassau Sound
Garden City
Oceanway
Little Talbot Island S.P.
Dinsmore
Kingsley Plantation St. Hist. Site
Talbot Island
Eastport
Fort George Island
Chaseville
Ft Caroline Nat'l Mem.
Mayport
Manhattan Beach
Marietta
Arlington
67
Atlantic Beach
Neptune Beach
JACKSONVILLE
Jacksonville Beach
Atlantic
Ocean
Ponte Vedra Beach
Jacksonville Heights
Wesconnett
San Jose
Sunbeam
Ponte Vedra
Goodbys
Greenland
Orange Park
Palm Valley
Mandarin
Bayard
Doctors Inlet
Saint Johns River
Switzerland
Durbin
Guana River State Park
Sampson
Hilden
South Ponte Vedra Beach
Hibernia
Orangedale
Green Cove Springs
South Durbin
Casa Cola
Usinas Beach
Penney Farms
Araquey
Picolata
Vilano Beach
Castillo de San Marcos National Monument
Sun Garden
Tocoi Junction
St. Augustine
9
Tocoi
St. Augustine Beach
West Tocoi
Riverdale
Anastasia Island
Bostwick
Federal Point
Vermont Heights
Moultrie
Frank B. Butler S.P.
Crescent Beach
Bridgeport
Spuds
Dupont Center
Fort Matanzas National Monument
Carraway
Orange Mills
Faver-Dykes S.P.
Springside
Byrd
Marineland
Palatka
East Palatka
Marineland of Florida
Francis
Platoville
Washington Oaks State Gardens
Hunter
San Mateo
Buffalo Bluff
Ravine Gardens S.P.
Palm Coast
Satsuma
Painters Hill
Rodman
Sisco
Neoga
Beverly Beach
Espanola
Welaka
Pomona Park
Andalusia
Flagler Beach
Ocala
Crescent City
Crescent Lake
Bunnell
Flagler Beach S.R.A.
Fruitland
Bulow Plantation St. Hist. Monument
Denver
Korona
Salt Springs
Deansville
Codys Corner
National Gardens
Ormond-by-the-Sea
Hammond
Seville
Ormond Beach
Silver Glen Springs
Tomoka State Park
Connersville
Holly Hill
Ellinor Village
Lake George
Ortona
Pierson
Seabreeze
National
Eldridge
Daytona Beach
68
Daytona Int'l. Speedway
Astor Park
Barberville
Daytona Beach Shores
Juniper Springs
Astor
South Daytona
Port Orange
De Leon Springs S.P.
De Leon Springs
Wilbur-by-the-Sea
Ponce Inlet
Glenwood
Shockley Heights
Glencoe
Mission
Lighthouse Point S.R.A.
Forest
Daytona Park
Samsula
Coronado Beach
Fullerville
De Land
Pittman
Crows Bluff
New Smyrna Beach
Edgewater
Altoona
Hontoon Isl. S.P.
Lake Helen
Cassadaga
209
Blue Spring S.P.
Orange City
Alamana
Turtle Mound St. Archaeological Site

Wildlife Refuge
Suwannee Sound
Cedar Key St. Museum
Cedar Key
69
Waccasassa Bay
National Wildlife Refuge & Wilderness
Rosewood
Sumner
Gulf Hammock
Ellzey
Creek
206
Morriston
Romeo
Rainbow Lake Estates
Lebanon Station
Lebanon
Tidewater
Lake Rousseau
Dunnellon
Inglis
Yankeetown
Withlacoochee Bay
Citrus Springs
Red Level
Crystal River St. Archeological Site
Crystal River
Crystal Bay
Beverly Hills
Holder
Hernando
Homosassa Springs
Homosassa Springs Wildlife State Park
Homosassa
Lecanto
Inverness
Yulee Sugar Mill St. Hist. Site
Withlacoochee S.F.
Chassahowitzka
Chassahowitzka National Wildlife Refuge
Royal Highlands
Bayport
Weeki Wachee Springs
Weeki Wachee
Spring Hill
Aripeka
Hudson
Bayonet Point
Jasmine Estates
Port Richey
New Port Richey
Elfers
Holiday
Anclote Key State Preserve
Sponge Center
57 Tarpon Springs
Palm Harbor
Ozona
Caladesi Beach
Dunedin
Clearwater Beach
Clearwater
Belleair
Indian Rocks Beach
Largo
10
Pinellas Park
Redington Beach
Madeira Beach
Treasure Island
St. Petersburg Beach
Sunshine Skyway
59 Fort De Soto Park
Egmont Key S.P.
De Soto National Memorial
Anna Maria
Holmes Beach
Bradenton Beach
Whitfield Estates
Sarasota
Ringling Museum
Lido Key
Siesta
Crescent Beach
Coral Cove
Osprey
Oscar Scherer S.R.A.
Laurel
Fellowship
Cotton Plant
Martel
Rolling Hills
Blitchton
Zuber
Kendrick
Silver Springs
Ocala
Anthony
Cedar Creek
Lynne
National Forest
Santos
Belleview
Moss Bluff
Oklawaha
Monroes Corner
Summerfield
Lake Weir
Marion Oaks
Stokes Ferry
Withlacoochee River
Dallas
Weirsdale
Lady Lake
Rutland
Wildwood
Fruitland Park
Leesburg
Lake Griffin
Orange Bend
Tavares
Ft Cooper S.P.
Coleman
Adamsville
Sumterville
Lake Harris
Okahumpka
Yalaha
Floral City
Pineola
Bushnell
Stafford
Istachatta
Center Hill
Bevilles Corner
Lake Lindsay
Chinsegut N.W.R.
Brooksville
St. Catherine
Mabel
Mascotte
Citrus Tower
Clermont
Ridge Manor
Linden
Tarrytown
Groveland
Rital
Wiscon
Hill 'n' Dale
Powell
Spring Lake
Clay Sink
Trilby
Garden Grove
Dixie
Lacoochee
Bay Lake
Lake Louisa S.P.
Withlacoochee S.F.
Jessamine
Dade City
Seminole Lake Gliderport
Poyner
Eva
Darby
Griffin Park
Gowers Corner
Greenfield
Pasco
Clinton Heights
Rock Ridge
San Antonio
Vitis
Moon Lake Estates
Drexel
Quail Hollow
Wesley Chapel
Zephyrhills
Land O'Lakes
Odessa
Crystal Springs
Polk City
Lake Fern
Lutz
Busch Gardens
Hillsborough River S.P.
Kathleen
Providence
Gibsonia
Cosme
Citrus Park
Temple Terrace
Thonotosassa
Griffin
Knights
Auburndale
Oldsmar
Bridgeport
Safety Harbor
Rocky Creek
43 44
Clarkwild
Plant City
Lakeland
Eagle Lake
TAMPA
Tampa Int'l Airport
Old Tampa Bay
Seffner
Mango
45 46 47 48
49 50
Brandon
Medulla
Lake Hancock
Hopewell
Bartow
Gordonville
51 52 53
54 55 56 58
Progress Village
Hillsborough Bay
Gibsonton
Alafia
Mulberry
Pebbledale
Lithia
Pinecrest
Pierce
Historical Museum
ST. PETERSBURG
Sun City Center
Picnic
Bradley
Agricola
Fort Meade
Brewster
Fort Lonesome
Tampa Bay
Sun City
Ruskin
Wimauma
Piney Point
Little Manatee River S.R.A.
Bowling Green
Paynes Creek St. Hist.
Madira Bickel Mound S.A.P.
Fort Green Springs
Terra Ceia
Parrish
Duette
Torrey
Palma Sola
Memphis
Palmetto
Wauchula
Vandolah
Oak Knoll
Bradenton
Samoset
Myakka Head
Zolfo Springs
Ona
Oneco
Tallevast
Lorraine
Moffitt
Verna
Limestone
Fruitville
Parmalee
Myakka City
Edgeville
Gardner
60
Bee Ridge
Pine Level
Cubitis
Sandy
Vamo
Arcadia
210
Myakka River S.P.
Nocatee
A
B
C
1
2
3
4
5
205
208

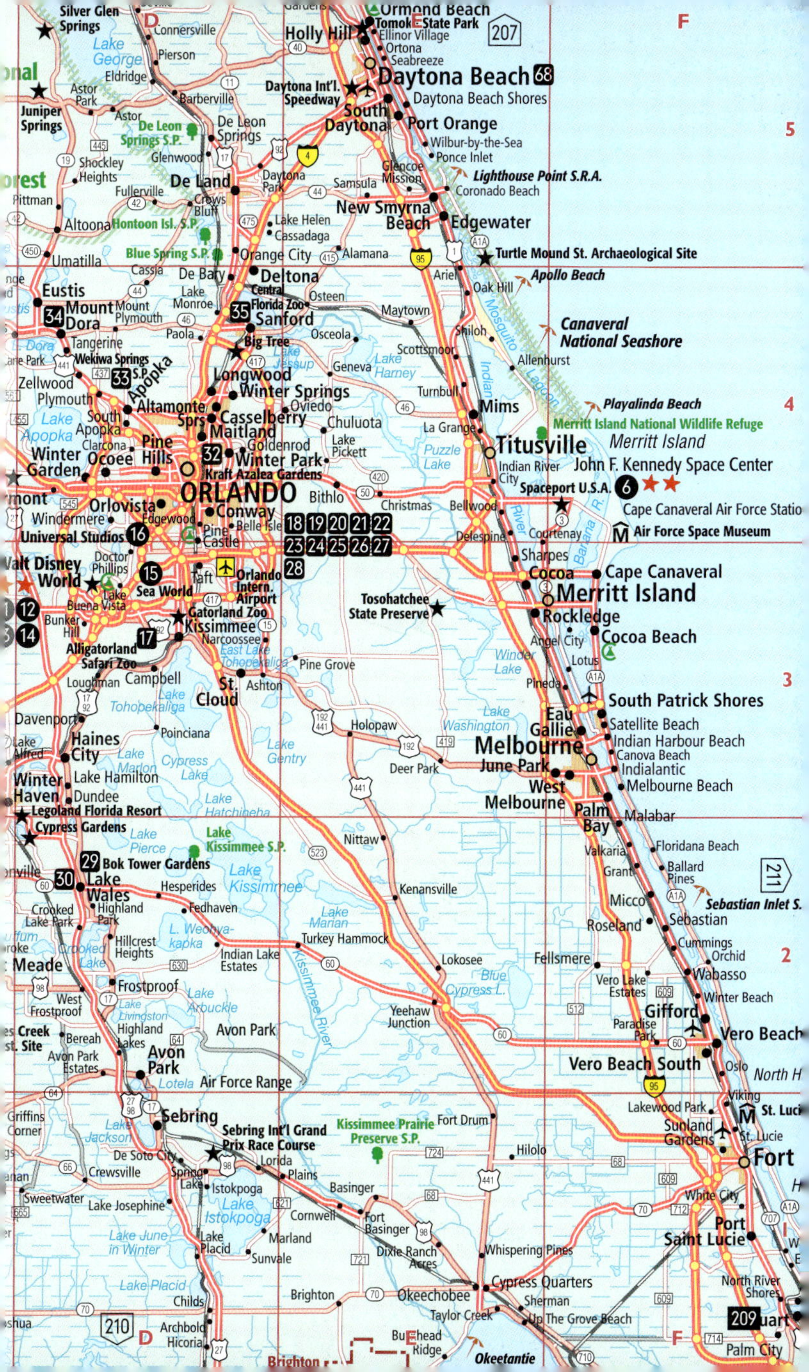

Silver Glen Springs
Connersville
Lake George
Pierson
Eldridge
Astor Park
Astor
Barberville
Juniper Springs
De Leon Springs S.P.
De Leon Springs
Glenwood
Shockley Heights
De Land
Daytona Park
Fullerville
Crows Bluff
Pittman
Altoona
Hontoon Isl. S.P.
Lake Helen
Cassadaga
Blue Spring S.P.
Orange City
Umatilla
Cassia
De Bary
Deltona
Eustis
Mount Dora
Mount Plymouth
Lake Monroe
Central Florida Zoo
Sanford
Osteen
Paola
Tangerine
Big Tree
Lake Jessup
Osceola
Wekiwa Springs S.P.
Zellwood
Apopka
Longwood
Winter Springs
Oviedo
Geneva
Lake Harney
Plymouth
Altamonte Sprs
Casselberry
Chuluota
Lake Apopka
South Apopka
Maitland
Goldenrod
Lake Pickett
Clarcona
Pine Hills
Winter Park
Winter Garden
Ocoee
Kraft Azalea Gardens
ORLANDO
Bithlo
Orlovista
Conway
Windermere
Edgewood
Belle Isle
Pine Castle
Universal Studios
Doctor Phillips
Walt Disney World
Taft
Orlando Intern. Airport
Sea World
Lake Buena Vista
Bunker Hill
Gatorland Zoo
Kissimmee
Narcoossee
Alligatorland Safari Zoo
East Lake Tohopekaliga
Pine Grove
Loughman
Campbell
St. Cloud
Ashton
Lake Tohopekaliga
Davenport
Poinciana
Holopaw
Lake Alfred
Haines City
Lake Marion
Cypress Lake
Lake Gentry
Deer Park
Winter Haven
Lake Hamilton
Dundee
Lake Hatchineha
Legoland Florida Resort
Cypress Gardens
Lake Pierce
Lake Kissimmee S.P.
Nittaw
Bok Tower Gardens
Lake Wales
Hesperides
Lake Kissimmee
Kenansville
Crooked Lake Park
Highland Park
Fedhaven
Lake Marian
Hillcrest Heights
L. Weohyakapka
Turkey Hammock
Crooked Lake
Indian Lake Estates
Kissimmee River
Meade
Frostproof
Lake Arbuckle
Lokosee
Blue Cypress L.
West Frostproof
Lake Livingston
Highland Lakes
Avon Park
Yeehaw Junction
Bereah
Avon Park Estates
Avon Park
Lotela
Air Force Range
Griffins Corner
Sebring
Sebring Int'l Grand Prix Race Course
Kissimmee Prairie Preserve S.P.
Fort Drum
Lake Jackson
De Soto City
Lorida
Hilolo
Crewsville
Spring Lake
Plains
Istokpoga
Basinger
Sweetwater
Lake Josephine
Lake Istokpoga
Cornwell
Fort Basinger
Lake June in Winter
Lake Placid
Marland
Dixie Ranch Acres
Sunvale
Whispering Pines
Lake Placid
Childs
Brighton
Okeechobee
Cypress Quarters
Sherman
Taylor Creek
Up The Grove Beach
Archbold
Hicoria
Buckhead Ridge
Okeetantie
Brighton
Ormond Beach
Tomoka State Park
Holly Hill
Ellinor Village
Ortona
Seabreeze
Daytona Beach
Daytona Int'l. Speedway
Daytona Beach Shores
South Daytona
Port Orange
Wilbur-by-the-Sea
Ponce Inlet
Glencoe
Mission
Lighthouse Point S.R.A.
Samsula
Coronado Beach
New Smyrna Beach
Edgewater
Turtle Mound St. Archaeological Site
Alamanda
Ariel
Apollo Beach
Oak Hill
Maytown
Mosquito Lagoon
Canaveral National Seashore
Shiloh
Scottsmoor
Allenhurst
Indian River
Turnbull
Mims
Playalinda Beach
Merritt Island National Wildlife Refuge
La Grange
Titusville
Merritt Island
Puzzle Lake
Indian River City
John F. Kennedy Space Center
Spaceport U.S.A.
Christmas
Bellwood
Cape Canaveral Air Force Statio
Banana R.
Courtenay
Air Force Space Museum
Delespine
Sharpes
Cocoa
Cape Canaveral
Merritt Island
Tosohatchee State Preserve
Rockledge
Angel City
Cocoa Beach
Lotus
Winder Lake
Pineda
South Patrick Shores
Lake Washington
Eau Gallie
Satellite Beach
Indian Harbour Beach
Melbourne
Canova Beach
June Park
Indialantic
West Melbourne
Melbourne Beach
Palm Bay
Malabar
Valkaria
Floridana Beach
Grant
Ballard Pines
Micco
Sebastian Inlet S.
Sebastian
Roseland
Cummings
Fellsmere
Orchid
Wabasso
Vero Lake Estates
Winter Beach
Gifford
Paradise Park
Vero Beach
Vero Beach South
Oslo
North H
Lakewood Park
Viking
St. Luci
Sunland Gardens
St. Lucie
Fort
White City
Port Saint Lucie
North River Shores
Palm City
209
210
207
211
D
E
F
5
4
3
2

Brooksville
Ridge Manor
Linden
Tarrytown
Groveland
Citrus Tower
Clermont
Garden
Kraft Azalea Garden
ORLANDO
Orlovista
Edgewood
Conway
Belle Isle
Pine Castle
Windermere
Universal Studios
Lake Louisa
Lake Louisa S.P.
Walt Disney World
Doctor Phillips
Taft
Orlando Intern. Airport
Sea World
Lake Buena Vista
Gatorland Zoo
Kissimmee
Narcoossee
East Lake Tohopekaliga
Bunker Hill
Alligatorland Safari Zoo
Loughman
Campbell
St. Cloud
Ashton
Tohopekaliga
Weeki Wachee
Wiscon
Powell
Hill'n'Dale
Spring Lake
Rital
Clay Sink
Bay Lake
Trilby
Withlacoochee S.F.
Lacoochee
Spring Hill
Garden Grove
Dixie
Aripeka
Jessamine
Dade City
Darby
Seminole Lake Gliderport
Poyner
Eva
Rock Ridge
Fivay
Gowers Corner
Greenfield
Clinton Heights
San Antonio
Vitis
Pasco
Quail Hollow
Wesley Chapel
Moon Lake Estates
Drexel
Land O'Lakes
Zephyrhills
Odessa
Polk City
Crystal Springs
Lake Fern
Lutz
Davenport
Haines City
Poinciana
Lake Gentry
Cosme
Citrus Park
Busch Gardens
Hillsborough River S.P.
Kathleen
Providence
Gibsonia
Lake Alfred
Lake Marion
Cypress Lake
Griffin
Temple Terrace
Thonotosassa
Knights
Auburndale
Winter Haven
Lake Hamilton
Oldsmar
Clarkwild
Plant City
Lakeland
Dundee
Lake Hatchineha
Rocky Creek
TAMPA
Seffner
Mango
Eagle Lake
Legoland Florida Resort
Cypress Gardens
Lake Pierce
Lake Kissimmee S.P.
Old Tampa Bay
Tampa Int'l Airport
Medulla
Lake Hancock
Hopewell
Brandon
Bartow
Gordonville
Bok Tower Gardens
Lake Wales
Lake Kissimmee
Progress Village
Alafia
Mulberry
Hesperides
Highland Park
Hillsborough Bay
Gibsonton
Pebbledale
Crooked Lake Park
Fedhaven
Lithia
Pinecrest
L. Buffum
Lake Weohyakapka
ST. PETERSBURG
Pierce
Pembroke
Crooked Lake
Hillcrest Heights
Indian Lake Estates
Bradley
Picnic
Agricola
Brewster
Sun City Center
Fort Lonesome
Fort Meade
Frostproof
Lake Arbuckle
Tampa Bay
Sun City
Ruskin
Wimauma
West Frostproof
Lake Livingston
Highland Lakes
Avon Park
Piney Point
Little Manatee River S.R.A.
Bowling Green
Paynes Creek St. Hist. Site
Bereah
Madira Bickel Mound S.A.P.
Fort Green Springs
Avon Park Estates
Avon Park
Lotela
Air Force Range
Terra Ceia
Parrish
Torrey
Palma Sola
Memphis
Duette
Wauchula
Sebring
Palmetto
Oak Knoll
Vandolah
Griffins Corner
Lake Jackson
Sebring Int'l Gr Prix Race Course
Bradenton
Myakka Head
Samoset
Ona
Zolfo Springs
De Soto City
Lorida
Oneco
Lorraine
Moffitt
Crewsville
Spring Lake
Istokpoga
Whitfield Estates
Tallevast
Verna
Buchanan
Sweetwater
Lake Josephine
Lake Istokpoga
Limestone
Sarasota
Museum
Fruitville
Parmalee
Myakka City
Edgeville
Gardner
Lake June in Winter
Lake Placid
Marian
Lido Key
Siesta
Bee Ridge
Pine Level
Sunvale
Cubitis
Sandy
Lake Placid
Beach
Vamo
Coral Cove
Arcadia
Childs
Osprey
Myakka River S.P.
Joshua
Archbold
Hicoria
Scherer S.R.A.
Nocatee
Laurel
Nokomis
Venice
Old Venus
Venus
South Venice
Fort Odgen
North Port
Port Charlotte
Warm Mineral Springs
Harbor Heights
Ridge Harbor
El Jobean
Cypress Knee Museum
Englewood
Cleveland
Babcock
Palmdale
Grove City
Charlotte Beach
Punta Gorda Beach
Punta Gorda
Solana
Acline
Don Pedro Island S.R.A.
Rotonda West
Bobcock Wilderness
Cape Haze
Tropical Gulf Acres
Citrus Center
Placida
Ortona
Gasparilla Island S.R.A.
Charlotte Harbor
Pirate Harbor
Goodno
Boca Grande
Gasparilla Island
Fort Myers Shores
Alva
La Belle
Point Boca Grande
Bokeelia
Bayshore
Denaud
Cayo Costa S.P.
Pine
North Fort Myers
Buckingham
Sears
Cayo Costa
Matlacha
Tice
Edison Home
Lehigh Acres
Fort Myers
Pine Isl. Sound
North Captiva Island
Island
Cape Coral
Flamingo Bay
Felda
Caloosahatchee River
Fort Myers Villas
Captiva
Punta Rassa
Fort Myers Beach
San Carlos Park
Corkscrew
Sanibel Island
St. James City
Lake Trafford
Corkscrew Swamp
Corkscrew Swamp Sanctuary
Immokalee
Sanibel
Estero
Estero Island
Estero Bay
Koreshan S.H.S.
Bunker Hill
Lover's Key S.P.
Okaloacoochee

Spaceport U.S.A.
Cape Canaveral Air Force Station
Air Force Space Museum
Bithlo
Christmas
Bellwood
Delespine
Courtenay
Sharpes
Cocoa
Cape Canaveral
Merritt Island
Rockledge
Cocoa Beach
Tosohatchee State Preserve
Angel City
Lotus
Winder Lake
Pineda
Pine Grove
South Patrick Shores
Atlantic
Ocean
Lake Washington
Eau Gallie
Satellite Beach
Indian Harbour Beach
Holopaw
Melbourne
Canova Beach
Indialantic
June Park
Deer Park
West Melbourne
Melbourne Beach
Palm Bay
Malabar
Nittaw
Valkaria
Floridana Beach
Grant
Ballard Pines
Kenansville
Micco
Sebastian Inlet S.R.A.
Lake Marian
Roseland
Sebastian
Turkey Hammock
Cummings
Orchid
Lokosee
Fellsmere
Blue Cypress L.
Wabasso
Vero Lake Estates
Winter Beach
Kissimmee River
Yeehaw Junction
Gifford
Paradise Park
Vero Beach
Vero Beach South
Oslo
North Hutchinson Island
Viking
Lakewood Park
St. Lucie Museum
Kissimmee Prairie Preserve S.P.
Fort Drum
Sunland Gardens
St. Lucie
Hilolo
Fort Pierce
Hutchinson Island
Basinger
White City
Fort Basinger
Port Saint Lucie
Hutchinson Island
Cornwell
Dixie Ranch Acres
Whispering Pines
Walton
Eden
South Hutchinson Island
Brighton
Okeechobee
Cypress Quarters
North River Shores
Jensen Beach
Sherman
Rio
Elliot Museum & House of Refuge
Taylor Creek
Up The Grove Beach
Stuart
Sewall's Point
Buckhead Ridge
Palm City
Port Salerno
Okeetantie S.R.A.
Gomez
Tropical Park
Hobe Sound
Jupiter Island
Indiantown
Jonathan Dickinson S.P.
Lake Okeechobee
Calusa
Port Mayaca
Tequesta
Beach Colony
Jupiter
Moonshine Bay
Juno Beach
Canal Point
Bryant
North Palm Beach
Pahokee
Lake Park
Riviera Beach
Clewiston Museum
Pahokee S.R.A.
Singers Island
Moore Haven
Shawnee
Palm Beach Shores
Clewiston
South Bay
Runyon
Royal Palm Beach
West Palm Beach
Harlem
Lake Harbor
Haverhill
Everglades Reclamation St. Hist. Site
Bean City
Belle Glade
Palm Beach
Loxahatchee
Wellington
Montura
South Bay
Belle Glade Camp
Greenacres City
Lake Worth
Okeelanta
Arthur A. Marshall-
Palm Springs
South Palm Beach
Devil's Garden
Browns Farm
Lantana
Loxahatchee
Boynton Beach
Hypoluxo
Ocean Ridge
Gulf Stream
National
Golf
Delray Beach
Wildlife Refuge
Highland Beach
West Palm Beach Canal
Hillsboro Canal
North New River Canal
Miami Canal

Map Labels

Row 5 / Area A-B:
- North Captiva Island
- Island
- Cape Coral
- Fort Myers
- (210)
- Felda
- Devil's Garden
- Graham Marsh
- Captiva
- 62
- Flamingo Bay
- Punta Rassa
- Fort Myers Villas
- St. James City
- Sanibel Island
- Sanibel
- Estero Island
- Fort Myers Beach
- San Carlos Park
- Corkscrew
- Lake Trafford
- Koreshan S.H.S.
- Corkscrew Swamp Sanctuary
- Immokalee
- Lover's Key S.P.
- Bonita Beach
- Bonita Shores
- Bonita Springs
- Bunker Hill
- Harker
- Okaloacoochee Slough
- Ah-Tah-Thi
- Wiggins Pass S.R.A.
- Naples Park
- North Naples
- Vanderbilt Beach
- Sunniland
- Big Cypress
- Naples Zoo
- 63 Naples
- Golden Gate
- Fakahatchee
- 75
- Alligator
- East Naples
- Swamp
- Strand
- Miles City
- Deep Lake
- Big Cypress National Preserve

Row 4:
- Belle Meade
- Fakahatchee Strand St. Preserve
- Jerome
- Isle of Capri
- Collier-Seminole S.P.
- Royal Palm Hammock
- Copeland
- Marco Island
- Marco Island
- Collier City
- Goodland
- Carnestown
- Ochopee
- Briggs Nature Center
- Everglades City
- Monroe Station
- Paolita
- Kice Island
- Cape Romano
- Gullivan Bay
- Ten Thousand Islands
- Chokoloskee
- (94)
- Chevelier Bay
- Pinecres

Row 3:
- Ten Thousand Islands N.W.R.
- Lumber Key
- Pavilion Key
- Alligator Bay
- The E
- Big Lostm
- Gulf of Mexico
- First Bay
- Highland Point
- Ev
- Shark Point
- Ponce de Leon Bay
- Observ

Row 2:
- Whitewater Bay
- N
- Northwest Cape
- Cape Sable
- Visitor Center
- Middle Cape
- East Cape

Row 1:
- F
- Lis
- National Key Deer Refuge
- Great White Heron National Wildlife Refuge
- Great White Heron National Wildlife Refuge
- Big Torch Key
- No Name Key
- Dolphin Research Center
- Seven Mile Bridge
- Vaca Key
- Marathon Shores
- Sugarloaf Key
- Summerland Key
- Big Pine Key
- Marathon
- Coco
- Marquesas Keys
- Key West National Wildlife Refuge
- Perky
- El Chico
- Ramrod Key
- Little Torch Key
- Sombrero Beach
- Beach
- Boca Grande Channel
- Stock Island
- Big Coppitt Key
- Bahia Honda State Park
- 42
- Dry Tortugas National Park
- Key West
- Boca Chica Key
- Flori
- 212
- Smathers Beach
- A
- B
- 4
- C

Miami and Florida Keys Area Map

Northern Area (Palm Beach County)
- Bay Okeelanta
- Belle Glade Camp
- Browns Farm
- Greenacres City
- Lake Worth
- South Palm Beach
- Arthur A. Marshall
- Palm Springs
- Lantana
- Loxahatchee
- Boynton Beach
- Hypoluxo
- Ocean Ridge
- Gulf Stream
- Loxahatchee National Wildlife Refuge
- Delray Beach
- Highland Beach
- Boca Raton [39]
- Deerfield Beach
- Lighthouse Point
- Hillsboro Beach
- Pompano Beach
- Lauderdale-by-the-Sea
- Oakland Park

Broward County Area
- Ki Museum
- Big Cypress Seminole Indian Res.
- West Dixie Bend
- Coral Springs
- Parkland
- Margate
- Tamarac
- Sunrise
- Wilton Manors
- Lauderhill
- Andytown
- Plantation
- Davie
- Dania
- **FORT LAUDERDALE** [40]
- Miccosukee Indian Res.
- Pembroke Pines
- Miramar
- Hollywood
- Hallandale
- Aventura
- Golden Beach
- Carol City
- Sunny Isles
- Miami Lakes
- Opa Locka
- North Miami Beach
- Pennsuco
- North Miami
- Surfside
- Hialeah
- Miami Shores
- Miami Springs
- **MIAMI**
- Miami Beach [8] ★★
- [2] ★★
- [36]

Miami-Dade County
- Station
- Trail Center
- Miccosukee Indian Res.
- Everglades Safari Park ★
- Sweetwater
- Westchester
- West Miami
- Coral Gables [37]
- Shark Valley
- Westwood Lakes
- South Miami
- Key Biscayne
- Bill Baggs Cape Florida S.P.
- Everglades Observation Tower
- Kendall
- Rockdale
- Perrine
- Richmond Heights
- South Miami Heights
- Cutler Ridge
- [3] ★★ Shark Valley Slough
- Goulds
- Biscayne Bay
- **Everglades**
- Princeton
- South Allapattah
- Sands Key
- Naranja
- Leisure City
- Homestead ★
- Coral Castle
- Pa-hay Okee Observation Tower
- Visitor Center Park Headquarters
- Florida City
- Elliot Key
- Islandia
- Mahogany Hammock ★

Everglades / Keys
- **National Park**
- Card Sound
- Mangrove Swamp
- [41]
- West Lake Trail ★
- Biscayne National Underwater Park
- Key Largo
- Barnes Sound
- West Lake
- Blackwater Sound
- Flamingo
- Mosquito Point
- John Pennekamp Coral Reef S.P.
- Key Largo
- Rock Harbor
- Tavernier
- Sunset Point
- Plantation Key
- Plantation
- Florida Bay
- Islamorada
- Matecumbe
- Theater of the Sea
- Lignumvitae St. Hist. Site
- Indian Key
- Indian Key Fill
- Layton
- Craig
- Lower Matecumbe Beach
- Long Key
- Long Key S.R.A.
- Grassy Key
- Conch Key
- Duck Key
- [1] ★★
- Colony Beach
- Plum
- Straits of Florida
- Atlantic Ocean
- [213]
- [211]

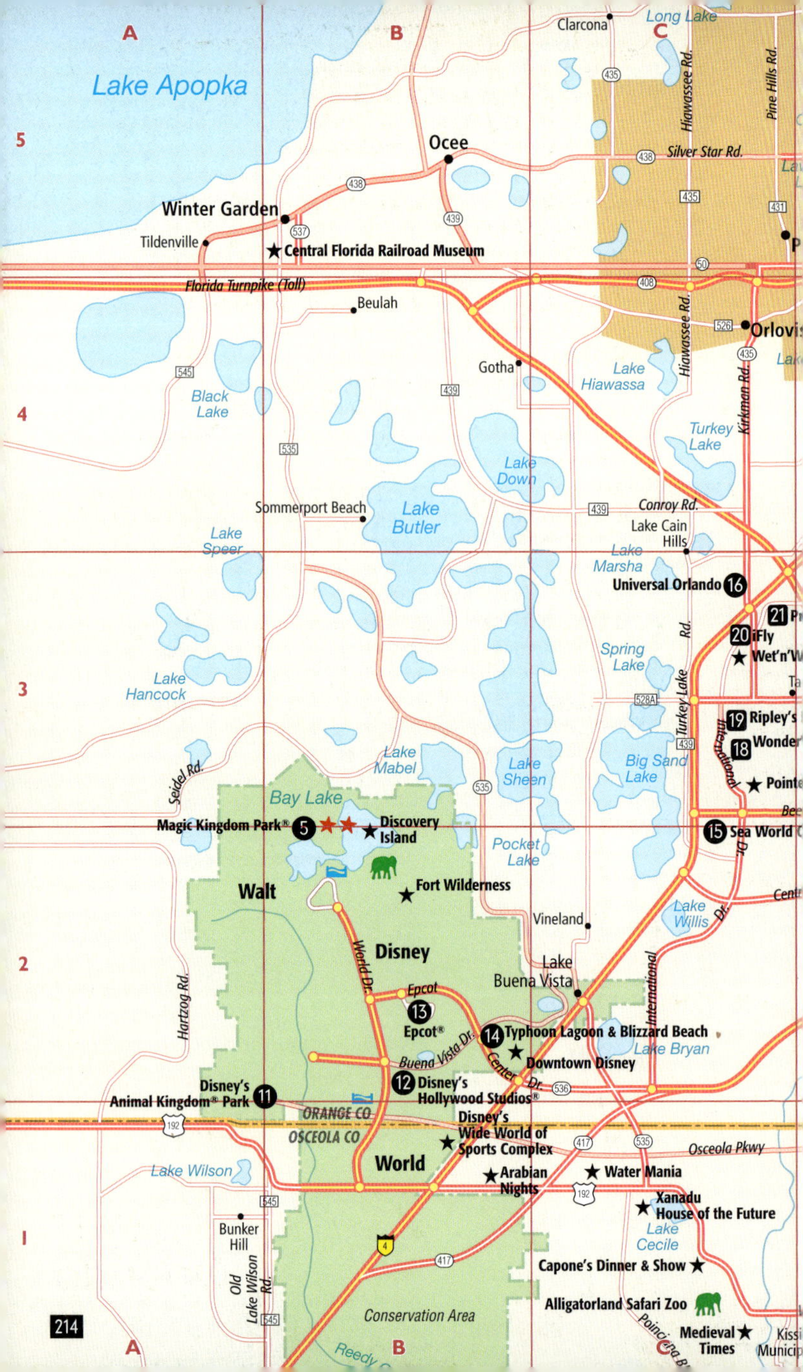

A
B
C
5
4
3
2
1
Lake Apopka
Clarcona
Long Lake
Hiawassee Rd.
Pine Hills Rd.
Ocee
Silver Star Rd.
Winter Garden
Tildenville
Central Florida Railroad Museum
Florida Turnpike (Toll)
Beulah
Orlovis
Gotha
Lake Hiawassa
Black Lake
Kirkman Rd.
Turkey Lake
Lake Down
Sommerport Beach
Lake Butler
Conroy Rd.
Lake Cain Hills
Lake Speer
Lake Marsha
Universal Orlando
iFly
Wet'n'W
Spring Lake
Lake Hancock
Turkey Lake Rd.
Ripley's
Wonder
Lake Mabel
Lake Sheen
Big Sand Lake
International Dr.
Seidel Rd.
Bay Lake
Magic Kingdom Park®
Discovery Island
Sea World
Pocket Lake
Walt
Fort Wilderness
Vineland
Lake Willis
World Dr.
Disney
Lake Buena Vista
Hartzog Rd.
Epcot
Epcot®
Typhoon Lagoon & Blizzard Beach
Buena Vista Dr.
Lake Bryan
Downtown Disney
Center Dr.
Disney's Animal Kingdom® Park
Disney's Hollywood Studios®
ORANGE CO
OSCEOLA CO
Disney's Wide World of Sports Complex
Osceola Pkwy
World
Lake Wilson
Arabian Nights
Water Mania
Xanadu House of the Future
Bunker Hill
Lake Cecile
Capone's Dinner & Show
Old Lake Wilson Rd.
Alligatorland Safari Zoo
Conservation Area
Poinciana B
Medieval Times

Orlando

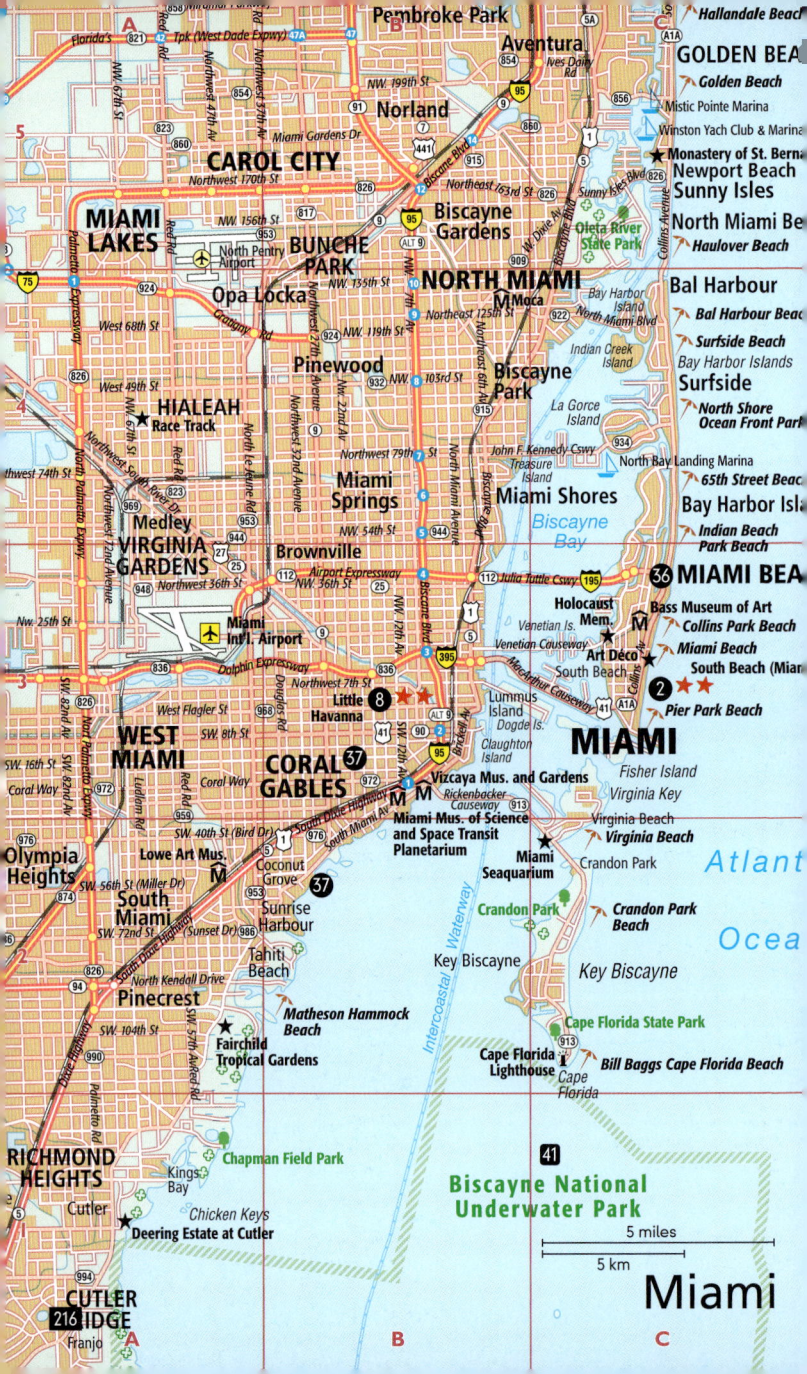

Miami

Register

A
Adventure Island 137
Aldrin, Buzz 18
Alligatoren 22, 24, 37, 94
Amelia Island 172
Palace Saloon 172
Anreise 196
Apalachicola 169, 174
Apollo 11 18
Apollo 12 18
Armstrong, Neil 17
Atlantis (Space Shuttle) 43
Auskunft 194

B
Bahia Honda (Strand) 191
Bahia State Park 191
Bailey-Matthews National
 Shell Museum 145
Barnacle State Historic Park 107
Barrier Islands 174
Big Pine Key 20
Biscayne National Underwater Park 114
Boca Raton 113
Botschaften 194
Buffet, Jimmy 26
Busch Gardens 132
Busse 197

C
Cabbage Key 26
Cabelo, Camila 102
Cape Canaveral 17
Captiva 145
Castillo de San Marcos 164, 166
Castro, Fidel 102
Cedar Key 158, 174
Central Florida Zoo 67
Challenger (Raumfähre) 19
Cocoa Beach 20
Coconut Grove 106
CocoWalk 107
Collins, Michael 18
Columbia (Raumfähre) 19
Coral Gables 106, 109

D
Dalí, Salvador 140
Daytona Beach 172

de Niro, Robert 103
Disney, Roy 14, 16
Disney's Animal Kingdom® 44
Disney's Hollywood Studios® 47
Disney Springs 37
Disney, Walt 14
Dolphin Research Center 190
Dry Tortugas National Park 114

E
Edison-Ford Winter Estates 145
Edison, Thomas Alva 144
Einkaufen 200
Eisenhower, Dwight D. 17
Elektrizität 194
Endeavour (Raumfähre) 19
Epcot® 50
Ermäßigungen 194
Essen und Trinken 199
Everglades 7, 22, 94

F
Feiertage 194
Fernandina Beach 172
Fievel's Playland 60
Flagler College 165
Flagler, Henry M. 110
Florida Aquarium 138
Florida Caverns State Park (Marianna) 175
Florida Holocaust Museum 140
Florida Keys 85, 186
Florida-Puma 24
Florida State University 168
Fort De Soto Park 130, 142
Fort Lauderdale 113
Fort Myers 9, 26, 145

G
Geld 194
Golfküste 26
Gómez, Máximo 103
Grasfluss (Everglades) 22
Grayton Beach 21, 175
Grayton Beach State Park 21
Gulf Breeze 163
Gulf Islands National Seashore 163
Gulf World Marine Park 171

H
Hawk's Cay 190
Hemingway, Ernest 98

Henry B Plant Museum 139
Hohauser, Henry 90
H.P. Williams Roadside Park 96

I
Ichetucknee Springs State Park 173
ICON Orlando 37
Indian Rocks Beach 131
Islamorada 188

J
Jackson, Michael 51
Jacksonville 172
J.N. »Ding« Darling National
 Wildlife Refuge 145
John Pennekamp Coral Reef State Park 187

K
Kennedy, John F. 18
Kennedy Space Center 7, 42
Key West 7, 97

L
Lee, Mark C. 17
Little Havana 7, 28, 102
Lower Suwannee National Wildlife
 Refuge 158
Lowry Park Zoo 137
Lummus Park 21

M
Madeira Beach 142
Magic Kingdom® Park 7, 38
Marianna 175
Marie Selby Botanical Gardens 143
McCloud, Michael 101
Miami 76
  Art-Deco-District 80
  Arthur Godfrey Road 104
  Coral Gables 106
  Lincoln Road Mall (South Beach) 91
  Little Havana 102
  Miami Beach 104
  Palm Beach 109
  South Beach 88
  Villa Vizcaya 108
Miami Beach 104, 106, 109
Miami International Airport 197
Mietwagen 197
Mount Dora 67
Munroe, Ralph 107

N
Naples 27, 147
National Museum of Naval Aviation 163
Notruf 195

O
Obama, Barack 19
»Oldest Wooden Schoolhouse
 in the USA« 164
Orlando 30
  Blizzard Beach 54
  Disney's Animal Kingdom® 44
  Disney's Hollywood Studios® 47
  Epcot® 50
  Gatorland 37, 62
  Kennedy Space Center 7, 42
  Kraft Azalea Gardens 66
  Loch Haven Cultural Center 64
  Magic Kingdom® Park 7, 38
  Premium Outlets 63
  Orlando International Airport 196
  Orlando Magicard 60
  Orlando Museum of Art 65
  Orlando Science Center 65
  Ripley's Believe It or Not! 62
  SeaWorld Orlando 56
  Typhoon Lagoon 54, 56, 58
  Universal Orlando 58
  WonderWorks 62

P
Pacino, Al 105
Palm Beach 109
Panama City Beach 170
Panhandle 155
  Amelia Island 172
  Apalachicola 174
  Barrier Islands 174
  Cedar Key 174
  Daytona Beach 172
  Fernandina Beach 172
  Florida Caverns State Park 175
  Grayton Beach 175
  Jacksonville 172
  Marianna 175
  Ponce de León Springs State
   Recreation Area 175
  Suwannee River State Park 174
Pensacola 7, 156, 162
  National Museum of Naval Aviation 163
  Pensacola Naval Air Station 163

Pitbull (Rapper) 103
Ponce de León Springs State
 Recreation Area 175

R

Redington Shores 131
Reisedokumente 195
Reisezeit 196
Ringling, John 142
Ringling, Mable 142
Ringling School of Art and Design 143
Ripley's Believe It or Not! 62
Rowling, J.K. 16

S

Sanibel Island 21, 145, 146
Santa Rosa Island 163
Sarasota Bay 143
Sarasota County 142
St. Armands Keys 144
Schooner Wharf Bar 101
Seven Mile Bridge 86
Shell Mound Trail 160
Sicherheit 196
South Beach (Miami) 7, 21, 80, 88, 89
Space Coast 17, 182
St. Augustine 7, 164
 Colonial Quarter Museum 164
 Flagler College 165
 Lightner Museum 165
 »Oldest Wooden Schoolhouse
  in the USA« 164
 Plaza de la Constitución 164
 St. Augustine Pirate & Treasure
  Museum 164
St. George Island 174
St. George Island State Park 169, 174
St. Petersburg 139, 140
 Florida Holocaust Museum 140
 Morean Arts Center 139
 St. Petersburg Museum of History 139
 The Dalí Museum 140
Strände an der Tampa Bay 130, 131, 162, 164
Suwannee River State Park 174

T

Tallahassee 168
 Florida State University, 168
 Mission San Luis 169
 Museum of Florida History 168
 New Capitol 168
 Old Capitol 168
 Tallahassee Museum of History and
  Natural Science 168
Tamiami Trail (Everglades) 96
Tampa 139
 Florida Aquarium 138
 Henry B Plant Museum 139
 Tampa Museum of Art 137
 Tampa Theatre 138
 Tampa International Airport 197
 Tampa Museum of Art 137
 University of Tampa 139
Tarpon Springs 141
Ten Thousand Islands 96
The Dalí Museum 140
Treasure Island 131
Tampa Bay und der Südwesten 122
 Adventure Island 137
 Captiva 145
 Florida Aquarium 138
 Florida Holocaust Museum 140
 Tarpon Springs 141
 The Pier 141
Trinkgeld 199

U

Übernachten 198
Unterwegs in Florida 197

V

Venice 27, 145
Villa Vizcaya 108

W

Wakulla Springs State Park 169
Walt Disney World® Resorts 14
Weissmuller, Johnny 107
Wilderness Waterway 96
Wizarding World of Harry Potter 16
WonderWorks 62
World Watersports 188
Worth Avenue (Palm Beach) 110

Y

Ybor City 26, 135

Z

Zigarren 26

BILDNACHWEIS

akg-images/Bildarchiv Monheim: S. 131
akg-images/Mel Longhurst: S. 45, 46
AA/P Bennett: S. 67
AA/L Provo: S. 99 o.l.
Walter Bibikow/hemis/laif: S. 82/83 u.
Bildagentur Huber/Cogoli Franco: S. 131
Bildagentur Huber/Susanne Kremer: S. 39, 6 (1) u. 85, 89, 148 o., 127 u./r.o., 183 o.l.
Bildagentur Huber/R. Schmid: S. 9
Caron/Le Figaro Magazine/laif: S. 81 u., 83
Corbis/Robert Harding/Richard Cummins: S. 137, 158
Corbis/Melvyn Longhurst: S. 49
Corbis/Nik Wheeler: S. 66
Corbis/Mark Peterson: S. 28
Corbis/Reuters/Joe Skipper: S. 103
Corey Nolen/Aurora/laif: S. 20
DuMont Bildarchiv/Jörg Modrow: S. 5 o./u., 10 o./u., 12/13, 20, 23, 30/31, 37, 6 (5) u. 38, 40, 41, 42, 6 (6) u. 43 u., 44, 57, 59 u.l./r., 69, 76/77, 82/83 o., 6 (2) u. 88, 97, 6 (4) u. 99 u.r., 99 u.l./o.r., 105, 110, 111 o.r./u.r., 117, 120, 122/123, 129 r.u., 140, 143, 145, 147, 148 u., 149, 153 u., 154/155, 165 o./u.l/r, 169, 171, 176, 177, 180/181, 190, 191
istock/viennetta: S. 35 o.
getty images: S. 81 r.o.
getty images/Stephen Blandin: S. 96
getty images/Walter Bibikow: S. 29
getty images/Roberto Bowyer: S. 27
getty images/Hulton Archive: S. 15
getty images/Wendell Metzen: S. 168
gettyimages/Joe Raedle: S. 133
getty images/Mike Theiss: S. 86/87
getty images/Witold Skrypczak: S. 6 (7) u. 162
getty images/Time & Life Pictures: S. 14
Glow Images: S. 24 o., 59 o., 84, 90, 6 (8) u. 102
Hendrik Holler/Lookphotos: S. 150
istock/tirc83: S. 159 l.
laif/Stefan Falke: S. 209
laif/Christian Heeb: S. 55

laif/hemis.fr/Patrick Frilet: S. 50, 54
laif/hemis.fr/Jean-Baptiste Rabouan: S. 91
laif/Jörg Modrow: S. 21, 35 u., 128, 136, 137, 152, 160
laif/Sasse: S. 73
laif/UPI/Joe Marino-Bill Cantrell: S. 43 o.
LOOK-foto/age fotostock: S. 47, 48, 6 (3) u. 94, 113, 129
LOOK-foto/Franz Marc Frei: S. 6 (10) u. 130/131,
LOOK-foto/Bernhard Limberger: S. 170/171, 174/175
mauritius images/age fotostock: S. 26, 52/53, 144
mauritius images/Bridge: S. 6 (9) u. 164
mauritius images/imageBROKER/Norbert Eisele-Hein: S. 81 M.
mauritius images/Ron Buskirk/Alamy: S. 163
mauritius images/Jan Halaska: S. 51
mauritius images/Q-Images/Alamy: S. 101
mauritius images/Axel Schmies: S. 82
mauritius images/James Schwabel/Alamy: S. 137
mauritius images/Westend61: S. 24 u.
NASA: S. 14, 18, 19, 182
picture-alliance/AP/Peter Cosgrove: S. 62
picture-alliance/Bruce Colem: S. 60/61
picture-alliance/Richard Cummins: S. 65
picture-alliance/Robert Harding/Richard Cummins: S. 138, 142
picture-alliance/zumapress.com: S. 132
shutterstock/Wlilliam Eugene Dummitt: S. 159 r
shutterstock/Kitiya Khamyaem: S. 36/37
shutterstock/Mia2you: S. 86/87
shutterstock/West Coast Scapes: S. 146
Konstantin Trubavin/Aurora/laif: S. 121

Titelbild: U1 oben: Frank Fell/robertharding/laif
U1 unten: Modrow/laif
U8: Dagmar Schwelle/laif

IMPRESSUM

© MAIRDUMONT GmbH & Co. KG
VERLAG KARL BAEDEKER

3. Aufl. 2019
Völlig überarbeitet und neu gestaltet

Text: Ole Helmhausen, Gary McKechnie, Mitchell Davis, Jane Miller, Becca Blond
Übersetzung: Rosemarie Altmann, Matthias Eickhoff, Dr. Thomas Pago,
Jutta Ressel M.A., Anne Pitz (»Das Magazin«)
Redaktion: Robert Fischer (www.vrb-muenchen.de)
Layout: Cyclus · Visuelle Kommunikation, Stuttgart
Projektleitung: Dieter Luippold
Programmleitung: Birgit Borowski
Chefredaktion: Rainer Eisenschmid

Kartografie: © MAIRDUMONT GmbH & Co. KG, Ostfildern
3D-Illustrationen: jangled nerves, Stuttgart
Visuelle Konzeption: Neue Gestaltung, Berlin

Anzeigenvermarktung: MAIRDUMONT MEDIA
Tel. 0711 45 02-0, media@mairdumont.com
media.mairdumont.com

Der Name Baedeker ist als Warenzeichen geschützt. Alle Rechte im In- und Ausland sind vorbehalten. Jegliche – auch auszugsweise – Verwertung, Wiedergabe, Vervielfältigung, Übersetzung, Adaption, Mikroverfilmung, Einspeicherung oder Verarbeitung in EDV-Systemen ausnahmslos aller Teile des Werkes bedarf der ausdrücklichen Genehmigung durch den Verlag.

Printed in Poland

Trotz aller Sorgfalt von Autoren und Redaktion sind Fehler und Änderungen nach Drucklegung leider nicht auszuschließen. Dafür kann der Verlag keine Haftung übernehmen. Berichtigungen, Kritik und Verbesserungsvorschläge sind uns jederzeit willkommen, bitte informieren Sie uns unter:

Verlag Karl Baedeker / Redaktion
Postfach 3162
D-73751 Ostfildern
Tel. 0711 45 02-262
smart@baedeker.com
www.baedeker.com

Meine Notizen

Meine Notizen

Meine Notizen